读者丛书
DUZHE CONGSHU
读者
签约作家
精品选粹

平安报与故人知

肖复兴自选集

肖复兴◎著

读者出版传媒股份有限公司
甘肃人民出版社

图书在版编目（CIP）数据

平安报与故人知 : 肖复兴自选集 / 肖复兴著. --
兰州 : 甘肃人民出版社, 2021.6
ISBN 978-7-226-05702-5

Ⅰ. ①平… Ⅱ. ①肖… Ⅲ. ①散文集—中国—当代
Ⅳ. ①I267

中国版本图书馆CIP数据核字(2021)第103721号

出 版 人: 刘永升
总 策 划: 刘永升　李树军　宁　恢
项目统筹: 高茂林　王　祎　李青立
策划编辑: 高茂林
责任编辑: 李青立
封面设计: 今亮後聲 HOPESOUND 2580590616@qq.com · 核漫　欧阳倩文

平安报与故人知: 肖复兴自选集

肖复兴　著

甘肃人民出版社出版发行
(730030　兰州市读者大道 568 号)
北京金特印刷有限责任公司印刷

开本 889 毫米×1194 毫米　1/32　印张 10.25　插页 2　字数 229 千
2021 年 7 月第 1 版　2021 年 7 月第 1 次印刷
印数: 1~20 000

ISBN 978-7-226-05702-5　　定价: 48.00 元

目录

平安报与故人知

家对门一楼的小院里，种着两棵杏树，今年开花比往年早一个多星期，根本不管疫情肆虐全球，烂烂漫漫，满枝满丫，开得没心没肺。这家主人，每年春节前都会携妇将雏全家回老家过年，破五后回来。今年破五了，元宵节过了，春分都过了，清明也过了，他们还没能赶回家，不知是在哪里受阻或被疫情隔离。屋子里始终是暗的，晚上没见到灯亮，月色中显得有些凄清。小院里，任凭杏花开了，落了，一地缤纷如雪，又被风吹走，吹得干干净净，让小院一直寂寞着，等候主人的归来。

在这样非常时期，没有比平安归来，更令人期待。毕竟是家，平安归家，是世上所有人心底最重要的期盼。

闭门宅家，一天天看着对门的杏花从盛开到凋零，到绿叶满枝，心里对这家人也充满平安的期待。其实，也是对所有人的期待，我的孩子在遥远的国外，很多朋友在外地，甚至有人就在最让人牵心揪肺的武汉和湖北的襄阳与宜昌等地，可谓疫情的前线。怎么能不充满期待与祈愿呢?

无事可做，翻书乱读，消磨时日，忽然发现我国古诗词中，写到平安的诗句非常多。这或许是因为心有所想才会句有所读吧。不过，确实俯拾皆是，足可见平安是从古至今人们心心相通的期待与祈愿。如果做大数据的统计，猜想“平安”会是在诗词中出现非常多的词汇，可以和山河、明月、风雨、鱼雁，香草、美人等这些属于中国独有的意象词汇相匹敌。

“种竹今逾万个，风枝静，日报平安。”这是宋代一个叫葛立方写的一阙并不知名的小令，但竹报平安却是我国尽人皆知的象征。这句词，写的是平常日子里的景象，其中一个“静”字，道出这样平和居家日子的闲适。如果在平常的日子里读，我会随手就翻过去，不会仔细看，觉得写得太水，大白话，没什么味道。如今读来，却让我向往，更令我感叹。即便日日足不出户宅在家中，没有任何人往来，屋里屋外，同样也是一个静字了得，心里却翻腾风雨，电视屏幕中全世界各地出现的确诊人数惊心动魄地频频增加，会让这个静字倾翻，而让平安二字格外升高，是多么的让人期盼。

“身投河朔饮君酒，家在茂陵平安否。”这是唐代王维的望乡之诗，远在他乡，喝着别人的酒，惦记着家人的平安，酒中该是何等的滋味。

“自别箫郎锦帐寒，凤楼日日望平安。”这是宋代陈允平怀远之诗，写闺中情思。“从今日望平安书，我欲灯前手亲拆。”这是放翁的诗，一样是怀人念远，对朋友的牵挂，对平安书信的渴望。他们都强调了对平安日日的渴望与期盼。如果仅仅是和平时期日日时光的阻隔，便只是日常的情谊缠绵，甚至是儿女情长；如果是灾难的阻隔，那平安的分量便会沉重无比。“尺书里，但平安二字，多少深长。”同样是平安书信，同样宋代的词人刘克庄的这句词，多少道出了这样的分量。

我所能读到的关于平安的古典诗词中，最让我感动并难忘的，是岑参的“马上相逢无纸笔，凭君传语报平安”。这是小时候就读过的诗句，那种在战争或离乱之中偶遇故人，无纸无笔，急迫匆忙之中让人传个话给家人报个平安的心情，什么时候读，什么时候都让人心动。比起同属于唐代诗人张籍的诗句“巡边使客行应早，欲问平安无使来”，要好；比起元代顾德润的“归去难，修一缄回两字报平安”，要好不知多少。

岑张顾三位，同样都是归去难，一个只是守株待兔般空等使者的到来，好传递平安家书；一个是已经写好哪怕只有两字的平安书信；一个是偶然相逢归家的故人时候平安的口信传达。一个让平安如同栖息枝头的鸟，一个则是让鸟迫不及待地放飞家中；一个是根本没有鸟，只是心意凭空传递，如同风看不见，却让风吹拂在了你的脸庞和心间。平安，让相隔的关山万重显得多么沉重。岑参的好，是因为哪怕只得到平安的口信，也可以抚慰一些我们内心的牵挂与期盼。它会比接到真正的平安书信，更让我们感动，并充满渴望的想象。平安，在虚实之间，在距离之间，变得那样绵长，更属于我们心底的一种期盼和祈愿。

同在望乡或怀远之中渴望平安消息一样，有关得到平安消息和终于平安归家的诗词，也有很多。“平安消息好，看到岭头梅”，这是文天祥的诗句；“归赏园林，喜无风雨，春鸟报平安”，这是周邦彦的词；“难忘使君后日，便一花一草报平安”，这是辛弃疾的词。无论是得到平安消息，还是平安归来，他们都是将平安与梅花、春鸟，乃至一花一草那些美好的意象联系在一起。在这个动荡的世界上，平安，真的就是最美好的一种意象，一种无价的向往。因为平安是和无价的生命紧密联系在一起，任何再豪华富贵的物质与权贵等其他一切东西，都无法与之相比。再如何“不惜千金买宝刀，貂裘换酒也堪豪”，便也抵不上“一花一草报平安”。

关于平安的近代诗词中，我最喜爱的是鲁迅先生和陈寅恪先生的两首绝句。

“我亦无诗送归棹，但从心底祝平安。”这是鲁迅先生 1932 年送给归国的日本友人的诗句。这一年，日本侵略者将战火烧到上海，战争烽火中对平安的祝愿，让平安同那海上随海浪颠簸动荡的归棹一样，充满担忧，使得心中的祈愿是那样的一言难尽，意味深长。

“多少柔条摇落后，平安报与故人知。”这是陈寅恪 1957 年写给妻子的诗句。这一年，陈寅恪在广州中山大学教书，校园里，印度象鼻竹结实大如梨，妻子为竹作画，陈题画诗中的后一联。这一年，反右斗争过后，其平安一联是写给妻子也是告与朋友的。其中“柔条”和粗壮的象鼻竹毫不相称的对比，会让我们看到那种平安，更是多么的难能可贵，而让人们格外喟叹与珍重。陈寅恪为妻子题画诗写了两首，另一首尾联写道：“留得春风应有意，莫教绿鬓负年时。”说的正是这珍重之意。可以说，珍重，是平安之后的延长线。平安，便有了失而复得之意，也有了复而再失的警醒。

人生沉浮，世事跌宕，无论在什么样时代背景与生活境遇下，在什么样的动荡与变化中，哪怕我们早已经从农耕时代飞跃进电子时代，从古到今，平安都是为世界所共情共生的一种期待与祈愿，这种期待与祈愿万古不变。特别是在如今疫情全球蔓延之际，这种平安的期盼与祈愿，更是让人把心紧紧攥在胸口，无论富贵贫贱，无论种族国家，无论奔波在前线的战士，无论居家普通的我们自己，没有比平安的期盼和祈愿更重要的了。“但从心底祝平安”，是我们的期盼；“平安报与故人知”，是我们的祈愿。

让我一直隐隐担着的心一下子放下来的是，前两天的晚上，家对门一楼的房间里亮起了灯，橘黄色的灯光，明亮地洒满他们家的阳台。主人终于平安地回家了。尽管错过了今年小院里杏花如雪盛开，那两棵杏树，已经绿荫如盖，算是替他们守在家中，“便一花一草报平安”了。

2020 年 4 月 19 日谷雨雨中写于北京

一天明月照犹今

田增科老师今年八十七岁，教我的时候，我十五岁，他刚刚大学毕业不久，仅仅比我大十多岁。如果不是他帮助我修改了我的一篇作文《一幅画像》，并亲自推荐参加了北京市少年作文比赛，我便不会获奖，更不会有幸由此结识叶圣陶前辈。

那篇作文是我第一篇变成铅字的文章。如果没有这样的一篇文章，我会那样迷恋上文学吗？我日后的道路会不会发生变化？我有时这样想，便十分感谢田老师。我永远难忘他将我的那篇作文塞进信封，投递进学校门前的绿色信筒里的情景；我也永远难忘当我的这篇文章被印进书中，他将那喷发着油墨清香的书递给我手中时比我还要激动的情景。那是春天一个细雨飘洒的黄昏。

我读高中以后，田老师不再教我。有一天放学之后，他邀请我到他家。那时，他刚刚结婚不久，学校分配他一间新房，离学校不远。到了他家，他从书柜的柜门里翻出了一个大本子，递给了我，让我看。本子很旧，纸页发黄，我打开一看，里面贴的全是从报刊上剪下来的文章。再仔细看，每篇文章的署名都是田老师。原来田老师曾经在报刊上发表过那么多的文章。

田老师指着本子上的一篇文章，对我说：这是我发表的第一篇文章，和你一样，也是读中学的时候写的。

我坐在他家，仔细看了田老师的这篇文章，写的是晚上放学回家，他在公交车上遇见的一件小事，写得委婉感人，朴素的叙述中，颠簸的车厢，迷离的灯光，窗外流萤般闪过的街景……荡漾着一丝丝诗意。心里暗暗地和我写的那篇《一幅画像》做了个比较，觉得比我写得要好，更像是一篇小说。有这样好的基础和开端，后来怎么再没有见到田老师发表的作品呢？

田老师好像明白了我的心思，对我说：可惜，后来上了大学，读的理论方面的书多，我没有把这样的文学创作坚持下来。然后，他望望我，又说：希望你坚持下来！

我明白了田老师叫我到他家来的目的了。我知道他的心意，他对我的期望。

那天，田老师对我讲了很多话，不像对他的一个学生，像是对他的一个知心的朋友。印象最深的是，他特别对我讲起了他中学的往事，讲起了他读高中时候教他语文课的蒋老师。蒋老师曾经是清华大学英语系的学生，语文课讲得特别好，经常给他们讲一些课外的文章，还借给他一些课外书。高中毕业，那时田老师在河南洛阳，洛阳没有高考的考场，考场设在开封。全班 52 个学生，是蒋老师带着这 52 个学生，坐了四百里的火车，赶到开封，参加高考。为了防止学生意外生病，他还特意背着个药箱，细心周到地带着止泻药、防暑药。

田老师说他很感谢蒋老师，没有蒋老师，他不会从洛阳考到北京上大学。

我心里感到田老师就是像蒋老师一样的好老师，好老师，就是这样代代传承的。人的一辈子，在小学和中学阶段，能够遇到一个或几个好老师，真的是他或她的幸运，他或她的福分，因为可以影响他或他的一生。

我和田老师的师生之间的友情，从 1962 年一直延续至今，已经有了 59 年之久。即便以后，我长大了，到北大荒插队，在那些个路远天长、心折魂断的日子里，田老师常有信来，一直劝我无论什么样艰苦的条件下千万不要放下笔放下书。在那文化凋零的季节，他千方百计从内部为我买了一套《水浒》和一套《三国演义》，在我从北大荒回家探亲假期结束要回北大荒的前夕，骑着自行车，赶到我的家里把书送来。那时，我住在前门外一条老街上一座老院破旧的小屋里。那一晚，偏巧我去和同学话别没有在家，徒留下桌上的一杯已经放凉的茶和漫天的繁星闪烁。

我写下这样一首小诗，怀念寒冬的那个夜晚——

清茶半盏饮光阴，往事偏从旧梦寻。
楼后百花春日影，雨前寸草故人心。
老街几度野云合，小院也曾荒雪深。
记得那年送书夜，一天明月照犹今。

2021 年元旦改毕于北京

记不住的日子

作家愿意语出惊人。马尔克斯说："记得住的日子才是生活。"这话说得有些苛刻，也有些绝对。起码，我是不大信服的。

记得住的日子才是生活，那么，记不住的日子就不是生活了吗？不是生活，又是什么呢？显然，马尔克斯所说记得住的日子，是指那些不仅有意思甚至是有意义的日子，可以回味，乃至省思，甚至启人。他将生活升华，而和日子对立起来，让日子分出等级。

细想一下，如我这样庸常人的一辈子，所过的日子就是庸常的，不可能全都记不住，也不可能全都记住。而且，记得住的，总会是少于记不住的。就像这一辈子吃喝进肚子里的东西很多，如果按照以前我的每月粮食定量是 32 斤，一辈子加在一起，不算水和菜，就得有上千乃至上万斤，但真正变成营养长成我们身上的肉，不过百十来斤。如果所过的日子全部都能记得住，那么，会像吃喝进的东西全部都排泄不出去，人也就无法活下去了。

马尔克斯将记得住的日子当成一杯可以品味的咖啡或葡萄酒。

普通人乃至比普通人更弱的贫寒人的日子，只能是一杯白水。

人的记忆就像筛子，总要筛下一些。筛下的，有一些，确实是鸡零狗碎，一地鸡毛，但其中一些不见得比记住的更没有意义，没有价值，只是不愿意再像磐石一样压迫在心里，而有意识或无意识地让它们尘逐马去，烟随风散。人需要自我消化，让心理平衡，才能让日子过得平衡。这或许就是阿Q精神吧？有些鸵鸟人生的意思，不会或不敢正视，只会将自己的头埋在土里。不过，如果要想让有些事记住，必须让有些事不记住，这是记忆的能量守恒定律，是生活的严酷哲学。老百姓的话说，就是拿得起，放得下。所谓拿，就是记得住；放，则是那些没必要记住的事情吧！

在北大荒的时候，我见过一位守林老人。我们农场边上，靠近七星河南岸，有一片原始次生林。老人在那里守林守了一辈子。他住在林子里的一座木刻楞房中，我们冬天去七星河修水利的路上，必要路过那座木刻楞，常会进去，烤烤火，喝口热水，吃吃他的冻酸梨，逗逗他养的一只老猫，和他说会儿闲话。他话不多，大多时候，只是听我们说。附近的村子叫底窑，清朝时是烧窑制砖的老村，那里的人们都知道老人的经历，从前清到日军入侵，是受了不少苦的，一辈子孤苦伶仃一个人，守着一只老猫和一片老林子过活。

我一直对老人很好奇，但是，你问他什么，他都是笑笑摇摇头。后来，我调到宣传队写节目，有一段时间，专门住在底窑，每天和老人泡在一起，心想总能问出点儿什么，好写出个新颖些的忆苦思甜之类的节目。可是，他依然什么也没有对我说。不说，不等于没记住，只是不愿意说罢了。我这样揣测。和老人告别，是个春雪消融的黄昏，他对我说：不是不愿意对你唠，真的是记不住了。我不大相信。他望着我疑惑的眼神，又说：孩子，不是啥事都记住就好，要是都记住了，我能活到现在？这是他对我说得最多的一次话。

守林老人的话，说实在的，当时我并没有完全听懂。五十多年过后，看到马尔克斯的这句话，忽然想起了守林老人，觉得记忆这玩意儿，对于作家来说，是一笔财富，记得住的东西，都可以化为妙笔生花的文字。对于历尽沧桑苦难的普通人来说，记得住的东西越多，恐怕真的难以熬过那漫长而跌宕的人生。我读中学的年代，经常引用列宁的一句话叫作“忘记过去，就意味着背叛。”其实，对于普通人而言，过去要是真的都记住了，过去的暗影会压迫今天的日子，也可以说是今天的生活，会如梦魇般，也是可怕的。前些日子，读到英国诗人莎拉·蒂斯代尔的一首题为《忘掉它》的短诗，其中有这样几句：“忘掉它，永远永远。/时间是良友，它会使我们变成老年。/如果有人问起，就说已经忘记，/在很早，很早的往昔像花，像火像静静的足音，在早被遗忘的雪里。”觉得诗写的就是这位守林老人。

生活和日子，对于普通人，是一个意思。有学问的人将“一”写成美术体的阿拉伯数字 1，或者法文 UN 英语 ONE，不过是居高临下唬人而已。记得住的日子，是生活；记不住的日子，也是生活。实在是没有必要给生活镀上一层金边，让日子化蛹成蝶，翩翩起飞。

2020 年 12 月 15 日于北京

没有一丝风

大约有三十六七年了。那年的冬天，我寄居天津，突然接到一个电话。是个女人打来的，声音很陌生，不知何人，便问，她笑着让我猜。我猜不出，她笑得更响，说出了她的名字，但这个名字依然让我想不起她是谁。她接着说：您真是贵人多忘事，您忘了，当年咱们二队小学校里排练《红灯记》，我演的李铁梅呀！

李铁梅！我一下子想起来了，她是二队车老板的那个小丫头呀！那时候，我在队上的小学校里教书，队上的头头心血来潮，非要让学生排练《红灯记》，为了轰动，造成影响，还非要排整出的《红灯记》，就找到我，说：听说你是考上戏曲学院的，这任务对你是小菜一碟了！我跟他解释不清戏剧学院和戏曲学院是两码子事，只好赶鸭子上架。之所以找她来演李铁梅，是看她长着一条长辫子，别的女孩子没有，没有长辫子，还是李铁梅吗？这么着，她被我赶鸭子上架，演了李铁梅。那时候，她不是上三年级，就是上四年级。长得白白净净，挺好看的。

不要说这帮孩子，就是我也不会唱京戏呀，完全是对着收音机里的唱段，照猫画虎，一点点学。不过，这比上课要好玩，这帮聪明的孩子的潜力被挖掘出来，连打带闹，连玩带演，最后演出还真有那么点儿意思。北大荒，地僻人稀，哪里看过什么京戏？有一帮小孩演《红灯记》，人们都看个新奇，便到各队演出，看得大家哈哈大笑。她人长得俊俏，嗓子也不错，演的李铁梅最出彩，特别受欢迎。以后，队上的新年联欢会，人们都要她唱一段《红灯记》，成为队上的保留节目。

我在队上当老师一年多后，就调走了，很快又回到北京也有十多年了，再也没有见过她，不知道她从哪里找到电话号码，联系上了我，更不知道她找我有什么事情。她没有回答我的这些问题，先问我天津的地址，说马上过来看我。我以为她还在北大荒，说那么老远千万别跑……她打断我的话说：我现在在北京呢。立刻上火车站买票去天津，您等着我啊！

那时，我住在老丈人家，地方挤，不方便，便和她约在宁园。这是袁世凯时代建的一座公园，当时想建成慈禧太后的行宫，所以，别看公园不算大，却有皇家园林风格，亭台湖泊，长廊水榭，很是幽静。宁园离我住的地方很近，我常带孩子到这里玩。这里紧靠着天津北站，坐在火车上她就能看见，下了火车一拐弯儿就是，找我也近便一些。到时已经快中午，她一眼认出我，我几乎认不出来她，个子长得高高的，眉眼似乎更漂亮，一身枣红色的呢子大衣，装扮和城里姑娘一样，看不出当年柴火妞一点儿影子了。真的是女大十八变。想想，那一年，她也就二十五六的样子。

快到饭点儿了，那时候，宁园有家餐厅，就在水榭里，我请她到那里吃饭，顺便聊起这十多年的经历，才知道我离开北大荒后，她从二队调到农场的宣传队演节目。以前演李铁梅的经历，成为她晋级的资本。在宣传队里，她和打扬琴的上海知青恋爱。她坦率地告诉我是她追的人家，她就是想离开北大荒到大城市去。她说得那么坦率，如果说是有心机，也是直肠子，一根线，没有那么多弯弯绕。我笑着说她：你长得漂亮，他肯定也早动了心。她摆摆手说：那倒也不全是，您想我是北大荒一个本地的柴火妞，她是上海人，能一下子看上我吗？我就想，我就是手提红灯四下看，一门心思死照着他，他就是块石头，也能照暖了吧？

她快言快语，可是真是有意思的人，在二队教她的时候，排练《红灯记》的时候，是个挺腼腆的小丫头呢。

吃饭的时候，她要了点儿白酒，边喝边对我说：如果不是您让我演李铁梅，我可能永远是二队的柴火妞，早嫁人，跟我妈一样，生一堆孩子，过一辈子。您让我打开了眼界，知道了除了二队，还有那么大的大世界。我一直都特别感谢您，可惜，您走得太早，我总也联系不上您！这次来北京，我说什么也得找到您！没有您，就没有我的今天！我说你这话说得过了，我不过是让你演个李铁梅，而且，当初只是因为你长着一条长辫子。她一摆手，说：别管当初因为什么，反正现在我来到北京，又来到天津，过两天再去上海，都是大城市吧？都说因为您当初让我演李铁梅，要不我一辈子都去不了这些地方！这是我的心里话，我找您，就是想对您说我的这句心里话。

这顿饭最后她非要结账，怎么拦都拦不住，她对我说：您说这都十多年了，我好不容易才找到您，为的就是感谢您，不让我请您吃这顿饭，我心里过得去吗？说得收银台的服务员不住地笑。

沿着宁园的湖边，我们边走边聊，十多年的光阴，仿佛回溯，一个小丫头化蛹为蝶，我很为她高兴。她终于和上海知青花好月圆，在上海知青调回上海前结了婚，只是她的户口还无法办到上海，只能这样每年一次探亲假，两地跑着。不过，总是万里长征迈出了关键的第一步。冬天的宁园，人很少，非常安静，没有一丝风，湖边柳树的枯枝一动不动，像画上的一样。如果有风，哪怕是小风，冬天就会显得冷，风像是温度的催化剂，风越大，天气越冷。没有一丝风，冷似乎隐去，可以忽略不计，站在阳光下，暖和得像春天。望着她青春洋溢的脸庞，我祝福她。

一晃，过去了三十多年，再没有见过她，也一直没有她的音讯。前两天，忽然传来她去世的消息。我很是惊讶，算一算，她应该六十岁开外，忙打听是什么病？是胃癌。和上海知青分居两地，好多年没有调到一起，吵吵闹闹，最后离婚。这是她的病的根本原因。其实，如果再坚持一两年，调动也就成了。命运到底没有成全她。李铁梅的长辫子！我想起当年的往事，如果不是我找她演李铁梅，她会有这样的命运吗？即使她作为柴火妞，起码现在会好好地活着。不知道，我当年偶然的举动，是帮了她，还是害了她？

总想起三十多年前冬天的宁园，没有一丝风，站在阳光下，那样暖，暖得让我们都相信好像是春天。

2020 年 12 月 14 日于北京

采桑子

儿时住的大院后院的一排北屋后面，有一条窄长的夹道。在老北京的四合院里，有这样夹道的，并不多见，都是有讲究的。这是因为四合院一般都是坐南朝北，有了这条夹道，可以阻挡冬天北风的袭来。我们院这条夹道里，种着两棵桑树，这就不仅没什么讲究，而且有些二八月乱穿衣了，因为一般认为桑树和松树都是坟地里的树，在四合院里种这样的树不吉利。不知道我们大院最初的主人为什么选择了桑树。

我小时候，这两棵桑树长得很粗壮了，高出后墙一截子。如果从外面看，枝叶葱茏，绿荫蒙蒙，完全看不见大院里面的样子。每年到谷雨前后，桑树结果，这两棵桑树，一棵结白桑葚，一棵结紫桑葚，猜想是当年房主特意的选择。每年这时候，大院里的孩子常爬到桑树上采桑葚吃。其实，这玩意儿说甜不甜，说酸不酸，不怎么好吃，而且，桑葚很软，皮又薄，特别是紫桑葚的汁紫乎乎的，常常会黏得一手一脸全是，甚至会沾染在衣裳上，回家挨骂。

但是，我还是爱去后院夹道去采桑葚。吃是次要的，主要的是采桑葚过程的乐趣很大，很有吸引力。到夹道去，必须翻过后院北房，却是无法翻越的，总不能蹬着人家的窗户直接上房吧？必得从房屋旁边的山墙上去，山墙紧连着大院的厕所，厕所比北房矮，为我们提供了上房的方便。我们一帮小孩子便从厕所的木门上爬过去，先爬上厕所的房顶，再顺着山墙爬上北房的房顶，然后翻进夹道。这需要点儿功夫，虽然不必有燕子李三那样飞檐走壁的能耐，爬门的时候，得用点儿巧劲，才能一下子蹿上去，对于我们小孩子，厕所的门并不矮呢。从高高的房顶上跳到桑树上，更得需要点儿功夫，而且需要点儿胆量。因为要够着桑树靠近房顶的枝丫，紧紧抱着它，借着它回弹的悠劲儿，像荡秋千似的，一下子悠到树上，有点儿惊险刺激的劲头儿。

那时候，北房的主人姓蒋，一个和蔼的老爷子，满树的桑葚，他是一颗也不吃的，任凭我们孩子到他屋后夹道的两棵桑树上折腾，从不呵斥我们，倒是常惹我们家长的骂。采桑葚的日子里，会弄得我们身上脸上手上都是紫，也会弄得院子里一地的斑斑点点，紫乎乎的，家长骂我们说像是拉了一地鸡屎似的。

采桑葚的时候，常会碰见月玲，她和我一般大，小学同年级，但个子长得比我高，胆子比男孩子大，是大院有名的疯丫头。她经常在桑树上一边吃桑葚时候，一边嘲笑我不敢往树的高处爬，不断地朝我叫：敢不敢往树尖上爬？说着，她像只小狸猫似的，噌噌地爬上去，摇晃着树尖的枝子，接着朝我叫。从树上下来的时候，我会不服气地往她的身上冷不防抹一把紫桑葚，弄紫她的衣服，然后气呼呼地跑走。

少年不知愁滋味，吃凉不管酸，在上房、爬树、采桑葚的过程中，多有几分欢乐。童年短暂一瞬，像一阵风远去，小学、中学，一晃而过。我们的父母先后去世，大院的孩子渐渐变老，也都陆续搬出大院，风流云散。2004 年，我写《蓝调城南》时，重访老院，老院正在面临拆迁，一片狼藉，破旧不堪。空荡荡的大院里，所剩无几的老街坊中，竟然月玲一家还在，结婚之后，她一直住在她父母的老屋。我走进那两间熟悉的老屋，月玲不在家，她老公在。我没有见过她老公，头一次见，他对我显得非常热情亲切，连说早听说过你，月玲常说起你。我问月玲呢？他告诉我月玲在工厂早就退休，一直在一家公司给人家当出纳。亏了她学过财会，家里的进项多点儿。他又告诉我，他们老两口一直坚持在大院没走，是在和开发商谈条件，希望能多要一间住房，给儿子住，他们的儿子结婚都有了孩子，也到了快结婚的年龄，还挤在一起住，房子成了他们孙子的老大难。

最后，他对我说：你没听说有句顺口溜吗？现在年轻人结婚，得是有车有房，父母双亡。我们没车没房，还好死不如赖活着，不成了他们的累赘吗？

看他说得分外伤感，我不知该怎么安慰他，跟着他一起叹气，希望拆迁能够给他们带来好运，这是月玲两口子一辈子最后的一次福利盼头。我要告辞的时候，月玲下班回来了，几十年没有见，进门一眼认出我，高声叫着我的名字，上前拉着我的手，说什么不让我走，非要留我吃晚饭。我说等你们分了新房，搬到新家，咱们再吃饭，一起好好庆祝庆祝！

月玲不施粉黛，变得苍老了，只是个头还是那么高，如果从背后看，还显得亭亭玉立，年轻时候的影子，没有完全被岁月涂抹掉。她送我走出老屋时，我让她陪我去后院看看，她问我：看什么？还有什么可看的？我说看看那两棵老桑树，她一摆手：早就被砍掉了，还老桑树呢！但是，我们还是一起走到后院，蒋家的北房还在，人去屋空，门前凋零；厕所早就没了，盖起了小房，连后面的夹道也都变成了拥挤的房子。小时候，我们一起上房爬树采桑葚的情景，恍然如梦。

大前年的夏天，旧地重游，我又回去一趟老院。月玲家还没有搬，还在顽强等待着拆迁，盼望着能多分一间住房。但她家的房门紧锁，我问了另一户坚持没走的老街坊，月玲两口子到哪儿去了，大约什么时候回来？街坊只说月玲的老公搬走和儿子一起住了。我问月玲呢？街坊反问我：你不知道吗？月玲都走了好几年了！我惊讶地忙问：什么病呀？我上次来看她身体还好好的呢！

今年谷雨前两天，家人买了一盒新上市的紫桑葚。我已经好几十年没吃过桑葚了，现在吃起来，忽然觉得很好吃，还有些甜滋滋的味道，和童年吃的味道竟然完全不同。第二天，我用没有吃完的几颗桑葚作画，先在纸上涂抹上一层清水，然后用桑葚做笔，紫紫的颜色，涂抹在纸上，在水的作用下变得深浅不一，渐渐变成了紫色的藤萝架。那一刻，我想起了老院的那两棵老桑树，想起了月玲。

2020 年 5 月 7 日写于北京

燃烧的蜡烛

新冠肺炎疫情发生后，一直闭门在家，看书成为打发现在的时间期冀以后的日子最好的法子。断断续续，一直在读《布罗茨基谈话录》和以赛亚·伯林的《个人印象》。两本书中都有关于诗人阿赫玛托娃的篇章，对这位“俄罗斯的月亮”，两人都充满感情深厚的回忆。

其中布罗茨基回忆起这样一件事：1965年2月15日，阿赫玛托娃曾经寄给他两支蜡烛。那时候，布罗茨基25岁，阿赫玛托娃对他这样一个年轻诗人非常赏识，一直给予关怀和鼓励。在《个人印象》中，记录阿赫玛托娃和以赛亚·伯林的对话，她说：“我们是以20世纪的声音说话，这些新的诗人谱写新的篇章。”并说：“他们会让我们这一帮人都黯然失色。”这里所说的“他们”和“这些新的诗人”中，首先包括布罗茨基。这时候的布罗茨基被捕正被流放，偏远的荒野之地，接到这样的两支蜡烛，心情可以想象。

更何况这是两支什么样的蜡烛啊，布罗茨基回忆道：这两支蜡烛“来自锡拉库扎，极其的美好——它们在西方制造：透明的蜡烛，阿基米德式的……”

我无法想象透明的蜡烛是什么样子，尤其是燃烧时候彤红的火焰升腾在透明的蜡烛上的样子，因为我见过的蜡烛都是白色或红色的，从来没见过透明的。我也不知道阿基米德式的蜡烛是什么样子的，只知道锡拉库扎是意大利西西里岛上的一座古城，来自那里的两支古典式的蜡烛，无疑是珍贵的礼物。对于正在受难中的布罗茨基，其珍贵不仅在于感情的古典，同时也在于燃烧的蜡烛给予他光明的希望。

对于没有大规模停电经历体验的人，如今的蜡烛，只成为婚礼现场和夜餐厅的一种情调的点缀，袅娜摇曳的烛光，美化或幻化着人们似是而非的想象。如果再稍微文化一点儿，对于我们中国人，蜡烛有心，和竹子有节，成为感情和气节的一种古老的象征；或西窗剪烛，成为一种情感与希望的期待。

蜡烛，对于俄罗斯人，尤其是在莫斯科和彼得堡的人们而言，曾经是珍贵无比又是痛苦无比的回忆。在二次世界大战期间，德国法西斯入侵苏联，全城停电的夜晚，萤火虫般的点点闪动的微光，蜡烛不仅照明黑暗，也辉映着炮火的闪光，曾经刻印进肖斯塔科维奇的交响乐中和诗人的诗行间，也刻印在那一代俄罗斯人的记忆里。

蜡烛，在阿赫玛托娃那里，也曾经是诗的一种意象。

记得在《安魂曲》中，她写过这样的诗行：

蜡烛在我的窗台上燃烧，
因为悲痛，没有其他理由。

这是只有阿赫玛托娃和布罗茨基那一代人才有的记忆。蜡烛，便不止于诗的意象，而成为生命中的雪泥鸿爪，一个时代的抹不去的印迹。蜡烛无语而沧桑，燃烧着一代人的悲痛，这样的诗，便具有了史诗的意味。

在遥远的流放之地，接到这样两支蜡烛，便和岁月静好的平常日子里，意义不尽相同。莎士比亚的台词："人变了心，礼物也就变轻了。"同样可以说：世道变了，人心始终如一，礼物也就更显得重了。

于是，事过经年，这两支蜡烛的细节，晚年的布罗茨基记忆犹新。

往事重忆，旧诗新读，别有一番滋味。尤其在武汉封城一月有余日子里，读这样的诗句，不由得想起武汉城中那些救治病人于水火之中来自全国的医护人员，还有那满城九百万的普通百姓，特别是那些为抗击疫情而牺牲的医护人员，和因病毒入侵而死去的芸芸众生。尽管时代背景完全不同，但在灾难之中普通百姓所遭受的痛苦是相同的。"因为悲痛，没有其他理由"，真是痛彻心扉，燃烧的蜡烛，便燃烧着我们共同的心。

夜静心不静，写下一首打油，以抒读后之感：

闭户锁门伤岁华，读诗阿赫玛托娃。
春风不解江边疫，冷雨犹开纸上花。
樱树花前月空落，安魂曲后夜哀笳。
一联蜡烛悲痛在，垂泪替人多少家。

2020 年 3 月 2 日于北京

父亲的虚荣

作为父亲，哪怕再卑微，没有任何值得一说的丰功伟业的光荣，却都有着虚荣之心的。如果说光荣是呈现于外的一层耀眼的光环，虚荣则是隐藏于内的一道潜流，也可以说是光环对照下的倒影。唯此，才双璧合一，成为人心理与性情的多侧面而让人立体形象，虽有些可笑甚至可气，却也可亲可爱。

长篇小说《我父亲的光荣》，是法国著名作家法兰西文学院院士马塞尔·帕尼奥尔“童年三部曲”的第一部。在这部小说里，帕尼奥尔写他当中学教师的父亲，非常有意思的一段，写父亲的同事钓鱼迷阿尔诺先生，钓到一条大鱼，照了一张和这条大鱼合照的照片，把照片带到学校显摆他的战功。父亲嘲笑阿尔诺先生：“让人把他和一条鱼照在一起，哪里还有什么尊严？在一切缺点中，虚荣心无疑是最滑稽可笑的了！”可是，当父亲用一杆破枪，终于击中了普罗旺斯最难以击中的林中鸟王——霸王鹑的时候，也情不自禁地和霸王鹑合影，记录下自己的战功。而且，像阿尔诺先生一样，也将照片带到学校去，给大家看，显摆显摆。不仅如此，在和霸王鹟合影之前，父亲摘下新买不久的鸭舌帽，特意换上了一顶旧毡帽，因为旧毡帽四周有一圈饰带，而鸭舌帽没有。父亲将拔下的霸王鹟两根漂亮的羽毛，插在饰带上，迎风摇曳。

看，父亲的虚荣心，如此彰显。

还读过法国女作家安妮·艾诺的一本书——《位置》，写的也是父亲。她的父亲经历了两次世界大战，战后开一家小酒馆，艰苦度日。身份比帕尼奥尔的父亲还要低下而卑微，但一样拥有着作为父亲的虚荣心。没有文化，没有钱，父亲拿着二等车票却误上了头等车厢，被查票员查到后要求补足票价时被伤的自尊，却还要硬装出一副驴死不倒架的样子来。爱和女客人闲扯时说些粗俗不堪的性笑话，特别是星期天父亲收拾旧物手里拿着一本黄色刊物，正好被她看到的那种尴尬，又急忙想遮掩而装作若无其事的那种虚荣……

看，父亲的虚荣，并非个别。不管什么身份什么出身什么地位的父亲，都有着大同小异的虚荣心。只不过这一次，艾诺的父亲手里拿着一本黄色刊物，帕尼奥尔的父亲手里拿着一张和霸王鹟的合影照片。手里的刊物也好，照片也好，都那么恰到好处地成为父亲虚荣心的象征物，让看不见的虚荣心有了看得见摸得着的形象。

父亲的虚荣心，并不是那么面目可憎，或如帕尼奥尔的父亲曾经鄙夷过的"滑稽可笑"，而是在这样的"滑稽可笑"中显得是那样朴素动人。父亲的虚荣心，给予我们的感觉，尽管并非丝绸华丽的触摸感觉，却是亚麻布给予我们的肌肤相触相亲的感觉。为父亲的光荣而骄傲，也应该尊重父亲的虚荣，光荣和虚荣，是父亲天空中的太阳和月亮。

读完这两部小说，我想起48年前的一桩往事，那时，我还在北大荒插队，在北大荒有了一位女朋友，是天津知青。那一年的夏天，我们两人一起回家探亲，商量好她到天津安顿好，抽时间来北京看看我的父母。她来北京那天，我从火车站接她回到家，只有母亲在家。我问母亲我爸哪儿去了？她告诉我，给你买东西去了，这就回来！正说着，父亲的手里拎着一网兜水果，已经走进院子。那是父亲和我的女友第一次见面，也是唯一一次见面。父亲没有进屋，就在院里的自来水龙头前接了一盆水，把网兜里水果倒进盆中洗了起来，然后端进屋里，让她吃水果。

如果是在平常的日子里，买来水果，洗干净，请我的女友吃，算不得什么。我心里知道，那却是父亲最不堪的日子，因为解放以前参加过国民党，还是国民党部队里的少校军需官，在我去北大荒之后，从老屋被赶到这两间破旧逼仄的小屋，而且，还被赶去修防空洞。这一天，是特意请了假，先将干活儿的工作服和手套藏好，再出门买水果，来迎接我的女友。我明白，买来的这些水果，是为了遮掩一下当时家里的窘迫，也是为了遮掩他当时的虚荣心。

读过帕尼奥尔和艾诺的书后，四十八年前，父亲手里拎回的那一网兜水果，和帕尼奥尔父亲手里拿着的那张照片，艾诺父亲手里拿着的那本刊物，一起一再浮现，叠印在我的眼前。

其实，父亲买的水果不多，只是几个桃、几个梨，还有两小串葡萄。一串是玫瑰香紫葡萄，一串是马奶子白葡萄。我记得那么清晰。

2021年2月3日立春于北京

如今孩子的玩具

从玩具的变化可以看到世界的发展真是神速。现在的玩具，已经虚拟到电脑上玩了，花样层出不穷，刀光剑影，过关斩将，可谓惊心动魄。不要说我小时候了，那时的玩具有什么呀，记得大院里有钱人家的女孩子抱着一个眼睛能眨动的布娃娃，就足让我们瞠目结舌，算是奇迹了；而我们男孩子只能蹲在地上撅着屁股玩弹球，或者是拍洋画；滚铁环，抽陀螺，都得爹妈给点儿钱买才行。

有了孩子以后，孩子拥有的玩具，已经和我小时候不可同日而语。记得给儿子买的第一个自己会动的玩具，是一个大象转伞，一头大象拉着一辆小车，车上支着一把伞，只要往大象的身上安上电池，大象就可以拉着车转动，车一转，彩色的伞就会漂亮地打开，这是那时候很新鲜的玩具了。

儿子五岁那一年的夏天，他的玩具发生了根本性的变化。那一年的夏天，我去了一趟深圳。那时，深圳的建设刚刚起步，沙头角刚刚开放，在那条人头攒动的中英街上，我给孩子买了一辆遥控小汽车。这是当时我家最现代的玩具了。只可惜我家地方太小，地又不平，小汽车无法跑得开，我们只好让儿子抱着它到陶然亭公园去玩。小汽车在公园的空地上尽情地奔跑，一直能奔跑到远处的草坪中，像兔子似的钻进草丛中出不来。看着孩子用遥控器控制着汽车左右前后地奔突的样子，才会明白不同的玩具带给孩子的欢乐是多么的不同。小汽车上面的天线在风中颤巍巍像小手一样向他挥舞抖动，让孩子兴奋不已，欢叫声和小汽车的喇叭声此起彼伏。

还是那一年的春节，友谊商店破例可以不用外汇券卖货几天，但是需要有入场券，我们得知消息找到入场券，带着儿子马不停蹄去买玩具。大概是这个遥控小汽车闹的，让孩子对这种现代化的玩意儿越发感兴趣。当然，也是不断变化的玩具，让孩子个个都变得喜新厌旧。从那些平常只卖给洋人的小孩或手持着外汇券准洋人的小孩的众多玩具中，孩子挑选了一种红外线打靶枪，那枪离靶几米远，只要对准靶心，扣动扳机，红外线就可以让面前的靶心中的红灯闪亮，同时鸣响起轻快的声音。

1986 年，我第一次出国，特意在莫斯科的儿童商店买了一辆新式的坦克电动玩具，体型很大，非常气派。儿子没见过这么大的玩具，很是兴奋。那一年，他七岁，刚上小学一年级，这样的玩具，很对他这样男孩子的胃口。

家里有了这样一把枪、一辆车、一辆新式坦克，儿子可以威风凛凛，持着枪，开着车，指挥着坦克，在房间里横冲直撞，畅通无阻，简直像个西部牛仔了。儿子在那一年成了暴发户，玩具一下子多了好几件，而且从小到大，从电动到遥控到红外线，一步几个台阶地飞跃。

如今，儿子已经长大，他自己的孩子都长到他当年玩遥控小汽车坦克和红外线打靶枪一样的年龄了。我对他说起这些玩具，他居然已经都不大记得了。这让我有些奇怪，便问他还记得小时候玩的什么玩具呢？他说让他记忆犹新的玩具，是当年在家里存放的那些贝壳。

这让我更有些惊奇。比起那些电动的、红外线的玩具，贝壳如果也算玩具的话，大概是很简单甚至是最原始的玩具了。这些贝壳不是买的，许多是他自己从海边捡回来的，一些是朋友送给他的。特别是他光着小脚丫，自己从海边捡回来的那些贝壳，让他格外珍惜，家里只要来了客人，他都会拿出来向人显摆。那些贝壳，给他带来很多意想不到的快乐。好长一段时间里，他对照着一本《少年百科辞典》，一一查出了他的这些宝贝的名字，然后把名字写在小纸条上，贴在贝壳上，熟悉得像是自己的朋友。然后，他让妈妈帮助他把其中一些诸如东方鹑螺、唐冠螺、竖琴螺、夜光蝾螺、焦棘螺、虎纹贝……他珍爱的贝壳放在盒中，摆放在柜子里，可以天天和他对视对话，彼此诉说着关于大海和童年许多有趣的事情。

有意思的是，五年前，他到法国工作半年，带着他的两个孩子从美国一起住在那里，放假的时候，他和孩子最喜欢到海边去拾贝壳。那时候，老大五岁多，老二才三岁多一点儿，他带着这小哥俩儿，在退潮的沙滩上寻找贝壳，孩子有意外发现之后的大呼小叫，大概让他想起了自己的童年。半年之后，他和孩子拾了满满两大瓶贝壳，沉甸甸地带回北京，全部倒在桌子上给我看，然后听孩子细数每一颗贝壳是从哪里的海边捡到的，那股子兴奋劲儿，让我想起了儿子的小时候。

去年年初，他妻子去日本工作半年，全家刚在神户住稳没多少天，日本疫情也开始蔓延起来。想去看富士山，看樱花，都没有看成。他们便到没有多少人的海边，还是去捡贝壳。爸爸的爱好，遗传到两个孩子身上。这一次两个孩子都各长了五岁，不仅捡贝壳的劲头更足，对贝壳知识的了解要多得多。虽说日本不大，但四周被海包围，都不算远。沙滩上的贝壳，像是他们最好的伙伴，在向他们召唤，让他们情不自禁，捡不胜捡。每一次捡到新鲜的贝壳，他们都会通过视频给我看，连说日本的贝壳品种比法国的多。他们还专门到神户边上的西宫贝壳博物馆参观，让他们打开眼界，格外惊异，原来世界上竟然有这么多这么神奇的贝壳！博物馆还赠送他们每人十枚小贝壳，让他们在模拟的袖珍沙滩里自己去找去挑，更是让他们像大海探宝一样雀跃不止。

半年之后，离开日本前，他们特意买了好几个透明玻璃盒子，把捡到的那些贝壳，按照大小和品种分类装进盒中。回到美国，两个小孙子把那些宝贝贝壳统统从盒子里倒出来，摊开满满一桌子，向我介绍都是从哪儿捡到的，它们叫什么名字……兴奋劲儿，不亚于看他们爱看的动画片，他们爱玩的那些各式各样的玩具。

我不仅是被他们的兴奋所感染，也是为这些贝壳所感慨。时代的发展，日新月异的玩具变化，带给新一代孩子们更多新颖神奇数字化高科技的惊喜；还有那些琳琅满目百变不止的乐高，都会令他们眼花缭乱，应接不暇，很容易将过去一代的玩具视为老掉牙，乃至不屑一顾。比如，这些贝壳，无论如何也不会比那些电子玩具更对孩子有吸引力。我很高兴，儿子和他的孩子居然都很珍惜这些并不起眼、没有一点科技含量的贝壳，并能够从中找到属于他们自己的乐趣。其实，不仅是孩子，我们大人一样，都会有些喜新厌旧和唯新是举的心理乃至价值趋向。在日新月异变幻万千的时代，更容易被潮流主要是时尚潮流所裹挟，而产生从众心理，情不自禁，不能自拔。名牌的、时尚的、高级的玩具，自然会轻而易举地俘虏我们和孩子的心。最自然、最朴素、最普通、最原始的玩具，原来也可以最富有生命力，可以和孩子的天性与童心童趣，密切联系在一起。

孩子的玩具，从来都是和孩子的童年联系在一起的。如今孩子的玩具，和孩子的童年互为镜像，从玩具的变迁中能看到孩子童年的变化，以及孩子的心理与家长的心理的变化。只是，我不知道这些变化，哪些为忧，哪些为乐。

前些天，两个小孙子和我视频的时候，忽然问我：我爸爸小时捡的那些贝壳，现在还留着吗？惭愧的是，几次搬家，统统都让我给弄丢掉了。孩子以为的宝贝玩具，我们大人有时候并不以为然。或者，我们以为的宝贝玩具，孩子并不以为然。流水带走光阴的故事，改变了一个人，也改变着我们的玩具。

2021 年 1 月 21 日大寒后一日于北京

小店除夕

又到要过春节了。又想起这件事。是去年的除夕，发生在我们社区的一件事。

去年夏天，我们社区里新开了一家小店，主要卖蔬菜水果，兼卖米面油盐。小店虽小，也算是五脏俱全，方便了社区人家。去年除夕，小店还在开着，大门口贴着告示，要开到下午，专门等着那些工作忙碌晚回家的人，可以到这里买他们需要的东西，尤其是备好了很多过年包饺子的韭菜。

小店虽然只开了小半年，但天天的往来，已经和大家很熟悉，成为街里街坊一般亲切。人们早已经看得门清儿，是从河北乡间来北京打工的一家子经营这个小店。父亲和母亲整理果菜，不时地清扫一些挑剔的顾客随手掰下的菜叶，儿子开一辆面包车负责进货，儿媳妇在电子秤前结账收银。沙场点兵，倒也各在其位，一家人忙忙碌碌，脚不拾闲，把小店弄得井井有条，红红火火。

父母和儿子都是扎嘴的葫芦不大爱说话，儿媳妇爱说，嘴也甜，叔叔阿姨，爷爷奶奶的，叫得很亲，人们都爱到小店里买东西，省了走路到外面的超市去，像是又回到过去住胡同的时候，胡同里的副食店（过去我们管这样的小店叫作油盐店），虽然没有现代超市那样的繁华，却绝对没有假货过期货或缺斤少两。如果忘记带钱或者带的钱不够，完全可以下次再补上。如果是老人，买的东西多，儿子会主动上来帮你扛回家。如果你生病了，下不了楼，出不了门，只要你和小店加了微信，在微信里告诉一声，他们可以送货上门。小店成了大家的菜园果园后花园和开心乐园。

除夕这一天，小店开到了下午，然后，他们全家坐上儿子开的那辆面包车，回家过年。两个多小时的路程，只要不耽误除夕夜的饺子和鞭炮就行！儿媳妇笑吟吟地对来到小店里的客人，一遍又一遍重复说着，脸上一次又一次绽放出甜美的笑容。

有人给小店送来福字和剪有卡通猪的窗花，这一家子都贴在了小店的窗户和房门上。人们说，是让你们带回家过年贴的。儿媳妇笑着说：现在就是过年了，贴在这里，我们不在，也显得喜兴，让它们替我们看店！

下午两点多了。小店里剩下的货物还有不少，特别是水果，香蕉、苹果、梨、橙子，还有新鲜的草莓和刚进不两天的杨桃。如果卖不出去，他们又带不走这么多，这一走，得过了正月十五才回来，全都得烂在这里。儿媳妇还在一直笑吟吟地结账收银，和街坊说着过年的话，爹妈的脸色有些发沉，心里一定担心这么多卖不出去的水果，都砸在手里可怎么办！

吃过午饭休息过后的街坊们，专程到小店里买东西的不多，路过这里的不少人，一看小店还开着门，这一家子还没有回家过年，都走进小店，好奇，也关心地看看，问问。自从社区里有了这家小店，这里人来人往，进进出出，热闹得很，也让人们亲近得很。以前买个菜买个水果，就是买瓶酱油，也都得跑老远去超市，超市很大，进去了，就淹没在人海里，谁和谁都不认识。有了这家小店，人们出家门抬脚就到，进来都是街坊，相互搭个话，越来越熟悉，越说话越多，小店成了大家的一个公共客厅，买了菜，买了水果，买了酱油醋糖，还交流了好多信息，说了好多家长里短的亲切的话。

儿媳妇见这么多人进来，高声叫喊着：所有的东西都半价处理了呀！街坊们都明白了，油盐酱醋糖，一瓶子一瓶子，一袋子一袋子，放在这里没问题，这些蔬菜和水果，必须得都卖出去，要不就损失了啊，那都是钱，都是这一家子的辛苦的血汗呀。

于是，不管需要不需要，进来的人，每个人手里都从货架上取下点儿东西，不一会儿，儿媳妇的电子秤前，居然排起了长队。儿媳妇把东西上秤称好，打出小票，递给人们，不忘说句：阿姨，您看看，小票上是不是打上了半价，要不是，您告诉我一声。人们说：不是半价，我们也会买的！还有人对儿媳妇说：待会儿回家，我会告诉街坊，让大家都来，你放心，这点儿东西都能卖出去！

我站在队后，听着这些话，心里很感动。在这座陌生的社区里，从来没有听到过这样亲切而贴心的话。普通百姓之间的良善，是温暖彼此最美好的慰藉。过去的一年，哪怕有再多的不如意和委屈，这一刻，也都随风而去。一年四季，有这样的一个年要过，真的很好，值得期待。

四点左右的时候，我专门到小店门口，货物真的都卖出去了。

这一家正在打扫房子，然后锁上门窗，看见了我，向我挥挥手，鱼贯般挤进面包车。面包车鸣响一声喇叭，扬长而去。望着车远去，西天正落日熔金。

2020 年春节前夕

红围巾

人老之后，回忆起青春，即使当初苦涩，经过岁月的酿造，也成了一壶老酒，变得味道别具。五十年前，我在北大荒。夏天的那个下午，我们哥儿几个从富锦县城买完东西回大兴岛，车跑到一半路，抛锚了，我们只好下车，徒步走。天暗下来那么快。离大兴岛还有三十来公里，这么走下去，半夜也到不了家。我们商量了一下，等一会儿有车过来，搭一辆便车回去。

那时这条从富锦县城通往我们大兴岛的砂石路上，来往的车辆不多，好容易有车过来了，我们几个人蜂拥而上，纷纷挥手，车却是鸣响着喇叭，冲开人群，扬长而去，就是不停。

我们意识到问题症结：我们几个人一水儿都是男的，以前要是同伴中有女知青，一般让她们挥挥手，车都是能够停下来的。我们常常骂司机都是生柿子——一个字：色（涩）！

我对大家说，看来，我们当中必须得有人男扮女装了，要不天黑也拦不到车。

大家纷纷说，对。

谁来男扮女装呢？这毕竟不是梅兰芳扮个青衣登台唱戏，你推我，我推你，谁也不肯，都不好意思。没有办法，最后我说，那我就来试试吧。不过，你们谁在富锦给女朋友买了围巾，得献出来给我。

那没问题！有人立刻从书包拿出一条红围巾递在我的手中。几乎同时，另一个人也拿出同样的红围巾。在富锦，我早看见他们两人悄悄地买了红围巾，准备回去给女朋友献殷勤。

我又说：你们都藏在树后面去，司机一看那么多人，想停也不敢停了。等我要是把车截了下来，你们可得麻利儿点儿，赶紧跑出来上车。

他们都立刻藏在路旁的白杨树后面。我把一条红围巾围在头上，把另一条红围巾攥在手里，管不了他们躲在树后窃窃地笑，心想，用这两条红围巾能不能钓上鱼来，就看这招儿行不行了，千万别现了眼。

朦朦胧胧的暮霭里，一辆大解放卡车亮着明晃晃的车灯，远远地开了过来。我豁出去了，跑到路中央，使劲地挥动着红围巾。那位司机不是眼神差点儿，在暮霭中让那两条红围巾搅得把我真的当成了一个女的，要不就一定是一位好心人。总之，他在我前面几米的地方，一脚踩住刹车，把车停了下来，我还没有来得及上车，藏在白杨树后的几个人已经如炸了窝的黄蜂一样，早都飞上了卡车的后车斗里。

不过，我是坐在司机旁边的副驾位置上，不用受风吹了。司机是位四十多岁的大叔，看了我一眼，又看看我摘下的红围巾，没说什么，只是弯着嘴角笑了笑。后面车斗里，已经是一片欢呼声，撒豆粒儿似的飘荡在得意的风中了。

从那以后，我给大家留下了一个话把儿——红围巾，给大家增添了笑料。以至以后我顶撞了队上的头头挨整的时候，竟然有人旧事重提，将红围巾当成了发面起子，酿造出谣言，说我晚上在场院的麦棚里，头上围着红围巾装女的，其实是在和一个女知青搞对象，让人以为都是女的在谈心的假象。很多人便很容易地相信了，原来我是如此的狡猾。因为我有过为拦截车而戴红围巾的前科，人们怎么能不相信呢？

五十年过去了。日子真的不抗混。偶尔，往事不请自来，纷纷如春水涌满心怀。我会想， 在北大荒，如果我真的做出过什么意外的惊人之举的话，那天暮色里，那条砂石路上，我迎风挥舞着红围巾，大概可以算上是一件吧。

前几年的夏天，我和几个当年的伙伴一起重返北大荒。车子从富锦县城开出，朝大兴岛驶去。路已经不是砂石路，而变成了柏油路，如果不是路两旁还是白杨树，几乎认不出来。幸亏还是白杨树，尽管已经长得高大粗壮，阔大的叶子拍响着海浪一样的哗哗响声，依旧那样亲切，像是老朋友，尽管多年未见，还是一眼就能想起来以往岁月里彼此的青春年华。

太阳正在落山，西天的晚霞，喝醉了酒似的格外灿烂，路两旁白杨树的叶子，被晚霞映照得火红火红的，仿佛树尖上的每一片叶子都有火苗在燃烧。时光迅速回流，车上的朋友们，不约而同想起了当年在这条路上我挥舞红围巾的往事，纷纷说起，纷纷大笑。我和他们一起把身子探出车窗外，想找到挥舞红围巾的地方，兴奋异常的劲儿，像是寻找安徒生藏在树后面的童话，像是寻找遗失的一个梦。可是，我们都找不到了。车子飞驰，将白杨树和路都飞速地甩在了后面。

2019 年 6 月 5 日于北京

杏花如雪

两年前的春天，我对面一楼的房子易主。新主人是位四十岁左右的妇女，带着一个十多岁的女儿。

她们娘俩住进之后，一天到晚脚不拾闲地忙乎，主要在收拾屋子。上一家的主人有些邋遢，弄得屋子凌乱不堪。收拾完屋子，她们又马不停蹄地收拾院子。一楼的住户前面都有一个朝阳的小院，一般人家种些花草或蔬菜，收拾得干净利索，既美观又实用。这个院子却和屋子一样凌乱，懒人有懒办法，为了遮掩屋子的凌乱，搭了木架子，种了一架藤蔓式的植物，不知道叫什么名字，起码夏秋两季绿叶密不透风，从窗台爬满房檐，根本看不见屋子的模样。院子里，杂草丛生，冬天，几只野猫在那里猫冬。

把屋子和院子收拾利索之后，娘俩买来了三棵小树。汽车把树拉来，工人把树扛到院里，和娘俩一起把树种下。正是春天花红柳绿的时候，小树的枝叶葱茏，绿得格外清新，给小院一下带来了春天的气息。枝叶摇曳在窗前和门前，屋子也显得神清气爽。

几乎每天下楼，我都会和这娘俩打照面。彼此寒暄之后，渐渐熟络了起来。我问她们这种的是什么树？她们告诉我是杏树。我吃过杏，从来没见过杏树。或许见过，但并不认识。我知道杏树开白花，但梨树也开白花，山桃最初开出的小花也是白色的。分不清这三种树，闲聊时候，便好奇地请教她们娘俩。

母亲长得有点儿像演员张凯丽，大脸膛，慈眉善目，脾气柔顺，很耐心地告诉我：山桃开花早，这三种树，山桃最先开。然后，杏花才开；最后，梨花才开。梨花一般要到清明前后才开的。你分清这前后的次序，就好分辨了。

女儿性子急，对我说：等明年，春天这三棵杏树开花了，你看看，不就知道了嘛！

母亲笑着指责女儿：看你这孩子！哪儿有这么跟大人说话的。

我依然好奇，母亲怎么知道这么多，分得清桃杏梨花的。

母亲对我说：从小在农村长大。原来老家屋前就种着的是杏树……

女儿抢过母亲的话说：是我姥姥种的，种了好多棵，结的大白杏，可好吃呢！

母亲望着女儿，又笑了起来。

她们娘俩在这里住了两个多月，夏天刚刚到来的时候，来了一辆宝马小汽车，从车上下来一个男人，像是女孩的父亲，帮她们从屋子里扛出行李等好多东西，锁上了大门，像是要离开的样子。

我很奇怪，刚买了房子，住了才两个多月，就要走。不住了吗？那买的房子是为了投资吗？如果是为了投资，人又不住，一般不会花那么多钱在房前种树呀，是为了给房子增值吗？

我走过去，问母亲：你这是要去哪儿啊？

母亲告诉我：我家住沈阳，这不孩子他爸爸来接我们回去了，在这里住的时间不短了。家里也需要照顾。

我又问她：你什么时候回来呀？

她说：明年，明年开春就回来，带我妈一起回来，买这个房子，就是为了给我妈住的。老太太在农村辛苦一辈子了，我爸爸前不久去世了，就剩下老太太一个人，想让她到城里享享福。孩子她爸爸说到沈阳住，我就对孩子他爸爸说，这些年，你做生意挣了钱，不差这点儿钱，老太太就想去北京，就满足老太太的愿望吧！到时候，我就提前办了退休手续，让孩子他爸爸把公司开到北京来，一起陪陪老太太！

她说着，瞥了一眼站在旁边的孩子他爸爸，他搂着女儿，偷偷地笑。

这不，老太太稀罕老家门前的杏树，我不特意先来北京买房，把杏树顺便也种上，明年，老太太来的时候，就能看见杏花开了！

听了她的这一番话，我的心里挺感动，难得有这样孝顺贴心的孩子。当然，也得有钱，如今在北京买一套房，没有足够的“兵力”支撑，老太太再美好的愿望，女儿再孝敬的心意，都是白搭。还得说了，有钱的主儿多了，也得舍得给老人花钱，老人的愿望，才不会是海市蜃楼，空梦一场。

我不由得冲她，也冲她的男人竖起了大拇指。

明年见！她钻进小车，冲我挥挥手，汽车扬尘而去。

第二年的春天，她家门前的三个杏树，都开花了。别看杏树长得都不高，开出的花却密密实实的，非常繁茂。我仔细看看杏花，和山桃，和梨花，都是五瓣，都是白色，还是分不清它们，好像它们是一母同生的三胞姊妹。

可是，这家人都没有来。杏花落了一地，厚厚一层，洁白如雪。房门还是紧锁着。

今年的春天，杏花又开了，又落了一地，洁白如雪。依然没有看到这家人来。这让我有些奇怪，怎么说好了，一连两年都没有来呢？也可能是她还远远不到退休的年龄，办不成退休的手续；或者是孩子她爸爸的生意忙，脱不开身；反正房子是先买下了，重头戏先有了，早一年，晚一年，都不是紧要的事。

家里人嘲笑我是闲吃萝卜淡操心，人家的老太太来不来的，肯定有人家的原因。可是，只要一想起不仅能够为自己的母亲买下北京那么贵的房子，还能够为自己的母亲种下钟情的三棵杏树，这样的女人，真不是一般的女人，不是所有的人，都能够做到这样的。心里便总有些挂念，真想见见这位怎么就这么有福气的老太太。

一地杏花，那么厚，被风也一点点地吹干净了。叶子长出来了，先小后大，先红后绿，三棵杏树换装了，似乎不急了，静静地等候着来年春天再开花的时候迎接主人。

清明到了，梨花一片雪，替班一样，接替了杏花，用几乎同样的容颜装扮着这个渐行渐远的春天。对面一楼那座房子还是空着，长满绿叶的杏树，寂寞无主，摇曳在门前和窗前。

清明过后的一个夜晚，我忽然看见对面一楼房子的灯亮了。主人回来了。尽管没有赶上杏花盛开，毕竟还是回来了。忽然，心里高兴起来，为那个孝顺的女人，为那个从未见过面的老太太。

第二天上午，我在院子里看见了那个女人，触目惊心的是，她的臂膀上戴着黑纱。问起来才知道，去年春天要来北京的时候，老太太查出了病，住进了医院，盼望着老太太病好，却没有想到老太太没有熬过去年的冬天。今年清明，把母亲的骨灰埋葬在老家，祭扫之后，她就一个人来到北京。

她有些伤感地告诉我，这次来北京，是要把房子卖了。母亲不来住了，房子没有意义了。

房子卖了，三棵杏树还在。每年的春天，还会花开一片如雪。

2019 年 4 月 13 日于北京

过　年

一

年越来越近了，纵使如今年味变淡，人们还是期待着过年，毕竟这是一年里最大的一个节。旧时风俗，进了腊八，就算是过年。这时候，无论贫富，各家都要开始办年货了。采办年货的内容中，有一项是买春联和年画，过年时候，张贴在自家的门口和墙上，即使没有新桃换旧符的传统意义，红红火火的，也多少添个过年的喜兴。

老北京，过年之前，买副春联，买张年画，是讲究的。春联，不能是如现在一样都是印刷品，必要真枪真刀用毛笔和墨来写。《京都风俗志》中说："'书春墨庄''借纸学书''点染年华'之类"，以招揽买者。当然，用纸不一，以应对不同买者。旧时竹枝词唱道："西单东四画棚前，处处张罗写春联。"曾是年前很长一段时间的盛景。

春联，除寺庙用黄纸，其余都用红纸。那时红纸有顺红、梅红、木红、诛笺、万年红等多种之分，如同穿衣的布料一样多种多样的讲究。旧时有俗语名叫：大冻十天，必有剩钱。说的是站在腊月的寒风里写春联，虽挣不了大钱，还是多少有些收入的。

这句俗语中说的十天，是有历史原因的，那时候，卖春联和年画的，都是在腊月十五开张，一直卖到腊月二十四收市。因为在有朝廷的时候，这时候是王府封印之时。如今京戏舞台上有封箱之说，都是从这个传统而来的。卖春联和卖年画的，依旧也是这个传统。

腊月十五，卖年画的出动了，比卖春联的还热闹。因为卖春联的必要站在那儿写，卖年货的可以走街串巷。蔡省吾先生著的《一岁货声》中，专门介绍这些卖年画的人是"以苇箔夹之肩负"。当然，更吸引人的是在街头搭起的年画棚，一张张年画，张贴在画棚的秸秆上，人们既可以挑选，也可以参观欣赏。那里便成了一个个小小的展览会，常是人头攒动。

当然，画棚里，既卖年画，也卖春联，还卖门神和吊钱儿。这样的吊钱儿，是一种古老的民俗，图招财进宝的吉利，是挂在窗前和门楣上的，一般是过了正月初五要用竹竿挑掉。清时有诗"先贴门笺后挂钱，洒金红纸写春联"，是要在年前将挂吊钱儿和贴春联一气呵成来完成的。

这样的吊钱，如今在天津还有，北京已经渐渐淡化了。《一岁货声》中，有一段专门介绍画棚里卖货吆喝的热闹劲儿："街门对，屋门对，买横批，饶喜字。揭门神，请灶王，挂钱儿，闹几张。买的买，捎的捎，都是好纸好颜料。东一张，西一张，贴在屋里亮堂堂……”

那时候，所卖的年画，大多数是来自天津杨柳青，粉连纸上，木版着色。《京都风俗志》中介绍年画上画的内容：“早年戏剧外，丛画中多有趣者，如雪景图、围景、渔家乐、桃花源、乡村景、庆乐丰年、他骑骏马我骑驴之类皆是也。”民俗和乡土气息很浓，接地气，自然受大众欢迎。

我小的时候，这样的画棚还有，一般在天桥一带。卖这样年画的也还有。那时，我家常买的是一种胖乎乎的娃娃怀里抱着一条大鲤鱼，鲤鱼上片片的鱼鳞都清晰闪光，图的是“年年有余”的吉利。以后，画棚渐渐消失了，买年画要到新华书店，那里卖的都是彩色胶版印刷品，颜色更鲜艳，内容更现代，杨柳青的年画渐渐失宠。记得很清楚，我家曾经买过一张哈琼文画的年画：一位穿着黑色旗袍的年轻母亲，肩膀上驮着一个穿着蓝色裙子的小姑娘。小姑娘的手里高举着一朵很小很小的小红花，向着天安门欢呼。母女四周簇拥着的是一片玫瑰紫色花的海洋。在那个时代，年画上出现的人物，大多是工农兵的形象，很少能见到有这样面容清秀、身材玲珑的女人，比老式月份牌上的女人还要漂亮。这张漂亮的年画，贴在我家墙上好几年，一直舍不得摘下。

如今，大多人住进楼房，过年的时候，常常还能看到门前贴有春联，尽管都是千篇一律印刷体的了。但是，基本上已经看不到在家里墙上张贴年画的了。有一阵子，流行过一段时间印着花花绿绿美女或风景的挂历；这一两年，又开始时兴印有各种图案的所谓手账，类似过去的日历或月份牌，但要奢华许多。也许是年老守旧，我不大喜欢这样的玩意儿，还是更钟情过去的年画。

二

如今，北京人过年，讲究逛庙会。厂甸庙会是最热闹的一个去处，这个传统一直延续至今。尽管如今庙会的内容已经千变万化，但其中一个重要的内容没变，便是卖大串的糖葫芦。糖葫芦，入冬后一直能卖到开春，并不新鲜。但要想买这样四五尺多长的大串糖葫芦，必要等到春节，到厂甸去。

对于山里红而言，借助于冰糖（必须是冰糖，不能是白砂糖，那样会绵软，不脆，也不亮）的外力作用，是一次整容，是一次华丽的转身。到了过年的时候，再一次拉长了腰身，长成了大长腿，成为大明星。

民国竹枝词说："正月元旦逛厂甸，红男绿女挤一块，山楂穿在树条上，丈八葫芦买一串。"春节期间逛厂甸，一般的孩子都要买一长串糖葫芦，顶端插一面彩色的小旗，迎风招展，扛在肩头，长得比自己的身子都高出一截，永远是老北京过年壮观的风景。

我小时候，过年当然免不了要到厂甸买这样一长串糖葫芦，我父亲则要我帮他去买金糕。这是用山里红去核熬烂冷凝而成的一种小吃，是山里红的另一种变身。这东西以前叫作山楂糕，是乡下人的一种小吃，后来慈禧太后好这一口，赐名为金糕，意思是金贵，不可多得。因是贡品而摇身一变成为了老北京人过年送礼匣子里的一项内容。清时很是走俏，曾专有竹枝词咏叹："南楂不与北楂同，妙制金糕属汇丰。色比胭脂甜如蜜，鲜醒消食有兼功。"

这里说的汇丰，指的是当时有名的汇丰斋，我小时候已经没有了，但离我家很近的鲜鱼口，另一家专卖金糕的老店泰兴号还在。就是泰兴号当年给慈禧太后进贡的山楂糕，慈禧太后为它命名金糕，还送了一块“泰兴号金糕张”的匾（泰兴号的老板姓张）。泰兴号在鲜鱼口一直挺立到20世纪50年代末，到我上中学的时候止。

过去，老北京原来有一道有名的凉菜，用黄瓜丝、梨丝和金糕丝撒上白糖拌，能够在冬天里吃出夏天香瓜的味儿来。所以，这道凉菜叫作“赛香瓜”。那时候，黄瓜和梨，在过年的时候，尤其显得金贵。我家退而求其次，年前，父亲让我去金糕张那里买金糕，把它切成条，拌白菜心或萝卜丝当凉菜，虽然吃不出香瓜的味儿来，却也吃得格外爽口。金糕张店铺不大，金糕一整块放在玻璃柜里，用一把细长的刀子切，上秤称好，再用一层薄薄的江米纸包好。江米纸半透明，里面的胭脂色的山楂糕朦朦胧胧，如同半隐半现的睡美人，馋得我没有等到回到家，站在街头，迎着寒风，就已经把江米纸舔破了。

年前，除了买金糕，拌好凉菜，等待着年夜饭上桌时候吃，我父亲还有一个讲究，便是一定要在年三十这一天的黄昏时分，等着买荸荠。那是街上最清静的时候。店铺早打烊关门，胡同里几乎见不到人影，只有走进大小院里，才能够听到乒乒乓乓在案板上剁饺子馅的声音，从各家里传出来，你应我和似的，嘈嘈切切错杂弹，像是过年的序曲。

就在这时候，胡同里会传来一声声“买荸荠喽！买荸荠喽”的叫喊。这时候，各家的大人一般都会自己走出家门，来到胡同里，招呼卖荸荠的："买点儿荸荠！"卖荸荠会问："买荸荠哟？"大人们会答："对，荸荠！"卖荸荠的再问："年货都备齐了？"大人们会答："备齐啦！备齐啦！"然后彼此笑笑，点头称喏，算是提前拜了年。

荸荠，就是取这个"备齐"之意。那时候，卖荸荠的，就是专门来赚这份钱的。买荸荠的，就是图这个荸荠的谐音，图这个吉利的。那时候，卖荸荠的，一般分生荸荠和熟荸荠两种，都很便宜。那年月，冬天里没有什么水果，就把荸荠当成了水果，特别是生荸荠，脆生生，水灵灵，有点儿滋味呢。

如今，这样的声音，只存活在老人的记忆里，或在发黄的书页间。前辈作家翁偶虹先生在《北京话旧》一书中，便有这样的记载："除夕黄昏时叫卖'荸荠'之声，过春节并不需要吃荸荠，取'荸荠'是'毕齐'的谐音，表示自己的年货已然毕齐。"只是和我小时候的记忆稍有区别，我父亲说是"备齐"的意思，相比较"毕齐"，我觉得父亲的解释更大众化。

三

无论过去，还是现在，无论富贵人家，还是平民百姓，过年的饺子，从来都必须要吃的。在我人生度过的七十余年的春节里，最难忘的饺子有两回。

五十年前，我在北大荒，过年的时候，请不下假来，回不了北京。家里只剩下了父母两个孤苦伶仃的老人。天远地远，心里不得劲儿，又万般无奈。没有想到，就在这一年的年三十的黄昏，我的三个中学同学，一个拿着面粉，一个拿着肉馅，一个拿着韭菜（要知道，那时候粮食定量，肉要肉票，春节前的韭菜金贵得很呀），来到我家。他们和我的父母一起包了一顿饺子。他们替我这个不能尽孝的儿子，和孤独的父母过了一个难忘的年。面飞花，馅喷香，盖帘上，码好的一圈圈饺子，围成一个漂亮的花环；下进滚沸的锅里，像一尾尾游动的小银鱼；蒸腾的热气，把我家小屋托浮起来，幻化成一幅别样的年画一般，定格在那个难忘的岁月里。

父亲给我写来了一封信，他以克制的心情，告诉我那个情景。我能想象得出来，他和母亲感到欣慰，三个仅仅是儿子的同学，为了陪他们老两口过年，牺牲了和自己父母的团聚。那是他们老两口一辈子过年吃的一顿最滋味别具的饺子了。

第二年的秋天，父亲在前门楼子前练太极拳，一个跟头倒地，再没有起来。我庆幸，他毕竟吃了这样一顿过年的饺子。

还是在北大荒，我在当时被抽调到兵团的六师师部宣传队，想在年三十晚上赶回到我在的大兴岛二连，就可以不耽误饺子。谁想到年三十天没亮就把我冻醒了，偌大的宿舍，同伴都早回各自的连队过年，就我一人，以为屋子太旷，要不就是炉子灭了。起来一看，炉子里的火烧得挺好，往窗外一瞧，才知道大雪封门，刮起了大烟炮，难怪再旺的炉火也抵挡不住寒气逼人。心想糟了，这么大的雪，去大兴岛的车还能开吗？但是，还是抱着一线希望去了汽车站。那里的人抱着火炉子正在喝小酒，头也没抬，说："看看，水箱都冻成冰坨了！"

我的心一下子也冻成了冰坨子。师部的食堂都关了张，大师傅们都早早回家过年了，连商店和小卖部都已经关门，命中注定，别说年夜饭没有了，就是想买个罐头都不行，只好饿肚子了。

大烟炮从年三十刮到了年初一早晨，也没见有稍微停一下的意思，我一宿没有睡好觉，大年初一，早早就醒了，望着窗外依然寒风呼啸，大雪纷飞，百无聊赖，肚子又空，想家的感觉袭上心头，异常感伤起来。我一直偎在被窝里，迟迟不肯起来，睁着眼，或闭着眼，胡思乱想。

大约九十点钟左右的时候，忽然听到咚咚的敲门声，然后是大声呼叫我的名字的声音。由于大烟炮刮得很凶，那声音被撕成了碎片，断断续续，像是在梦中，不那么真实。但仔细听，确实是敲门声和叫我名字的声音。我非常奇怪，会是谁呢？满怀狐疑，我披上棉大衣，跳下了热乎乎的暖炕，跑到门口，掀开厚厚的棉门帘，打开了门。吓了我一跳，站在大门口的人，浑身是厚厚的雪，简直是个雪人。我根本没有认出他来。等他走进屋来，摘下大狗皮帽子，抖落下一身的雪，我才看清是我们大兴岛二连的木匠赵温。天呀，他是怎么来的？这么冷的天，这么大的雪，莫非他是从天而降不成？

我肯定是睁大了一双惊奇的眼睛，瞪得他笑了，对我说："赶紧拿个盆来！"我这才发现，他带来了一个大饭盒，打开一看，是饺子，个个冻成了邦邦硬的砣砣。他笑着说道："可惜过七星河的时候，雪滑跌了一跤，饭盒撒了，捡了半天，饺子还是少了好多，都掉进雪坑里了。凑合吃吧！"

我立刻愣在那儿，望着一堆饺子，半天没说出话来。我知道，他是见我年三十没有回队，专门来给我送饺子来的。如果是平时，这也许算不上什么，可这是什么天气呀！他得多早就要起身，没有车，三十里的路，他得一步步地跋涉在没膝深的雪窝里，他得一步步走过冰滑雪滑的七星河呀。他说得轻巧，过河时候摔了一跤，我却知道他是条老寒腿，并不那么利落呀。我很难想象，一个托着老寒腿的人，冒着那么大的风雪，一个人走过七星河，该是一种什么样的情景。以至事过多年之后，一想起那样的情景，都会让我无法不感动。

我永远记得，那一天，我和赵温用那只盆底有朵大大的牡丹花的洗脸盆煮的饺子。饺子煮熟了，漂在滚沸的水面上，被盛开的牡丹花托起。

那天的黄昏，雪说停就停了。我和赵温回大兴岛，走到七星河上，一片白雪茫茫，直晃眼睛。不知从哪儿突然飞来一群像麻雀大的小鸟，在我们的面前飞起飞落。它们浑身的羽毛和雪一样是白色的，落在河面上，和雪浑然一体，分不出彼此；飞起来，像扬起一阵纷纷的雪花，晶晶亮亮，在夕阳金色的余晖映照下，分外迷人。我是第一次见到这种奇怪的鸟，这么漂亮的鸟。

赵温告诉我：当地人管这种鸟叫雪雀，它们喜欢在大雪后飞出来。

我对赵温说：这真是我们今年过年的吉祥鸟。

2019 年 1 月 8 日写毕于北京

和莱牌口琴

我在汇文中学读书的时候，学校的口琴队，在整个北京市很出名。因为教授音乐课的季恒老师，是位当时颇有些名气的口琴演奏家，口琴队由他负责组织训练，名师出高徒，能够进入口琴队的同学，自然个个身手不凡。

我刚进学校读初一，口琴队到各班选人，在我们班，选中了我和小袁两人。我只去了两次，未再坚持，一是对口琴，我并不大喜欢；二是到口琴队需要每个人买一把口琴，我家那时生活拮据，我不忍心张口向家里要钱。小袁和我不一样，他的父亲新中国成立前是个资本家，虽然经过公私合营，买卖归了公，但落魄的凤凰还是比鸡大，他家离我家很近，住在前门外一个独门独院的小四合院里，生活还是过得有声有色，一把口琴，算不了什么。

我和学校的口琴队失之交臂，但和小袁一直是朋友。我们两人从初中一直到高中，都在同一个班里。那时，每年班上组织的新年联欢会上，小袁的口琴独奏都是全班最受欢迎的节目。看到他吹奏口琴的技艺，芝麻开花节节高，我很为他高兴，也多少为自己没能坚持而有些小小的失落。特别是在高二那一年，看到他已经在口琴队荣升到领奏和独奏的位置，这种失落的感觉，就更浓些。

那一年，我担任学校的学生会主席，负责组织各种活动，其中包括一年一度的全校文艺会演。文艺会演中，必然得有口琴队的节目，他们在北京市的文艺演出中夺得过金奖，是学校的骄傲。那时候，我们学校和邻校慕贞中学的口琴队联手排练演出。我们汇文中学是男校，慕贞中学是女校，女生一色的蓝裙子白衬衣，站在舞台上，清风清水的，那么的清新，再加上口琴声音的此起彼伏，更有一种风生水起的感觉。站在台下望着站在慕贞中学女生身旁的小袁，双手握住口琴得意的样子，心想，如果当初自己也像他一样坚持到现在，不也可以一样站在慕贞中学漂亮的女生身边了吗？

高三毕业的那一年，赶上了“文化大革命”，学校停课，我和小袁——那时候 ，我们同学管他叫大袁了——一起热热闹闹地到湖南韶山、江西井冈山串联回来后，都成了逍遥派，整天无所事事，有时候，他会到我家里找我，我也会到他家找他，彼此住得很近，抬脚就到。也没有什么可玩的，只是聊聊天，在他家的时候，他会拿出他的口琴，吹奏几支小曲，都是捡我能听得懂的外国民歌的曲子，《鸽子》呀，《红河谷》之类的。

只要口琴声一响，他的母亲便会走过来，悄声细语地对他说：小心点儿！留神隔墙有耳！他父亲有先见之明，早早就把资产全部交公了，虽然顶着一个资本家的虚名，但不拿一分钱的利息，所以算不得剥削，红八月流行红卫兵抄家的时候，他家得以幸免。但他父亲的弟弟和妹妹都在美国，算是有海外关系，还是像有无形的阴云压在头顶，让他的父母尤其小心翼翼。

以后，大袁就只吹奏当时流行的歌曲，都是耳熟能详，《我们走在大路上》呀，《山连着山海连着海》呀，《八角楼的灯光》之类的。有一次，他为我吹奏了一支曲子，挺好听的，和当时听惯的语录歌、进行曲不一样，抒情的味道很浓。我没有听过，觉得很新鲜，便问他是什么曲子。他告诉我叫《北京颂歌》，是刚刚找到的一首新歌，旋律挺好听的。他看我感兴趣，就从他的抽屉里找来他抄的这首歌，我一看有曲谱，还有歌词，曲是田光、傅晶作的，词是田源作的。我抄下了歌词，每当他吹奏这支曲子的时候，我就跟着唱，以致五十多年过去了，这首歌至今记忆犹新，还能背得下来歌词："灿烂的朝霞，升起在金色的北京；庄严的乐曲，报道着祖国的黎明……"

后来，我和大袁一起到北大荒插队，队上只要一演节目，我和大袁必然还要联袂演出这首《北京颂歌》，我唱，他口琴伴奏。

他把他心爱的口琴，带到了北大荒。但是，他在北大荒吹奏的口琴，可不是他自己带来的那一把。这件事，几乎所有同乘一个车皮去北大荒同学都清楚。因为，那是众目睽睽发生的事情。只是大家不清楚，这件事，几乎改变了大袁一生的命运轨迹。大袁和口琴的故事，这时候，才算是真正的开始。

我们是 1968 年 7 月 20 日，乘坐上午 10 点 38 分的火车，离开北京，到北大荒的。那一天，阳光格外灿烂，没心没肺地照耀在我们青春洋溢的脸庞上。火车快要驶动的时候，一位女同学泥鳅钻沙般挤过拥挤的送行人群，跑到车厢前，寻找到大袁，从车窗里递给大袁用一条花手绢包裹的东西。他们没有来得及说几句话，火车就已经驶动，缓缓地驶出了月台。我看见大袁将半边身子探出窗外，使劲儿挥动着手臂，大声叫喊着她的名字。起初，我还能看见她跟着列车在跑，后来，车头喷吐出白烟，遮挡住了她的身影。火车越开越快，北京火车站只留下一个模糊的影子。这个场景，这个女同学的名字，和她修长的身影，都深深地印在我们这同一车皮的同学的记忆里。

这是一幅伤感的画面。生死离别中的离别一幕，在火车站上演，在大袁的青春时节上演，内心再有苦痛的一面，也有美好的向往一面。一时间，大袁抱着那件用手绢包裹的东西，很久没有说话，只是望着窗外，看着北京城渐行渐远。

火车刚刚开过丰台，同学们便再也忍不住好奇，再也不管大袁的心情了，让大袁赶紧打开手绢，看看里面包裹的是什么东西。

是一把口琴。就是以后在北大荒的日子里，大袁为我伴奏用的那把口琴。

以后的日子里，大袁告诉我，这是一把有名的口琴，是德国造的和莱牌口琴，以前，只看见过咱们季恒老师用过这牌子的琴。我不懂口琴，但我看得出，大袁很珍爱这把口琴，每一次用完之后，都会把口琴擦干净，放进琴盒，再用那条花手绢包好。我知道，礼物的意义，不在于礼物的本事，在于送礼物的那个人。更何况，我们一直在一所男校里生活了八年的时间（初高中六年，再加上“文化大革命”两年），度过了整个青春期，难得有接触女生的机会。这是大袁第一次收到女生的礼物。那时候，我还从来没有收到过女生的礼物，心里颇有些羡慕嫉妒恨呢。

让我对大袁不满，还在于他居然有了这么一个女朋友，从来都没有对我透漏一点儿信息，掩藏得够深的，不大够朋友。他忙向我解释：就是在学校口琴队和慕贞中学的口琴队联合排练的时候认识的，没有见过几面，后来偶然碰上了，就又联系上了。就这么简单，他自己也没有想到她会送自己一把口琴。而且，是一把名琴。听完之后，我心里酸酸地对他说：我要求不高，不奢望什么名琴，只要有人送我一条手绢就够了！

那时候，我们都特别爱写信，一写还写得很长。像莎士比亚剧中的那些长长的独白，我们愿意在信中抒情，将那时自以为是的膨胀的激情，化作滚烫而更加膨胀的语言，抒发成自己编织成的一天云锦似的内心独白，给朋友听。那时候，我没有女朋友，就在信中诉说给到全国各地插队的同学听。大袁有，便将心里那些话说给了送他和莱牌口琴的女朋友听。我知道，这是我和大袁最大的区别，我的心里是一片萋萋荒草的荒原，他的心里却已经是一座鲜花盛开的花园。每一次，在队上的联欢会上唱那首《北京颂歌》的时候，我是真的唱给北京的；大袁的口琴声则是送给北京的那个她的，每一音符，便饱含实实在在的情意，绵绵长长，让整首曲子显得格外情深谊长，抒情的味道那样浓，浓得感动了我，更感动了他自己。

分别，会让思念加深。距离，会使感情加深。而青春时的幻想作用，更会让这种思念和感情诗化。在彼此的心里，这种思念和感情像一幅画，美得一塌糊涂。但在现实面前，却是那样的不堪一击，瞬间就可以将这一幅画撕得粉碎。

我和大袁是到北大荒的第三个年头，才获得了一次探亲假，回到北京的时候，是这位女同学，到北京火车站接的他，我顺便沾了一点儿光，和大袁一起到她家吃了一顿饭。记得是冬天，吃的是涮锅子。我吃得津津有味，满头大汗，没有看出一幅美好的画即将被撕碎的一点儿端倪。她家住得挺宽敞的，看屋里的摆设，虽然没有什么大袁家那些红木家具，却也看得出生活比一般家庭要富裕。她的父亲是八级顶级钳工，按照现在的说法是个大工匠。她的母亲很热情，频频为我们两人布菜，还特意为我们两人每人倒了一小盅二锅头。

那一年，大袁和她特意邀上我，爬了一次香山。那时候，我们插队的插友，只要回到北京，都特别爱去香山。我一直弄不清楚，究竟为什么大家对香山如此情有独钟。或许是对比城里的公园，香山比较清静，而且，有山可爬，可以爬上鬼见愁，一览众山小，比较符合那时我们膨胀的激情吧。

那天，赶上大雪过后，香山踏雪，成为大袁短暂一瞬爱情最后流连的记忆。大袁特意叫上我，并不是为了让我给他当灯泡，而是真心的朋友之邀，同时，也为了让我给他的爱情作见证。那天，他特意借来了一架海鸥牌相机，为的是让我给他们俩照几张相。他也带来了那把和莱牌的口琴，说是我们一起爬到鬼见愁吹一支曲子给我们听。但是，那一天，从眼镜湖爬到玉华山庄的时候，我就不跟着他们再往上面爬了。看着他们俩在我前面说说笑笑甜甜蜜蜜的样子，心里空落落的，有些酸楚。我有点儿小心眼儿，心想，爬上鬼见愁，大袁吹奏的口琴，是为给她听的。高山流水，加上皑皑白雪，我别再做多余的陪衬了。

一直到现在，我都非常后悔，没有陪着他们爬上鬼见愁，因为那是他们第一次爬上鬼见愁，也是最后一次爬上鬼见愁。更重要的，是大袁用她送给他的那把和莱牌口琴，第一次为她吹奏。我怎么也应该为他们拍张照片做个纪念才好。

一年之后，我和大袁再一次从北大荒回北京探亲的时候，没有人到北京站接我们了。大袁和她短命的爱情之旅到站。原因很简单，她家里因为了解到大袁的家庭出身和海外关系，坚决不同意他们两人继续交往。这在那个年代里，并不稀奇，是常有的事情，而且，是应该料到的事情。只是大袁没有想那么多，他只想到由一把和莱牌口琴描绘出的一幅爱情的画，是那么的美好，没有想到画外的风，会是残酷无情的。

那一年的冬天，我和大袁回北京的时候，她正在筹办婚礼，家里为她找的对象是位还在服役的军官。婚礼，准备在春节期间举行，我对大袁说：买卖不成仁义在，我们是不是应该送点儿礼物，去看看她？大袁望望我，不置可否，没有说话。不过，他没有去她家，而是在春节前自己一个人回北大荒了。本来说好的，我们两个人在北京过完春节一起回北大荒的。

过去的很多事情，像夏天的雨，来得快，去得也快，雨过地皮湿，干得也快。唯独爱情的回忆，对于大袁却总还是那一幅画，并没有被风撕碎，还悬挂在他的心头。这我也理解，毕竟是大袁的初恋。

一晃，五十来年过去了。去年秋天，大袁微信联系我，他准备在今年春节前回北京。他的父母早不在了，但他的两个姐姐还在，年龄都往八十上奔了，好多年没有回北京过年了，他回来看看他们。我自以为是地觉得，这话里有他的弦外之音，他也是想看看她。

80 年代初，大袁从北大荒回到北京不久，就到美国读书去了。

谁也没有想到，连他自己都没有想到，曾经陷他于爱情泥沼深不可拔的海外关系，在这一刻帮助了他。他读的数学，从本科读到博士，留校当教授，一直到前不久彻底退休，有了空余的时间，想起了回北京。

如今的大袁，已经成为老袁。但我知道，他吹口琴的爱好，始终没变。这个爱好，带来美好，也带给他苦楚，别人不清楚，我是清楚的。记得他和我通微信告诉我他要回来，让我帮助他找家好一点儿饭店，邀请朋友们聚聚的时候，我开玩笑地用微信语音对他说：放心吧，我忘不了把她也叫上，你别忘了带上你那把和莱牌口琴，聚会时候得给我们吹吹那次你们爬上鬼见愁时候吹的曲子。我到现在还没听过呢。他笑笑，根本没有接我的话茬儿。

大袁是元旦过后从美国回到北京的。可是，世事茫茫难自料，她已经在元旦的前两天就离开了人世。谁也没有想到她晕倒在地上被送往医院抢救，就已经是胰腺癌晚期，不到两个月就走了。我到机场接的大袁，但是，我不敢告诉他这个消息。这个消息，对他过于突然，过于残酷。

聚会那一天，几个当年一起到北大荒的同学都来了。但是，她来不了了。我怕大袁没有见到她，会问起我。我不知道该怎么回答才好。不过，整个聚会的觥筹交错之中，大袁没有提一句有关她的话语，免去了我的顾虑。或许，过去的事情已经过去，他已经忘记，或者不愿意再提起了。

最后，大家起哄，让我唱那首当年在队上经常唱的《北京颂歌》，让大袁吹口琴为我伴奏。大袁站起身来说：对不住了，得让老肖自己一个人干唱了，我没有带口琴，也不吹口琴了。

老袁这话不实。快过节了，想给他和他的姐姐拜个早年，前几天，我去他家看他——他家还住在前门外那个小四合院里，如今，这个四合院已经价值连城——刚进小院，就听见口琴声。这曲子，我没有听他吹过，有些哀婉，颤音很多，如丝似缕。我站在院子里，静静听他吹奏完毕，才缓缓走进他的房间。他已经把口琴收好，没有留下一点儿“作案”的痕迹。我也没有提到我已经听到，但我猜想得到，他一定已经知道她病故的消息了。他吹的一定是那次爬上香山鬼见愁吹的曲子。而且，用的一定是那把和莱牌口琴。

我想起读过奥兹写的一篇小说，小说里的人物也爱吹口琴。奥兹借小说的人物说过这样的一句话：“优美的旋律，令人心碎，让人想起人与人之间依然有些短暂情感的日子。”恍惚中，觉得这句话就是写给老袁的。

2019 年春节前夕写于北京

远航归来

不知为什么，最近一些日子，总想起王老师。王老师是我的小学老师，虽然已经过去了整整六十年，我还清楚记得他的名字叫王继皋。

王老师是我们班语文课的代课老师。那时候，我们的语文任课老师病了，学校找他来代课。他第一次出现在教室门口，引起全班同学好奇的目光，聚光灯一样集中在他的身上。他梳着一个油光锃亮并高耸起来的分头，身穿着笔挺的西装裤子，白衬衣塞在裤子里面，很精神的打扮。关键是脚底下穿着一双皮鞋格外打眼，古铜色，鳄鱼皮，镂空，露着好多花纹编织的眼儿。

从此，王老师在我们学校以时髦而著称，常引来一些老师的侧目，尤其是那些老派的老师不大满意，私下里议论：校长怎么把这样一个老师给弄进学校来，这不是误人子弟嘛！

显然，校长很喜欢王老师。因为他有才华。王老师确实有才华。王老师的语文课，和我们原来语文老师教课最大的不一样地方，是每一节课都要留下十多分钟的时间，他为我们朗读一段课外书。这些书，都是他事先准备好带来的，他从书中摘出一段，读给我们听。书中的内容，我都记不清楚了，但每一次读，都让我入迷。这些和语文课本不一样的内容，带给我很多新鲜的感觉，让我想入非非，充满好奇和向往。

不知别的同学感觉如何，我听他朗读，总觉得像是从电台里传出来的声音，经过了电波的作用，有种奇异的效果。那时候，电台里常有小说联播和广播剧，我觉得他的声音，有些像电台广播里常出现的董行佶。爱屋及乌吧，好长一阵子，我喜欢听人艺演员董行佶的朗诵。私底下，模仿着王老师的声音，也学着朗诵。有一次，参加学校组织的朗诵比赛，我选了一首袁鹰写的《密西西比河，有一个黑人的孩子被杀死了》，班主任老师找王老师指导我。他很高兴，记得那天放学后在教室里，一遍一遍辅导我。离开校园，天都黑了，满天星星在头顶怒放，感觉是那样的美好。我喜欢文学，很大一方面，应该来自王老师教给我的这些朗诵。

王老师朗读的声音非常好听，他的嗓音略带沙哑，用现在的话说，是带有磁性。而且，他朗读的时候，非常投入，不管底下的学生有什么反应，他都沉浸其中，声情并茂，忘乎所以。有时候，同学们听得入迷，教室里安静得很，他的声音在教室里水波一样有韵律地荡漾。有时候，同学们听不大懂，有调皮的同学开始不安分，故意出怪声，或诚心把铅笔盒弄掉到地上。他依旧朗读他的，沉浸在书中的世界，也是他自己的世界里。

王老师的板书很好看，起码对于我来说，是见到的字写得最好看的一位老师。他头一天给我们上课，先介绍自己的名字的时候，转身用粉笔在黑板上写下了“王继皋”三个大字，我就觉得特别好看。我不懂书法，只觉得他的字写得既不是那种龙飞凤舞的样子，也不是教我大字课的老师那种毛笔楷书一本正经的样子，而是秀气中带有点儿潇洒劲头儿。我从没有描过红模子，也从来没有模仿过谁的字，但是，不知不觉模仿起王老师的字来了。起初，上课记笔记，我看着他在黑板上写的字的样子，照葫芦画瓢写。后来，渐渐形成了习惯，写作文，记日记，都不自觉地用的是王老师写字的样子。这个习惯，一直延续到我读中学，即使到现在，我的字里面，依然存在着王老师字抹不去的影子。这真是件非常奇怪的事情，一个人对你的影响，竟然可以通过字绵延那么长的时间。

不仅字写得好看，王老师人长得也好看。我一直觉得他有些像当时的电影明星冯喆。那时候，刚看完《南征北战》，觉得特别像，还跟同学说过，他们都不住点头，也说是像，真像。后来，我又看了《羊城暗哨》和《桃花扇》，更觉得他和冯喆实在是太像了。这一发现，让我心里暗暗有些激动，特别想对王老师讲，但没有敢讲。当时，年龄太小，觉得王老师很大，师道尊严，拉开了距离。其实，现在想想，王老师当时的年龄并不大，撑死了，也不到三十。

王老师给我留下最深的印象，是好几次讲完课文后留下来的那十多分钟，他没有给我们读课外书，而是教我们唱歌。他自己先把歌给我们唱了一遍，唱得真是十分好听，比教我们音乐课的老师唱得好听多了。沙哑的嗓音，显得格外浑厚，他唱得充满深情。全班同学听他唱歌，比听他朗诵要专注，就是那几个平时调皮捣蛋的同学，也抱着脑袋听得入迷。

不知道别的同学是否还记得，我到现在记忆犹新。王老师教我们唱的歌的歌名叫作《远航归来》。我到现在还清楚地记得那里面的每一句歌词：

祖国的河山遥遥在望，
祖国的炊烟招手唤儿郎。
秀丽的海岸绵延万里，
银色的浪花也叫人感到亲切甜香
祖国，我们远航归来了，
祖国，我们的亲娘！
当我们回到你的怀抱，
火热的心又飞向海洋……

这首歌不是儿童歌曲，但抒情的味道很浓，让我们很喜欢唱，好像唱大人唱的歌，我们也长大了好多。全班一起合唱，响亮的声音传出教室，引来好多老师，都奇怪怎么语文课唱起歌来了？

一连好几次的语文课上，王老师都带我们唱这首歌，每一次唱得我都很激动，仿佛真的像一名水兵远航归来，尽管那时我连海都没有见过，也觉得银色的浪花和秀丽的海岸就在身边。我也发现，每一次唱这首歌的时候，王老师比我还要激动，眼睛亮亮的，好像在看好远好远的地方。

没有想到，王老师教完我们这首歌不几天，就离开了学校。那时候，我还天真地想，王老师教课这么受我们学生的欢迎，校长又那么喜欢他，兴许时间一长，他就可以留在学校里，当一名正式的老师。

我们的语文任课老师病好了，重新回来教我们。我当时心想，他的病怎么这么快就好了呢？王老师在课上，没有说一句告别的话，甚至连流露出他就要不教我们的意思都没有流露，就和我们任课老师完成了交接班的程序。甚至根本不需要什么程序，像一阵风吹来了，又吹过去了，了无痕迹。那一天语文课，忽然看见站在教室门前的是我们的任课老师，不再是王老师，心里忽然像是被闪了一下，有点儿怅然若失。

当然，那时，我们所有的同学都还是孩子，王老师没有必要将他的人生感喟对我们讲。我总会想，王老师那么富有才华，为什么只是一名代课老师呢？短暂的代课时间之后，他又会去做什么呢？当时，我还太小，无法想象，也没有什么为王老师担忧的，只是觉得有些遗憾。但是，时过境迁之后，越来越知道了一些世事沧桑和人生况味，对王老师的想象在膨胀，便对王老师越发怀念。

整整六十年过去了，这首《远航归来》，还常常会在耳边回荡。这首歌，几乎成为我的少年之歌，成为王老师留给我难忘而带有特殊旋律的定格。

长大以后，读苏轼那首有名的诗，“人生到处知何似，应似飞鸿踏雪泥。泥上偶然留指爪，鸿飞那复计东西”，会想起王老师。他教我不到一学期，时间很短，印象却深。鸿飞不知东西，但雪泥留下的指爪印痕，却是一辈子抹不掉的，这便是一名好老师留给孩子的记忆，更是对于孩子的影响和作用。

我以为我不会再见到王老师了。没有想到，初三毕业的那年暑假，我到新认识不久的一个高三的师哥家，竟然意外见到了王老师。

他家离我家不远，是一个一个三进三出的大四合院。那时，学校有一块墙报叫《百花》，每月两期，上面贴有老师和学生写的文章，我的这位师哥的文章格外吸引我，成为我崇拜的偶像。我到他家，是他答应借书给我看。记得那天他借我的是李青崖译的上下两册《莫泊桑短篇小说选》。他向我说起了王老师的事情：因为出身资本家，王老师没有考上大学，以为是考试成绩不够，他不服气，又一连考了两年，都以失败告终。不仅没有考上大学，出身不好，又好打扮，便也没给他分配工作，他只能靠临时打工谋生，最后，家里几番求人颠簸，好不容易分到南口农场当了一名农场工人。然后，他又对我说，他喜欢文学，也是受到了王老师的影响。

我见到王老师的时候，他正坐在一个小马扎上，在他家的门前一片猩红色的西番莲花丛旁乘凉。我一眼认出他来，走上前去，叫了一声：王老师！他眨着迷惑不解的眼睛，显然没有认出我来。我进一步解释：您忘了？第三中心小学，您代课，教我们语文？他想起来了，从小马扎上站起来，和我握手。我才发现，他是拄着一个拐杖站起身来的。我师哥对我说：是在农场山上挖坑种苹果树的时候，石头滚下来，砸断了腿。他摆摆手，对我说：没事，快好了。

那一刻，小学往事，一下子兜上心头，我好像有一肚子话要说，却什么也说不出来。他看见我手里拿着的书，问我：看莫泊桑呢？我所答非所问地说：我还记得您教我们唱的《远航归来》呢。他忽然仰头笑了起来。我们就这样告别了。那以后，我好久都不明白，说起了《远航归来》，他为什么要那样地笑。我只记得，他笑罢之后，随手摘下了一片身边西番莲的花瓣，在手心里揉碎，然后丢在地上。

2019 年 4 月 9 日于北京细雨中

沙湾古镇即景

从广州去沙湾古镇那天的路上，下了一场雨，虽是阵雨，但那一阵下得挺大的。到达古镇的时候，雨停了，挺善解人意的。

沙湾古镇在番禺，如今，番禺成了广州的一个区，从市内坐地铁倒一趟公交车就到，不远，很方便。不是节假日，古镇很清静，走到留耕堂前，人多了起来。留耕堂，是何家宗祠，在古镇有不少宗祠。岭南一带，宗祠文化传统悠久，它维持着宗族的团结、信仰，以及文化的传承。何家是古镇大户，一家出了三人中举，其中一位还当了朝廷的驸马爷，声望在古镇绵延长久。留耕堂最早建于元代，现在堂皇阔大的建筑，是清康熙时重建。留耕堂前，是一片轩豁的广场，成为古镇的中心，留耕堂便当之无愧地成为古镇的地标。

广场四周，几乎布满了画画的学生，一打听，是从广州专门来这里写生的。小马扎上，坐着一个个年轻的学生，稚气的面孔和画板上稚嫩的画作，相互辉映，成为那一天古镇一道别致的风景，为古镇吹来年轻的风。

我最爱看人写生。面对活生生的景物，取舍的角度，感受的光线，挥洒的色彩，个人想象的填充，每个人都不尽相同，非常有趣。这些学生千篇一律都在画水粉画，大概是老师的要求。晚秋雨后的阳光，湿润而温暖，照耀在这些学生的身上、画布上和水粉盒子上，跳跃着五彩斑斓的光斑，让古镇那一刻如诗如画，显得那么幽静和美好。

这时候，忽然广场上嘈杂起来，有学生从马扎上腾地站起来，有的跑向广场那一侧，有的惊慌失措地望着那一侧。我也朝那边望去，那边靠道口是一排房子，有小店，有住家，住家大门旁边是一扇落地的卷扇拉窗。窗上有一道凉棚，凉棚下摆着一溜儿画架，马扎，还有水粉盒，调色的水杯和书包。就看见一个中年男人，气哼哼地从家门出来，不由分说将这些东西一件件抄起，噼里啪啦朝前面的广场扔去，立刻，一片狼藉，慌乱的色彩涂抹了一地。

有几个学生纷纷跑了过去，想阻止这个男人近乎疯狂的举动，但杯水车薪哪里阻止得了腾腾火苗的燃烧。那个男人依旧发疯似的扔东西，一个画架子正好砸在一个女学生的脑袋上，我看见，她委屈得哭了起来，蹲下来，拾起自己的画架和水粉盒，紧紧抱在怀里。

一位镇子上的女人骑着摩托车过来，指责着这个男人，骂他衰仔！

一个男子骑着自行车过来，放下车，走到这个男人的面前，给了他一巴掌，怎么可以这样？

这个男人不动了，也不说话，站在那里，呆若木鸡。

那个女人和那个男子，向学生解释，他的脑子有毛病，独立生活都成问题，然后，指着他的房子又说，这房子都是政府出钱帮他新盖的。

本来拿出手机要报警的学生放下了手机。能和精神病人掰扯清什么呢？那个女学生还在无声地哭泣。有女同学搂着她的肩膀，安慰着她。

在学生们的议论中，我听明白了，刚才下雨的时候，学生们到凉棚下躲雨，然后又去和同学交流的时候，一时没有来得及将画具移走，就发生了刚才一幕的闹剧。

女人和男人把学生和那个男人劝开，几个学生把扔出去的画具和马扎拾起，远离凉棚，到别处写生去了。广场上，又恢复了刚才的平静。阳光依旧湿润而温暖地照耀着，洒在广场上一片金光。只有那一片被泼洒出的水粉和水搅和在一起的色彩，显得那样杂乱无章，像一幅荒诞派的画。

和江南古镇相比，这里没有水系的环绕，由于经过南宋到元明清几代，建筑风格更为丰富，破坏和改变不多。老街纵横交错，地理肌理清晰犹存，石板路沧桑还在。除个别人家变为店铺，大多院落依旧保持着原来的烟火气，商业气息还没有那么浓重不堪。细细走走，有一种依稀梦回前朝的感觉。

我在古镇转了一圈，又回到留耕堂前的广场。留耕堂门前一侧，齐刷刷坐满一排学生，对着前面的广场、小店、老街，以及更前面一些的池塘，露出镬耳式山墙一角，在写生。

在这一群学生里，我看到了刚才哭泣的那位女学生，我看见她画架的画纸被撕开了一道大口子，她依然坚持在上面画。我站在她的身后，仔细看了看她的写生画，她画的对面那个脑子有毛病人家的房子，左边是那扇家门，右边是有卷窗的凉棚，凉棚旁边，她多画了隔壁店铺前摆放的一盆花，红艳艳的三角梅开得正旺。

2018 年 12 月 13 日于北京

那一排钻天杨

四十多年前，从北大荒插队刚回北京的时候，我搬家从前门到陶然亭南。那里新建一排排红砖房的宿舍，住着的都是修地铁复员转业落户在北京的铁道兵，住着来自全国四面八方的人。地铁宿舍前的那条砂石小路，公交车站对面马路边有两间小平房，是一家小小的副食品商店，卖一些酱油醋之类的家常日用吃喝之类的东西，同时，兼管每天牛奶的发送。

买牛奶，需要事先缴纳一个月的牛奶钱，然后发一个证，每天黄昏到副食品店去凭证取奶。母亲那一阵子大病初愈，我订了一袋牛奶，让母亲喝。尽管母亲不爱喝牛奶，嫌有膻气味儿，但在我的坚持下，她还是每天像咽药一样，坚持在喝。脸上红扑扑的，渐渐恢复了生气。

由于每天到那里取奶，我和店里的售货员很熟。店里一共就两位售货员，都是女的，一个岁数大些，一个很年轻。年轻的那一位，刚来不久。她个子不太高，面容清秀，长得纤弱，人很直爽，快言快语。熟了之后，她曾经不好意思地告诉我：没考上大学，家里非催着赶紧找工作，只好到这里上班。

知道我在中学里当老师，她让我帮助她找一些高考复习的材料，她想明年接着考。又听说我爱看书，还写点儿东西在报刊上发表，对我另眼相看。每次去那里取奶或买东西，她都爱和我说话。

有一天，我去取奶，她特别兴奋，又有些神秘兮兮地问我：今天上午上班的时候，在虎坊桥倒车，看见路旁的宣传栏里，用毛笔抄着有两首诗，上面写着您的名字，那诗真的是您写的吗？

她说的那个宣传栏，是当时《诗刊》杂志社办的。那时候，刚粉碎“四人帮”不久，《诗刊》复刊不久，他们会从每一期新出的《诗刊》挑选一些诗，抄在大白纸上，贴在宣传栏里。这个宣传栏，和当时光明日报社前的报栏相隔不远，成为虎坊桥的两大景观，常会吸引过往的行人驻足观看。百废待兴的新时代，一切都让人感到有种生气氤氲在萌动。那是我发表的第一组诗，也是唯一的一组。没有想到，她居然看到，而且，比我还要兴奋。

她对我说：高中的时候，我要是遇到您当我们的语文老师就好了！我觉得她的嘴巴挺甜，在有意地恭维我，但很受听。

那时候，买麻酱要证，买香油要票；买带鱼，只有过春节才有。打香油的时候，都得用一个老式的长把儿小吊勺作为量器，盛满之后，通过漏斗倒进瓶里，手不抖和稍微抖喽一下，动作的快和慢，盛的香油的分量大不相同。那时候，每月每家才只有二两香油，各家打香油的时候，不错眼珠儿地紧盯着，都看得格外仔细，生怕售货员手故意动作慢点儿，又那么一抖喽，自己吃了亏。每一次我去打香油，她都会满满打上来，屏住气，手很稳，动作很麻利。每一次我去买带鱼的时候，她会把早挑好的大个儿的带鱼，从台子底下拿出来给我。我感受到她的一番好意。那是那个时候她最大的能力了。

除了有些书和杂志，我无以相报。好在她爱看书，她说她以前是班上的语文课代表。我把看过的杂志和旧书借给她看，或者索性送给她。我很喜欢爱读书的年轻人，便常常取牛奶时候带一些杂志和看过的书给她，便和她越来越熟。她几乎比我教的学生大不了一两岁，所以，他见到我就叫我肖老师，我知道她姓冯，管她叫小冯同学。

有一次，她看完我借给她的一本契诃夫小说选，还书的时候对我说：以前我们语文课本学过他的《变色龙》和《万卡》。我问她读完这本书，最喜欢哪一篇？她笑了：这我说不上来，那篇《跳来跳去的女人》，我没看懂，但觉得特别有意思，和以前学的课文不大一样。

我妈管这个副食店叫小铺，这是上一辈人的老叫法。在以往老北京大一些的胡同里，都会有着一个或两个副食店，方便百姓买东西。没有小铺的街巷，会像缺了点儿什么，所以，小铺里的售货员和街里街坊很熟络，街坊们像我现在称呼小冯同学一样，也是对售货员直呼其名的。这是农耕时代的商业特点，小本小利，彼此依赖，亲切，又亲近。我们住的地铁宿舍刚建立不久，这个副食店相跟着就有了。年纪大的那位售货员指着年轻的售货员对我说：副食店刚建时候，我就来了，那时候和她年纪差不多。这一晃，十多年过去了。

日子真的不抗混，十多年，在老售货员眼里，弹指一挥间，在年轻的售货员眼里，却显得那么遥远。她曾经悄悄地对我说：您说要我也这样在这里待上十多年，可怎么个熬法儿？她不喜欢待在这么个小铺里卖一辈子香油、麻酱和带鱼，她告诉我想复读，明年重新参加高考。

那一年，中断了整整十年高考刚刚恢复。因为母亲的病，我没有参加这第一次高考。她参加了，却没有考上。第二年，也就是1978年的夏天，我和她相互鼓励着，同时到木樨园中学一起参加高考的考试。记得考试的第一天，木樨园中学门口的人乌泱泱的，黑压压拥挤成一团。我去得很早，她比我去得还早，正站在一棵大槐树下，远远冲我挥手。槐花落了一地，清晨的阳光透过密密的树叶，在她身上跳跃着斑斑点点的光闪。

我走了过去，看得出来，她很兴奋，也很紧张。结果，我考上了，她没考上，差的分很多，比前一年还多。这是她第二次参加高考。从此以后，她不再提高考的事了，老老实实在副食店里上班。

我读大学四年期间，把病刚好的母亲送到姐姐家，自己住学院的宿舍，很少回家，和她见面少了，几乎断了音讯。

六年过后，我搬家离开了地铁宿舍。那时候，正是文学复兴的时期，各地兴办的文学杂志风起云涌，这样的杂志，我家有很多，一期期地积累着，舍不得扔，搬家之前，收拾东西，才发现这些旧杂志拥挤在床铺底下满满堂堂。便想起了这位小冯同学，她爱看书，把这些杂志送给她好。

捆好一摞杂志，心里想，都有六年没见她了，她会不会调走不在那儿了？抱着试一试的想法，我还是到副食店去找她，她还在，正坐在柜台里，看见我进来，忙站起来走了出来，笑吟吟地叫我肖老师，您可是有日子没来了！

我这才注意，她挺着个大肚子，小山包一样，起码有七八个月了。我惊讶地问道：这么快，你都结婚了？

她笑着说：还快呢？我 25 岁都过了小半年！我们同学有的都早有孩子了呢！

日子过得还不够快吗？我大学毕业都两年多了，一天天过去的日子，磨炼着人，也改造着人，就像罗大佑歌里唱的那样：流水它带走光阴的故事，改变了一个人。

我把杂志给了她，问她：家里还有好多，本来想你要是还想要的话，让你跟我回家去拿。看你这样子，还是我给你再送过来吧！

她摆摆手说：谢谢您了。不用了，您不知道，自打结婚以后，天天忙得后脚跟到后脑勺，哪还顾得上看书啊！前两年，听说您出了第一本书，我还专门跑到书店里买了一本，不瞒您说，到现在还没看完呢！说罢，她咯咯笑了起来。

那天，她知道我要搬家，挺着大肚子，特意送我走出副食品店。正是四月开春的季节，路旁边那一排钻天杨的枝头露出了鹅黄色的小叶子，迎风摇曳，格外明亮打眼。到这里住了小九年，我还是第一次看见路旁边这一排钻天杨，春天长出的小叶子这么清新，这么好看。

她见我看树，挺着肚子，伸出手臂，比画着高矮，对我说：我刚到副食店上班的时候，它们才这么高。我一蹦就能够着叶子，现在它们都长这么高了。

从那以后，我再没有见过小冯同学。

前些日子，我参加一个会议，到一座新建不几年的宾馆报到。

新的宾馆，特别是大堂，设计和装潢都比老宾馆显得更现代堂皇。宽阔的大厅，从天而降的瀑布一般的吊灯，晶光闪烁。一位身穿藏蓝色职业西式裙装的女士，大老远挥着手臂径直向我走来。一直走到我的面前，伸出手来笑吟吟地问我：您是肖老师吧？我点点头，握了握她的手。她又问我：您还认得出我来吗？起初，我真的没有认出她，以为她是会议负责接待的人。她接着笑着说：我就知道您认不出我来了，我是小冯呀！看我盯着她发愣，她补充道：地铁宿舍那个副食店的小冯，您忘了吗？

我忽然想起来了，但是，真的不敢认了，她似乎比以前显得更漂亮了，个子高了许多，也显得比实际年龄要年轻许多。那一刻的犹豫之间，她已经伸开双臂，紧紧地拥抱了我。

我对她说了第一眼见到她的感受，她咯咯笑了起来，说：还年轻呢？明年就整六十了。个子还能长高？您看看，我穿着多高的高跟鞋呢！

她还是那么直爽，言谈笑语的眉眼之间，恢复了以前的样子，仿佛岁月倒流，昔日重现。

她一直陪着我报了到，领取了会议文件和房间钥匙，又陪着我乘电梯上楼，找到住宿的房间。我一直都认为她是会议的接待者，正想问问她怎么想起又是什么时候从副食店跳槽的。她的手机响了。她接电话的时候，我听出来了，她不是会议的接待者，而是这家宾馆的一位副总。电话的那边在催她去开会。我忙对她说：快去忙你的吧！

她不好意思地说：您看，我是专门等您的。我在会议的名单上看到您的名字，就一直等着这一天呢！我和您又三十多年没有见了。今晚，我得请您吃饭！实话告诉你，你们会议上的自助餐不好吃。我已经定好了房间，请我们宾馆最好的厨师，为您做几道拿手的好菜！您可一定等着我呀！

晚餐确实非常丰盛又美味。晚餐中，我知道，生完孩子没多久，她就辞掉副食店的工作，在家带孩子，把孩子带到上幼儿园后，她不甘心总这么憋在家里，她自己的话说“还不把我囚成甜面酱里的大尾巴蛆?”便和丈夫一起下海折腾，折腾得一溜儿够，赔了钱，也赚了钱，最后和几个人合伙投资承包了这个新建不几年的宾馆，她当这个宾馆的副总，忙里忙外，统管这里的一切。

听完她的讲述，我很佩服她的勇气。她说：您忘了您借给我那本契诃夫小说了吗？我像不像那个跳来跳去的女人？说完，她咯咯笑了起来。

我也笑了。很多往事，借助于书本迅速复活。跳来跳去，可不是在水磨石的花砖上跳舞一样跳来跳去。在生活尤其在商海中跳来跳去，是会跌跤的，需要有能蹦能跳的勇气和活力。一个女人，如果在她年轻的时候没有了这种勇气和活力，到后来只能当一个黄脸婆。这是那天晚上她对我说过的话。

那天晚上分手的时候，我问她地铁宿舍前的那个小小的副食店，现在还有吗?

她笑着对我说：一看您就是好长时间没有到那边去过了。什么时候，我陪您回去看看，怀怀旧?!

她告诉我，那一片地铁宿舍，二十年前就都拆平，盖起了高楼大厦，副食店早都淹没在那一片楼群里了。不过，副食店前路旁那一排钻天杨，倒是没有被砍掉，现在都长得有两三层楼高了，已经成为那一片的一个景儿了呢!

钻天杨，她居然还记得那一排钻天杨。

2018年11月4日于北京细雨中

白葫芦花

之所以从城里换房来到洋桥，因为这里很清静，而且，每户房前，有一个很宽敞的小院。母亲最喜欢这个小院，可以种些蔬菜吃。

那时候，我在中学里当老师，开始在报刊上发表文章，这里的街坊在报纸上看到，见到母亲时，常常夸我，让母亲很有面子。在这片地铁宿舍，我算是有点儿文化的人，颇受这些淳朴的街坊们尊重。

夏天一天晚饭过后，一位街坊来到我家拜访。是一个中年男人，很瘦，很黑，很客气。我第一次见到他，才知道他就住在我家后两排，姓陈，湖南人。落座之后，他直言相告，想求我帮他写个状子。我问他要告谁呀？他垂下了头，沉吟一会儿，才抬起头来告诉我，是要告他老婆。我问他为什么呀？一日夫妻百日恩，什么事情过不去？他对我说：哪天有工夫，你来我家一趟，我给你看个东西。然后，又对我说：我歇病假，哪天都在家，你什么时候去都行。

望着他拖着沉重的步子，离开我家的小院，我心想，什么东西，石头一样压得他这样喘不过气来？

第二天下午没课，我从学校回家早，去了他家。他见我就说：你来得正好，家里没人。说着，他趴在地上，从床铺底下拉出一个小木箱，在箱子里的一个土蓝色的包袱皮里，掏出一个大信封，递给我。是几封情书，另外一个男人写给他老婆的。他从中找到一封，对我说：你重点看看这封。我看后，明白他要告他老婆的最终原因了。这封信里白纸黑字说孩子是老婆和这个男人的。这是压倒骆驼身上的最后一根稻草。

他叹口气，瘫坐在床头，对我说：那时候，我在部队里当兵，她在村子闹出这样的事情，每次回家探亲，我都隐隐约约感到有什么事情发生。这不，我和她闹离婚好几年了，她一直不同意，一口咬定孩子是我的。她不知道，这几封信我早都看到了。

我不知道该怎么安慰他。他是信任我，才找我帮助他写这状子，但我也不知道该不该帮助他写。我写过一些小说和散文，从来没像宋世杰一样给别人写过状子呀。

他看出了我的犹豫，接着对我说：我现在病了，不瞒你说，是肝病，挺严重的，说不准哪天就不行。可越是病了，越觉得忍不下这口气。你说要是你，你忍得下吗？

我无言以对。就在这时候，院子里传来了孩子的笑声。他赶忙把信塞回包袱皮里，藏好在箱子里，把箱子推进床铺底下。

他送我走出屋门，我看见一个十来岁的小姑娘，叫着爸爸，蹦蹦跳跳地向他跑了过来；小姑娘的身后，站着一位不到四十岁的女人。我格外注意看了她一眼，长得挺俊俏的，说那种惹人怜爱的女人。她的头顶是一个铺满绿叶的木架子，午后的阳光，透过密密的叶子，在她的身上跳跃着斑斓的影子。她冲我笑笑，说：是肖老师来了，怎么不再坐会儿？我挺尴尬的，有些做贼心虚地说：啊，坐半天了，老陈要找我下盘棋。

和她擦肩而过的时候，我忍不住又瞟了她一眼，不巧和她的目光撞在一起，她依然在笑，我却更有些尴尬，慌不择言地指着架子说：开这么多的白花，这种的是什么呀？

老陈走过来说：是葫芦。

那是我第一次见到葫芦开花。满架的绿叶间，白色的葫芦花开得像一层雪，风吹过来，像是一群翻飞的白蝴蝶。

在这一片宿舍前的小院里，住的都是勤俭持家的人，大多和我母亲一样，种蔬菜的多，种花草树木的少。大多人家栽的是一些扁豆、茄子、黄瓜、丝瓜和西红柿的架子。那时，我见识很少，以为种葫芦不能吃，只能看着玩，最多做成瓢。后来，我对老陈说过这话，老陈说：葫芦也能吃，到时候，长出青葫芦来，请你来吃清炒葫芦。

老陈又找过我好几次，在他的坚持下，我帮助他写成了一个状子，也不知道合格不合格，总觉得和我写的小说散文不是一路活儿，写得挺耙劲。老陈把状子拿回家看后，又找到我，说我写得力度不够，这样到法院真的打起官司，赢的把握悬乎。

我趁机劝他，你自己都觉得悬乎，干吗非得要告你老婆？一封信上说的话，就能证明那孩子不是你的？人家法院就能信？再说，你把孩子都养了十来年了，你舍得不要了，给别人？接着，我又问他：你老婆对你好不好？这么漂亮的老婆，你也舍得不要了，给别人？

他不说话了，我看得出，他犹豫，又不甘心。心里头，在拉锯。

告状这事，老陈一会儿气哼哼地非告不成，一会儿又瘪茄子似的不吱声了。按下葫芦浮起瓢，就这么自己折磨自己，有时候摔盆摔碗和他老婆闹，常常是她的闺女跑来找我去他家劝架。一来二去，我和他家熟了，和他老婆也熟了。但他老婆见我话不多，任凭他怎么闹，坐在床头，一言不吭。孩子吓得哇哇直哭，她从来也不哭。就这样，好好坏坏，一直闹腾到了秋天。

一天傍晚放学回家，他的小闺女跑到我家对我说：我爸要你去我家！我以为出了什么事，赶紧去了他家。老陈要请我吃清炒葫芦。是他老婆炒的，新下架的葫芦切成片，放了几片红辣椒，喷了点儿香醋，真的挺好吃的。清脆，又有一股子清香。我连连称赞，夸他老婆厨艺好。他老婆站在一边，微微笑着，不说话。

这是我有生以来第一次吃葫芦，回味不已。我不知道，那时候，老陈的肝病已经很严重，已经到了肝腹水的程度。他行动不便，很少出门，到医院去看病，都是他老婆蹬着平板三轮车，驮着他，穿过沙子口的粮库和地道，到永外医院，一路不近呢。有时候，半夜，老陈发病了，把孩子惊醒，她就把孩子和老陈一起放在平板车上，蹬着车，到医院。

最后，他住在医院里，已经无法出院了，也是他老婆一夜一夜守着他。我去医院看过他，对他说：有这样一个女人，是你的福气，别再提离婚的事了！他不说话。

那一年冬天，老陈病逝。他老婆料理完后事，准备离开北京回湖南老家。我问她还回北京吗？她摇摇头。

临别的时候，她带着孩子来我家一趟，直杵杵地先对我说：

“我知道你帮我家老陈写状子告我的事情。”

尽管我也劝老陈不要告她，不要离婚，但见她对我这样直面指陈，还是非常尴尬。

她接着说——我才发现，她比老陈能说多了：老陈的心情我理解，搁谁也都会和他离婚。

不过，这事你信吗？然后，她这样反问我。

见我一时语噎。她接着又说：我来找你，不是来和你掰扯事情的来龙去脉和是非曲直的，是来给你送东西的。

送我的是用半拉葫芦做成的瓢。

她说：是老陈临走时嘱咐我做的，他说你稀罕这玩意儿！

她离开北京后，她家的房子换了主人。新搬来的人家，把葫芦架拆了，改栽一个葡萄架。偶尔路过时，我会想起老陈和他的老婆。我再也没见过白葫芦花，没吃过清炒葫芦，老陈老婆炒的确实挺好吃的。

老陈送我的那个葫芦瓢，一直在我家放了好长时间。那时候，自来水管在院子里，冬天冻了，得用开水浇一次水管，要接水存放一天。我家有一个水缸，那个葫芦瓢在水缸里漂着。

2018 年 10 月 19 日写于北京

荷花塘

住陶然亭南地铁宿舍的时候，宿舍前有一条砂石小路，通往公交车站。上班或下班，走在那条小路上，我常会碰见一个年轻的姑娘。她长得很秀气，修长的身材，显得格外亭亭玉立，在那一带鹤立鸡群，很惹人注目。她很少和人打招呼，都是一个人低着头走路，似乎知道自己的身上落有很多人的目光，不愿意和这些目光相对。

后来，我知道，这个姑娘姓郑，正在读高中。那时候，我是高中的语文老师，只是，她不在我教书的学校里读书。她家就住在我家前排的一座院子里。那座院子，我从来没有去过，据说，是我们这一片住家最漂亮的一座院子。郑姑娘的爸爸很能干，院子都是他一手侍弄的，高墙围栏，红砖墁地，中间一条弯曲的小道通往房门，小路铺的是彩色的鹅卵石，小道两旁摆满花盆，四周种些花木，四季常绿，春夏花开，弄得跟小花园一般。很多街坊不止一次对我啧啧赞赏郑家的小院。

我和郑姑娘的爸爸有过一次交往。

我刚搬来第二年的秋天，唐山地震余波影响到北京，我家后山墙被震得墙皮脱落，露出了红砖来。我笨，不会泥瓦匠的活儿，又不知道上哪儿能弄到沙子和水泥。那个年月，这都是紧俏的东西。我的邻居家的老大，是个热心肠的小伙子，他对我说：你这墙用不了多少沙子和水泥，我能帮你弄到，放心吧！

第二天晚上，他不知道从哪儿把半袋子水泥和沙子弄来了，搬到我家的院里，和我约好，星期天他休息帮我抹墙。

星期天一清早，小伙子就来了，跟在他后面的还有一个男人，手里拿着抹子铲子。这便是郑姑娘的爸爸，小伙子向我介绍是郑叔，我便称呼他老郑，谢谢他来帮忙。他笑笑摆摆手，说了句：街里街坊，别那么客套！便开始干活了。两人都不爱讲话，没有一上午，就默默无声地帮我把墙抹好了。我要请他们吃饭，老郑还是一摆手说：街里街坊，别那么客套！转身就出了屋，连手都没顾得上洗。

以后，我和老郑只是偶尔在路上碰面打个招呼。我倒是和他的闺女几乎每天上班的路上碰面，只是郑姑娘依旧低着头匆匆走路，没有和我说过一句话，打过一次招呼。

有一个星期天，在陶然亭公园的湖畔遛弯儿，我遇见了郑姑娘。她没有看见我，不仅是离的距离有些远，是她的身旁跟着一个小伙子，两个人正在叽叽咕咕地说话，很开心的样子，显得挺亲密。其实，最初，我也没注意是她，走近后，才发现是她，想避开，来不及了。这时候，她也看见了我，羞答答地叫了一句：肖老师！便和那个男孩子咯咯笑着跑走了。

第二天上班的时候，在小路的路口上，我看见了郑姑娘站在那儿，见我走来，迎了过来。显然，她是在等我。她见旁边没人，急匆匆地央求我说：肖老师，昨天陶然亭的事，您千万别对我爸说，行吗？

看她受惊的小鸟一样惊慌失措的样子，我有些奇怪。我教书的班上，不少男女同学也在悄悄甚至明目张胆地谈情说爱。那时候，正是禁锢时代的结束，百废俱兴时代的开始，刘心武的小说《爱情的位置》风靡一时，正处于青春期的孩子，好奇的心情和萌动的心理交织，走到一起，也没什么奇怪的。对于这样的学生，我是睁一眼闭一眼。郑姑娘，这么漂亮的一个姑娘，怎么会没有男孩子对她动心呢？她自己再是一株含羞草，也会有自己的心思，风不动，心也会动，这很正常，不奇怪。

奇怪的是，从那天以后，我好久都没有见过郑姑娘。

很久以后，我听街坊们议论，才知道，郑姑娘和那个男孩子的事，被她爸爸知道了，二话没说，买了两张火车票，带着她回老家了。那时候，郑姑娘已经读高二的第二学期，还有一年就高中毕业了。这个老郑，可真是办事果断，发现自己闺女的情事才冒出头儿，立刻掐尖打蔓，不能由着她的性子可劲儿长。

几年之后的一个黄昏，我下班回家，在宿舍前的小路上，看见了郑姑娘迎面走来。见到我，她客气地叫了我一声：肖老师！我看了看她，她长成一个大姑娘了，还是修长的身材，却显得丰满一些。让我吃惊的是，她的左眼下面有一道明显的伤疤，让一张曾经那么秀气的脸庞，显得有些变形，远没有以前那么好看了。

她显然注意到我吃惊的神情，说了句：我要赶车去上夜班。转身急匆匆走去了。那个落日熔金的黄昏中她的背影，让我竟然有些伤感，怎么也忘不了。发生了什么样的事情，让一个漂亮的女孩子的脸上，留下这样一道闪电般醒目的伤疤？

那时候，各家都还没有私人电话，地铁宿舍只有一部公共电话，电话安在一户家的窗台上。各家有事打电话，都得到这里来，公共电话就是一部各家家事的扩音器，管电话的老大爷对各家的家长里短了解得门清儿。有一次到那里打电话，我向老大爷打听郑姑娘的事情。老人家摇摇头告诉我：这个老郑，下手也太狠！一个巴掌把他闺女打出门不说，抄起他们家的花盆就往闺女的脸上砸！脸是肉长的呀，经得起瓦盆砸吗？那是亲闺女吗？

听完之后，我心里一紧。

老大爷又告诉我，惹得老郑如此发怒，因为一年之后，闺女从老家回来参加高考，没有考上大学，却依然和那个男孩子在一起。这让老郑格外搓火。回老家，就为了让她冷冷，谁想到却越发热火，黏在一起了。

1984 年，我搬家离开了住了将近九年的地铁宿舍。如今，三十四年过去了，算一算，郑姑娘是五十开外的人了。我再也没有见过她，不知道她现在的情况怎么样了。

偶尔，我会遇见老街坊，顺便打听郑姑娘的情况。他们也不知道，只知道，自从抄起花盆砸自己的闺女之后，老郑再没有什么心思侍弄他家的院子，那么漂亮的院子，荒芜了，只剩下几棵孤零零的树。

我也才知道，老郑抄起花盆向郑姑娘砸去的时候，郑姑娘一直往后退，没有想到花盆不仅没有躲过，还是砸在脸上，自己和花盆一起掉进了门前的荷花塘里。

郑家那一排房前，有一片荷花塘，我是知道的。建地铁宿舍的时候，占的就是农村的地，没盖宿舍的空地，农民也不种庄稼了，挖了一大片荷花塘，为的秋天卖藕赚钱。夏天的时候，一片洁白的荷花，很好看。我曾经带孩子到那里照相。孩子也曾经到那里摘荷花玩。

如今，那一片地铁宿舍，连同那一片荷花塘，都拆了，盖起了楼。曾经那么温情的地铁宿舍，曾经那么漂亮的荷花塘!

2018 年 10 月 13 日于北京

图书馆的名字

哥伦布市虽然叫作市，其实是比一座小镇还要小的袖珍城镇。它位于美国中部印第安纳州的腹地，很少有外来游客的侵入，安静自得，犹如世外桃源。全城的人口不过四万，这样稀少的人口密度，比北京的一个社区住的人都少，想不安静都不行。

哥伦布市的第五街上，有一座红色矩形的图书馆，是贝聿铭设计的作品，简洁爽朗的线条，被四周古典式的建筑对比得现代感很强。门前的广场上，矗立着名为“拱门”的青铜雕塑，同样出自名家，是亨利·摩尔的作品，与图书馆对视，一红一绿，别有一番的寓言意味。

这座图书馆是哥伦布市的新图书馆，1969 年建成，从而替代了 1899 年的老馆。新馆起的名字叫作克利奥·罗杰斯（Cleo Rogers）图书馆，以人名命名，这个人应该有些来头。

走进图书馆，宽敞明亮的阅览大厅，书架林立，电脑齐整，沙发娴静，玻璃窗洒进温煦的阳光，墙壁上有各种装饰画，一角设有哥伦布市有名的建筑图片介绍。别看哥伦布城小，却有六十多座建筑，都是全世界包括埃利尔·沙里文、贝聿铭、凯文·洛奇在内著名设计师设计的艺术作品，学校、医院、消防、邮局、公交车站，甚至连停车场和监狱，都出身名门，为自己的独家名师所设计。也许是我看得不仔细，在图书馆里，我没有找到关于这个克利奥·罗杰斯的介绍。

回到住所之后，从图书馆借来一本美国小镇丛书中的一本《哥伦布市》的英文小册子，终于找到了克利奥·罗杰斯这个名字。原来他是图书馆的一名管理员，在哥伦布市的老图书馆里工作了28年，直至1964年59岁时候去世。5年之后，出资请来贝聿铭设计并建造这座图书馆的，是哥伦布市康明斯公司的老板欧文·米勒。图书馆并没有如我们这里的很多建筑愿意以出资人命名一样，冠以欧文·米勒的名字。它只是以一个普通的图书馆管理员的名字来命名。我不知道，这个世界上众多的图书馆，还有没有和这座图书馆一样，也是以一名图书馆管理员的名字来命名的。我对这座图书馆怀有深深的敬意和感动。

读完这本《哥伦布市》，我在想，如果这座图书馆的名字，不是以克利奥·罗杰斯的名字来命名，而是以出资人欧文·米勒的名字，或以设计者贝聿铭的名字来命名，还会让我感动吗？我想起李宗盛在《真心英雄》里唱的那句歌词："灿烂星空，谁是真的英雄，平凡的人们给我最多感动。"是的，一个普通平凡的图书馆管理员，以自己的半生时光，默默奉献给了图书馆，图书馆以这样的方式回报他，把他的名字镶嵌在图书馆的门额上，让他的名字和时光一起流传，让逝去的平凡岁月有了清澈而温暖的回声。这是对普通人劳动最美好最真挚的尊重。这个世界上，并不只是那些成功人士，如功成名就的艺术家、发了财的老板，可以占据岁月光鲜耀眼的位置，李宗盛的歌唱得好：“平凡的人们给我们最多感动。”

回过头来，再看看这座克利奥·罗杰斯图书馆，会为其设计和周围建筑布局的匠心独运所赞叹。门前的广场，已经成为如今哥伦布市的中心。图书馆对面，是 1895 年建的老市政大厅，砖红色的古典建筑；旁边是 1942 年建的第一教堂，现代建筑师鼻祖芬兰设计师埃利尔·沙里文的作品，米黄色的不对称建筑，号称美国的第一个现代派的教堂，不仅是哥伦布市也是全美标志性的建筑；图书馆的东边，是哥伦布市最老的欧文花园旅店，建于 1864 年，深棕色错落有致的楼体，和意大利式的古典花园，是这里现存的最老的建筑之一。这三座建筑，和最晚 1969 年的图书馆，呈稳定的四边形状态，彼此对峙，相看不厌，构成哥伦布市历史的连接线，让哥伦布市如同一棵大树，四座不同年代的建筑，呈现着不同的年轮，逝去的岁月，一下子变得看得见，摸得着了。你会感到，在哥伦布市一百多年的历史中，普通人完全可以成为主角之一，是这条历史长河中的一朵清澈的不可或缺的浪花。建筑不过是凝固的历史，是人的精神和形象的一种外化——克利奥·罗杰斯图书馆就是代表。

四面有风，广场上扑面而来有花香浮动。正是玉兰、海棠、丁香和紫荆花盛开的季节。

2018 年 6 月 27 日于北京

椴树蜜

一

那年，我回北大荒，当车子驶过七星河，来到大兴岛，笔直朝南开出大约十里地，开到三队的路口。青春时节最重要的记忆，许多都埋藏在这里。因此，车子刚刚往东一拐弯，我犹豫了一下，是集体的行动，怕影响大家整体行程的安排，但在那一瞬间，话还是忍不住脱口而出：要不让我下车去看看老孙家吧，下午我再到场部找你们。那声音突然响起，而且是那样大，连我自己都有些吃惊。

回北大荒看望老孙，一直是我心底里的一种愿望。这种愿望自登上北上的列车，就越来越强烈，在三队路口一拐弯，更加不可抑制。

老孙，是我们二队洪炉上的铁匠，名叫孙继胜。他人长得非常精神，身材高挑瘦削，却结实有力，脸膛也瘦长，却双目明朗，年轻时一定是个俊小伙儿，爱唱京戏，“文革”前曾经和票友组织过业余的京戏社，他演程派青衣。

他是我们队上地地道道的老贫农，老党员，是在我们队上说话颇占分量的一个人。他打铁时候，夏天爱光着脊梁，套一件帆布围裙，露出膀子上黝亮的腱子肉，铁锤挥舞之中，迸溅得铁砧上火星四冒，像有无数的萤火虫在他身边嬉戏萦绕着。能够找他为自己打一把镰刀，在我们二队是值得骄傲的事情。我曾经到洪炉找过他，请他能我打一把镰刀，他二话没说就答应了，没过几天就忙里偷闲替我打好了。我去洪炉取镰刀时，看到他光着脊梁干活的情景，觉得那是我们队上最美的一幅画。在二队里的时候，我曾经写过一首诗《二队的夜晚》，里面专门写了洪炉夜晚老孙打铁这样美丽的情景。令人值得欣慰的是，当时，很多知青把这首诗抄在笔记本里，至今居然还有人能够背诵。其实，当时，这首诗主要是为了写老孙，是记录我对老孙的一份感情。

这份感情，就像洪炉上淬火迸发出火热而明亮的火星一样，发生在 1971 年的冬天。那一年，我 24 岁。

二

我和同来北大荒的九个同学，因为队里的三个所谓的“反革命”鸣冤叫屈，得罪了队上的头头，他们搬来了工作组，认为我是为首者，便准备枪打出头鸟，从那时起，几乎所有的人都像是躲避瘟疫一样躲避着我。这时候，我知道，厄运已经不可避免，就在前头等着我呢。

那一天收工之后，朋友悄悄地告诉我，晚上要召开大会，要我注意一点儿，做好一些思想准备。我猜想到了，大概是要在这一晚上把我揪出来，和那三个“反革命”一勺烩了。因为早好几天前这样的舆论在全队就已经雾一样弥漫开了。队上的头头走路，都情不自禁地鹅一样昂起了头。

那一天晚上飘起了大雪。队上的头头和工作组的组长都披着军大衣，威风凛凛地站在了食堂的台上，我知道躲过了初一躲不过十五，硬着头皮，强打着精神，来到了食堂。就在前不久，也是在这里，我还慷慨激昂地振振有词为那三个“反革命”鸣冤叫屈，把当时的会场激荡得沸腾如同开了锅，如今一下子却跌进了冰窖。我虽然做好了思想准备，心里还是忍不住瑟瑟发抖，我不知道待会儿真的要揪到台上，我会是一种什么狼狈的样子，他们会不会也在我的脖子上挂链轨板？我真的一下子如同丧家之犬，只好无可奈何地等待着厄运的到来。

谁能够想到呢，那一晚，工作组组长声嘶力竭地大叫着，总之，他讲了许多，讲得都让人提心吊胆，但是，一直讲到最后，讲到散会，言辞虽然激烈，也没有把我揪到台上去示众。我有些莫名其妙，以为今晚不揪了，也许放到明晚上了?!

我坐在板凳上一动不动，等着所有的人走尽了，才拖着沉甸甸的步子走出食堂。我忽然看见食堂门口唯一的一盏马灯的灯光下面，很显眼地站着高高个子的一个人，他就是老孙。雪花已经飘落他的一身，就像是一尊白雪的雕像。

那时，四周还走着好多的人，只听老孙故意大声地招呼着我：

“肖复兴!”那一声大喝，如同戏台上的念白，不像青衣，倒像是铜锤花脸，字正腔圆，回声荡漾，搅动得雪花乱舞。

紧接着，他又大声说了一句：“到我家喝酒去!”，然后，大步走了过来，一把拉住我的胳膊，当着那么多人其中包括队上的头头和工作组组长的面，旁若无人似的把我拖到他的家里。

炕桌上早摆好了酒菜，显然，是准备好的。老孙让他老婆老邢又炒了两个热菜，打开一瓶北大荒酒，和我对饮起来。酒酣耳热的时候，他对我说：“我和好几个贫下中农都找了工作组，我对他们说了，肖复兴就是一个从北京来的小知青，如果谁敢把肖复兴揪出来批斗，我就立刻上台去陪斗!”

谁肯艰难际，豁达露心肝?

算一算，快五十年过去了，许多事情，许多人，都已经忘却了，但铁匠老孙总让我无法忘怀。有他这样的一句话，会让我觉得北大荒所有的风雪所有的寒冷都变得温暖起来。对于我所做过的一切，不管是对是错，都不后悔。什么是青春?也许，这叫作青春，青春就是傻小子睡凉炕，明知凉，也要躺下来是条汉子，站起来是棵树。

三

1982 年，大学毕业那年的夏天，我回北大荒一次。回到大兴岛上，第一个找到的就是老孙。那是我 1974 年离开北大荒和老孙分别 8 年后的第一次相见。当时，他已经从二队调到三队，正在洪炉上干活，系着帆布围裙，挥舞着铁锤，火星四溅在他身子的周围。一切是那样的熟悉，那一瞬间，像是回到那年找他为我打镰刀时的情景。他一眼看到我，停下手里的活儿，我上前一把握着他的手，一句话也说不出，泪水模糊了我的眼睛。

他把活儿交给了徒弟，拉着我向他的家走去，一路上，什么话也没有说，只是用他那只结满老茧的大手紧紧握住我的手。那手那样有力，那样温暖。刚进院门，就大喊一声："肖复兴来了！"那声音响亮如洪钟，让我一下子就想起那年冬天在队上食堂门前风雪中那一声洪钟大嗓的大喝："肖复兴！到我家喝酒去！"

进了屋，他的老婆老邢把早就用井水冲好一罐子椴树蜜的甜水端到我的面前。一切，真的像是镜头的回放一样，迅速地回溯到以前。自从那个风雪之夜老孙招呼我到他家喝的第一顿酒之后，在北大荒的那些日子里，冬天，我没少到他家喝酒吃饭打牙祭。他家暖得烫屁股的炕头，我没少和他脸碰脸地坐在一起。春天，到他家吃第一茬春韭包的饺子，夏天，到他家喝从井里冰镇好的椴树蜜，是我最难忘的记忆了。

那春韭嫩绿嫩绿，从他家屋后园子里摘下来，常常还带着露珠儿，根根亭亭玉立，像从泥土里钻出来的小美人。只要听见老邢在柞木菜墩上剁韭菜馅，就能闻见清新的香味，那种带有春天湿润气息和一种淡淡草药的气味，特别蹿，一下子就冲撞进我的鼻子里，然后像长上了翅膀一样，蹿得满屋子都是。老邢用她家鸡新下的蛋，和韭菜和在一起的饺子馅，真的特别好吃。返城以后的日子里，尽管也吃过无数次韭菜馅的饺子，却怎么也比不过老孙家的香。

椴树蜜，是北大荒最好的蜜了，在我们大兴岛靠近七星河底窑的老林子里，有一片茂密的椴树，夏天开白色的小花，别看花不大，但开满满树，雪一样皑皑一片，清香的味道，荡漾在整片林子里，会有成群的蜜蜂飞过来，也有养蜂人拿着蜂箱，搭起帐篷，到林子里养蜂采蜜。那时候，椴树开花前后，老孙爱到那片老林子里养几箱蜜蜂，专门整些椴树蜜。他家菜园子里，有他自己打的一口机井，他常常把椴树蜜装进一个罐头瓶子里，然后放进井下面，等收工回来的时候，把椴树蜜从井里吊上来喝，冰凉沁人，是那时候冰镇的最好法子，井就是他家的冰箱。

喝到这样清凉的椴树蜜，岁月一下子就倒流了回去，让你觉得一切都没有逝去，岁月曾经经历过的一切，都可以复活，保鲜至今。

四

如今，又是那么多个年头过去了，我不知道老孙变成什么样子了。算一算，他有七十上下的年龄了。我真的分外想念他，感念他。

又到了三队，模样依旧，却又觉得面目全非，岁月仿佛无情地撕去了曾经拥有过的一切，只是顽固地定格在青春的时节里罢了。在场院上看见了现在三队的队长，是当年我当小学老师时教过的学生，他带着我往西走，还是当年的那条土路，路两旁，不少房子还是当年我见到的老样子，只是更显得低矮破旧，大概前几天下过雨，地翻浆得厉害，拖拉机链轨碾过的沟壑很深，不平的地就更加凹凸不平。由于是大中午，各家人都在屋子里吃饭休息，路上，没有见一个人，只有一条狗和几只鸡，在热辣辣的阳光下寂寞地吐着舌头或刨土啄食。记忆中，1982 年来时，也是走的这条路，老孙拉着我的手就往他家走，一路上洪亮的笑声，一路上激动的心情，恍若昨天。

如果没有记错的话，前面就应该是老孙家。不过，在北大荒，各家的房子基本一样，又有那么多年没来了，我不大敢保证，问了一下年轻的队长，队长说就是。正说着，走到老孙家前十来步远的时候，老孙院子的栅栏门推开了，从里面走出来一个女人，正是老孙的老伴老邢，仿佛她就像知道我要来似的，正在出门迎我。我赶紧走了几步，走到她的面前，她有些感到意外，愣愣地望着我。队长指着我问她："你还认识吗？看是谁？"她只是愣了那么一瞬间，立刻认出了我来，一把抓住我的胳膊，眼泪唰啦流了出来，我也忍不住哭了起来，我们俩什么话也没有说出来，只能够感到彼此的手都在颤抖。

走进老孙的家门，她才抽泣地对我说老孙不在了，我从她刚刚的眼泪里就已经意识到了。问起当时的情景。老孙一直有高血压和心脏病，一直不愿意看病，更舍不得吃药，省下的钱，好贴补给他的小孙子用。那时，小孙子要到场部上小学，每天来回走 16 里，都是老孙接送小孙子上学。两年前的三月，夜里两点，老邢只听见老孙躺在炕上大叫了一声，人就不行了。小孙子整整哭了两天，舍不得爷爷走，谁劝都不行，就那么一直眼泪不断线地流着。

我想象着当时的情景，开春前后，正是心血管病的多发期，三月的北大荒，积雪没有化，天还很冷，就在这间弥散着泥土潮湿地气的小屋里，就在我坐的这铺烧得很热的火炕上，老孙离开了这里，离开了1959年他26岁从家乡山东日照支边来到这里就没有离开过的大兴岛。那一年，老孙才69岁，他完全可以活得再长一些时间。

望着老孙曾经生活过那么久的小屋，我的心里很不是滋味。那年，我来看老孙时，就是在这间小屋里，这么多年过去了，小屋没有什么变化，所有简单的家具，一个大衣柜、一张长桌子，还是老样子，也还是立在原来的老地方。一铺火炕也还是在那里，灶眼里堵满了秫秸秆烧成的灰。家里的一切似乎都还保留着老孙在时的老样子，只要一进门，仿佛老孙还在家里似的，那些简陋的东西，因有了感情的寄托，富有了生命，那些东西还立在那里，不像是物品，而像是有形的灵魂和思念。

一扇大镜框还是挂在桌子上面的墙上，只是镜框里面的照片发生了变化，多了孙子外孙子的照片，没有老孙的照片，我仔细瞅了瞅，以前我曾经看过的老孙穿着军装和大头鞋的照片，和一张老孙虚光的人头像，都没有了。那两张照片，都是老孙年轻时照的，那张虚光的照片是老孙外出唱戏的时候在富锦县城照相馆里照的相片。一定是他老伴老邢怕看见照片，触景伤情，取下了吧？

我小心翼翼地问老邢：老孙的照片还在吗？

她说：还在。说着，从大衣柜里取出了一本相册，我看见在里面夹着那两张照片。还有好几张老孙吃饭的照片，老邢告诉我：那是前几年给他过生日时候照的。我看到了，炕桌上摆着一个大蛋糕，好几盘花花绿绿的菜，一大盘冒着热气的饺子，碗里倒满了啤酒。老孙是个左撇子，拿着筷子，很高兴的样子。那些照片中，老孙显得老了许多，隐隐约约的，能够看出一点病态来，他拿着筷子的手显得有些不大灵便。

我从相册取出一张老孙拿着筷子夹着饺子正往嘴里塞的照片，对老邢说：这张我拿走了啊！

她抹抹眼泪说：你拿走吧。

我把照片放进包里，望望后墙，还是那一扇明亮的窗户，透过窗户，能看见他家的菜园，菜园里有老孙自己打的一眼机井，我那次来喝的就是那眼机井里打上来的水冲的椴树蜜。似乎，老孙就在那菜园里忙乎着，一会儿就会走进屋里来，拉着我的手，笑眯眯地打量着我，如果高兴，他兴许还能够唱两句京戏，他的唱功不错，队里联欢会上，我听他唱过。

那一瞬间，我有些恍惚，在走神。人生沧桑中，世态炎凉里，让你难以忘怀的，往往是一些很小很小的小事，是一些看似和你不过萍水相逢的人物，是一些甚至只是一句却能够足以打动你一生的话语。于是，你记住了他，他也记住了你，人生也才有了意义，才有了可以回忆的落脚点和支撑点。我一直以为回忆的感动与丰富，才是人一辈子最大的财富。

当我回过神来，发现老邢不在屋了，我忙起身出去找，看见她在外面的灶台上为我们洗香瓜。清清的水中，浮动着满满一大盆的香瓜，白白的，玉似的晶莹剔透。这是北大荒的香瓜，还没吃，就已经能够闻到香味了。

我拽着她说：先不忙着吃瓜，带我看看菜园吧。

菜园很大，足有半亩多，茄子、黄瓜、西红柿、豆荚……姹紫嫣红，一垄一垄的，拾掇得利利索索，整整齐齐。只是老孙去世之后，那眼机井突然抽不出水来了。这让老邢，也让所有人感到奇怪。有些物件，和人一样，也是有感情的，有生命的。生死相依，一世相伴，有时候，并不只是局限于人。

空旷的菜园里，只有我们两个人，午后的风也凉爽了许多，整个三队安静得像是远遁尘世的隐士。前排房子的烟囱里有烟冒出来，几缕，淡淡的，活了似的，精灵一般，袅袅地游弋着。远处，是蓝天，是北大荒才有的那样湛蓝湛蓝的天，干净得像是用眼泪洗过一样，安静得连蜜蜂飞过的声音都听不见。

那一刻，我的心一阵真发紧。我才真正发现，我此次回大兴岛最想见的人，已经看不见了。搂着老邢的肩头，我很想安慰她几句，说几句心里的悄悄话，才发现我的嘴其实很笨拙，说不出什么来，眼泪忍不住又落了下来。

倒是老邢握住我的手，劝起我来：老孙在时，常常念叨你。可惜，他没能再见到你。他死了以后，我就劝自己，别去想他了，想又有什么用？别去想了。

别去想了，啊！你知道，我比老孙小整整10岁，我就拼命地干活，上外面打柴火，回来收拾菜园子……

想一想，有时候，万言不值一杯水；有时候，一句话，能够让人记住一辈子。年轻的时候，我们并不怎么珍惜青春，年老了以后，我们再来谈青春，往往容易显得矫情和奢侈，但无论怎么说，一个人青春时节奠定的来自民间的情感和立场，却是能够影响一个人的一辈子的。如果说我们的青春真的是蹉跎了的话，那么，曾经有过这样的一个人，有过这样的一句话，那么，到什么时候，你也要相信，你的青春并不是一无所获。

那天下午，我从三队返回到农场场部的时候，从车上搬下来一大塑料袋子香瓜。尽管队长说到场部也有好多香瓜，就不用带了，老邢坚持一定要把这些香瓜塞上车，让他们一定给我带回来。她说：你们的是你们的，那是我的。然后，她对我说：老孙要是在，还能给你带点儿椴树蜜的，老孙不在了，家里就再也不做椴树蜜了，就用这香瓜代替老孙的一点儿心意吧。一句话，说得我泪如雨下。我已经好久未曾落泪了，不知怎么搞的，那一天，我竟然无可抑制。

一连几天，满屋子都是香瓜的清香。

2017年12月14日

养老院母子

有的事，有的人，真的很难忘记，虽然只是匆匆的一面。

在北京寸土寸金的二环内，有一个养老院，是一座四合院改造的，空间有限，只能接纳二十几位老人。看中这家养老院的，都是看中了它地理位置和专业养老条件不错；如果住进去，晚辈来探望，没几步路，抬脚就到，也方便。自然，价钱不便宜，每人的基本养老费用每月是一万元。

今年夏天的时候，我曾经去过那里一次。那天，天很热，但天气不错，我陪朋友看望他的师傅，我跟着他去了那里。我不认识他的师傅，跟他去了那里，有私心，是顺便也想为自己看看那个养老院的情况如何，因为我也已经迈进老年的门槛，孩子又在国外，养老的问题再不仅仅是别人的事情，和自己切肤相关。

这是北京一个典型的老四合院，进门有影壁，左右有东西厢房，正房两侧各有一块空地，分别植有花草和藤萝，对面有倒座房，院子很宽敞，四周有抄手回廊，都涂上了鲜亮的红颜色，很是喜兴。

刚进大门，便在院子里见到一个满头银发的老太太坐在轮椅上，正在大槐树的荫凉下面摇着一个大芭蕉扇乘凉。老太太很时髦，上穿一件黑色横罗小褂，下穿一条府绸的花裤子，足蹬一双千层底的绣花鞋。

朋友见到老太太，大老远就高声叫奶奶！然后，转过头笑眯眯地问我：你猜奶奶多大年纪了？看那样子，怎么也得有八十以上了。我这样猜，听完我的话，朋友接着笑，那奶奶也跟着笑，竟然耳朵一点儿都不背。朋友竖着两个巴掌的手指对我说：一百零四岁啦！

我说，这我可真没有想到。一点儿都不像！

朋友接着说，你没有想到的，在后面呢！

朋友对老奶奶说了句，我先进去看看我师傅去，回头再和您聊！

老奶奶冲他摆摆手，他领我走进靠北头的一间东房里，里面摆着两张单人床，家具设备，一应俱全。电视开着，嗡嗡响着，紧里面的床上，一个男人躺着正在睡觉。朋友指着那男人对我说，你绝对想不到，这是我师傅，就是那位老奶奶的儿子，属鸡的，今年整 84 岁。没等我反应，他又说，你更想不到，老奶奶二十岁生下我师傅，她丈夫就离开她到缅甸去了，在那边结婚成了家，再也没用回来过。我师傅是老奶奶一手带大的。吃的苦，就没法说了，最苦是我师傅小时候，她给人家当老妈子，没饭吃，沿街还要过饭。都熬过来了，真了不得！

我忍不住回过头，透过窗玻璃，看看院子里乘凉的老奶奶。一个女人的一生，这么快，就要走完了。都说人生如梦，她的这一生是像一出梦一样的大戏，再怎么苦，怎么悲，怎么不容易，老了老了，能住进这么好的养老院，成了她一生大戏最好的收尾。因为并不是所有的人到老了之后，都能有这样一个幸福的尾声。屋子里显得格外安静，只有朋友师傅微微的鼾声，院子里那棵大槐树上的蝉鸣一下子响亮了起来。

“现在，我师傅的身体还不如老太太呢，我师傅神志不清瘫痪在床，她只是行动不行，脑子没事。”

朋友的话，我没有听进去，我有些走神。一个女人，从二十岁带着一个孩子，再没有结婚，苦巴巴把孩子带大，多么不容易。同时，我在想，两个老人同时住进这样好的养老院，每月基本开销就是两万元呢，对于一般家庭，这不是小数字，这一家人中能够拿得出这样多钱的，只能是他们的后代。他们就容易吗？

我把疑问抛给朋友，他感慨地说，这多亏了我师傅的孙子！他知道他太奶奶的经历，老早的时候就表示过了，太奶奶养老的事，他负责到底了。没有想到，他爷爷的病比他太奶奶来得还快，还重。孙子说，索性把两位老人一起送进养老院，两人相互依靠了一辈子了，就还让他们相互照应，这样对他爷爷对他太奶奶养病养老都有好处。他们平常上班忙，也好放心。这养老院就是他找的！

算一算，孙子也往四十上奔了。80后的孩子，能做到这样，不容易。不要和那些啃老族比，就是跟一般年轻人比，即使有经济条件，一般是疼小不疼老，给自己的孩子怎么花钱都舍得，谁舍得每月掏出两万块钱，心甘情愿给老人花？孩子的孝心，一般时候看不分明，到了老人真的不行了，不得不住进养老院的时候，才会出水看见两腿的泥！

孙子不错，也得说是孙子媳妇不错。一般孙子愿意，媳妇要是别扭着，这事也难办成！我感慨地对朋友说。

是啊，媳妇也是通情达理的人，他们小两口都是被老奶奶这一辈子感动了。他们说，自己现在再受苦，能苦过太奶奶当初吗？他们发誓，一定尽自己最大的力量，让爷爷和太奶奶住进最好的养老院，多活几年，过好晚年！

这时候，老奶奶自己摇着轮椅走进屋来，问道：你师傅还没醒？叫醒他，睡的时候不短了！朋友对老奶奶说，不急，看他师傅睡得挺香，让他再睡会儿。老奶奶往床上望望，乐了，说道：兴是做梦呢！我们两人也跟着乐了起来。树荫窗玻璃两层洒进来，摇曳得满屋都是温馨斑驳的绿色。蝉声更响了。

那一幕，多么温馨动人，真的很难忘记。转眼冬天到了，朋友又要去看他的师傅和老太太了，打电话问我还跟着去不去？我说去呀，看看两位老人怎么样了。冬天的暖阳下，该是另一番情景呢，让我羡慕，让我嫉妒呢。

2017 年 11 月 21 日于北京

蓝围巾

不知为什么，最近一些日子总想起那条蓝围巾。我怎么也想不起来，是在什么时候什么地方，怎么把它弄丢了。只记得，那时候，我在北大荒，收到这条蓝围巾，打开包裹，抖搂出来一看，足有一米四长，逶迤在炕上，拖到地上，像一条蓝色的蛇，明显是一条女式的围巾。心里想，我妈也真是的，怎么买了一条女式的围巾。尽管是纯毛的，花了 20 元，我还是把它丢掉一旁，一天也没有戴过。那时候，20 元对于一般家庭不是一笔小数字。父亲退休后，每月的工资只有 42 元，也就是说，这条围巾花了父亲近一半的工资。

那应该是 1970 年或者是 1971 年的事。那时候，北大荒的冬天“大烟炮”一刮，冷得刀割一般难受。是我写信向家里要一条围巾。当然，也是为了臭美。那时候，知青不讲究穿，但就像当年时兴假领子一样，戴一条好看点儿的围巾，不显山显水，却成为我们一种暗暗的时尚。

就像我妈一直不知道我竟然是如此对待她寄给我的这条蓝围巾一样，我也不知道我妈寄我这条蓝围巾时所经历的心酸。一直到父亲去世，我从北大荒困退回北京，和我妈相依为命好几年之后，才在一次偶然的聊天中知道，原来这条蓝围巾上还有我妈的眼泪。

我妈是在王府井百货大楼买的这条蓝围巾。一辈子从来没有戴过围巾，甚至连一件毛线织的任何衣物都没有穿戴过的，哪里懂得围巾的品种起码是要分男女。她只想买最长最厚最贵的，认为那样才是最好，最能抵挡北大荒的风寒。

买好围巾，正好有一位我们队上的北京知青从北大荒回家探亲，我写信时告诉家里，如果围巾买好，就让他帮我带回北大荒。在信的末尾，我写上了这位知青家里的地址。他家离我家不远，也在前门附近的一条胡同里。但是，我只重视了知青身份的相同，却忽略了他家与我家的不同。我家只是普通人家，我父亲只是税务局的一个小职员，住在一个大杂院两间窄小的东房里。他家以前是一个资本家，住一个独门独户的小四合院，虽然经过了“文革”中的抄家，却是瘦死的骆驼比马大，大户人家的气势并未完全消失。我和我妈都以为是举手之劳的事情，竟然到了那个四合院里，成为令人皱眉头的恼人的事情。因为我妈按照地址把围巾给人家送去的时候，人家没让给带，说是孩子带的东西已经很多了，行李包里放不下了。

“怪我除了围巾还买了点儿六必居的咸菜，包好，夹在围巾里。可能是人家嫌沉。”我妈这样对我说。

我说是，你让人家带围巾就带围巾，干吗还非要带咸菜。我这样附和着我妈的话说，是想安慰她。我知道，我妈是想让我冬天吃饭时候有点儿就着下饭的东西，她从回家探亲的知青的口中知道，到了冬天，我们吃的菜只有老三样：土豆、白菜、胡萝卜，还都是冻的。经常的菜，就是炖一锅这样的冻菜汤，最后用淀粉拢上芡，稠乎乎的，我们管它叫“塑料汤”。

我不知道，我妈对我这样说，是为了安慰我。人家没有带给我那条蓝围巾，其实，并不是因为咸菜。

那天，我们队上的那位知青没在家，我妈见到的是他妈。他妈根本没有让我妈进屋，只是在院子里说了几句话，就把我妈打发回来了。

我妈虽然出身贫寒，又没有文化，但看人多了，也知道眉眼高低，尽管经过“文革”，不讲究穿戴了，但从人家细致的衣服白嫩的皮肤和飘忽的眼神，也看得出来，人家是在嫌弃自己呢。我妈听完人家这番话后，把围巾和咸菜包裹好，说了句那就不麻烦你了，便离开了那个小四合院。

那天，是腊月天，天寒地冻。而我妈是缠足，抱着围巾和咸菜，踩着小脚，一步步走到他们的那个小四合院的。那天的情景，总让我觉得像是电影《青春之歌》里的余永泽，没让乡下来的亲戚进屋，也是冷漠地让人家站在风雪之中的院子里。

那天，我妈没有回家，直接到了邮局。因为包围巾和咸菜的包上有我父亲写的我的名字和地址，我妈就求别人按照上面的字写在包裹单上，把围巾和咸菜寄给了我。

这件事，一直到我妈去世之后，听我弟弟讲，才知道全部真实的过程。那一年，我弟弟从青海探亲回北京，他的一个同事的妈妈带着十几斤香肠到我家，让我弟弟帮助带回青海，我弟弟面有难色，他自己这么多东西，这十几斤香肠不轻呢，便想只带其中一部分，让我妈给拦下了。等人家走后，我妈对我弟弟说，都知道你们青海那里一年四季难得有肉吃，人家才会让你带这么多，人家让你带，是对你的信任，别伤人家的心。然后，我妈对我弟弟说了让人家帮我带那条蓝围巾被拒的事情。

在我妈的一生中，蓝围巾只是一件小事。不知为什么，却总让我想起。在社会里，人和人之间，不经意之间对于他人自尊的伤害是存在的。我们要努力要去做的是，居高不自矜，位卑不屈辱，在任何时候，对任何人，要有最起码的尊重，而努力避免不经意的伤害。

我只是想起那条蓝围巾时候在想，如果在收到我妈寄给我那条蓝围巾的当时，知道了事情的真实原委，也许，我会好好珍惜那条蓝围巾，而不至于让它那么轻易丢失。

但也没准儿，那时还年轻，年轻时的心，没有经历过多世事沧桑和人生况味，很多事情不会真正明白。

前些天，我路过前门，发现我家原来住的大院已经拆除，不由想起我们队上那个知青家的小四合院，便又拐个弯儿，上前多走了几步，那一整条胡同都拆干净了，变成了宽阔的马路。想想，是应该料到的。那个小四合院，我曾经去过两次。刚开始返城回京的时候，那个知青邀请我到他家去过。见到他妈时，我不知道由于蓝围巾我妈受辱的事情，否则，我不会去的，去了，也会很尴尬。只记得正是秋天，长得很富态的他妈，大概早忘记了蓝围巾的事，兴致勃勃地对我说，秋天到了，要贴秋膘，哪怕是袜子露脚后跟了，借钱也得吃顿涮羊肉。可那时我和我妈还从来没有吃过涮羊肉。

正是秋风起时，落叶萧萧，我想起了我妈。那天去他家见她妈之前，中午刚吃完炸酱面，就了几瓣蒜，怕嘴里有蒜味，让人家闻见了不高兴，妈妈临出门前特意嚼了嚼泡好的茶叶。这是当年我妈对弟弟讲的。我知道，这是我妈的老习惯，她说茶叶可以去味儿。可是，去味儿的茶叶，没能帮助得了我妈。我妈的精心，抵不住他妈的轻心。

已经是四十多年前的事情了。我妈已经去世二十六年，他妈也肯定早不在了，世事沧桑和人生况味都经历了，世事沧桑和人生况味却依然还在，磨出的老茧一样，轮回在新的一代和新的世风中。

2017 年 9 月 13 日于北京

水果之香

水果的香味，不同于花香。果香里有花香没有的另一种味道，是什么味道呢？我说不清。

似乎花香是青春少女，而果香则是成熟的妇人。这是一个蹩脚的比喻。有时候，我会想花香或许像做汤时漂在上面的那层油花，而果香则是渗透进汤的每一滴水珠里面了。当然，这也是蹩脚的比喻。但是，果香里有果实的味道，是厚重的，不像花香只出自花蕊和花粉，是显而易见的。

号称世界水果第二大产量的苹果，那种清香，是属于大众常见的香味。佛手的清香则与众不同，仿佛妙手天成，清新如诗。随着时间的延长，那清香仿佛音乐的展开一般，渐次高潮，形成华彩，分外香气扑鼻，是属于天堂的香味，难怪要把佛手供奉在寺庙的佛祖面前。

梨也是清香，却是有着丝丝水分的清香，特别是天津鸭梨，那种清香富于地域特点。李子的清香，则有点涩涩的感觉，欲说又止一般，恰便多情唤却羞。杏子的清香，则有股酸甜的意思。表面温存，不动声色，却是内涵机锋，格外撩人。

果香刺鼻的也有，波罗蜜是其中之一，榴梿更是其中之一，它们属于果香中的另类。

果香从来不愿和花香雷同，也不愿攀附花香，去借水行船，招摇自己。唯独一种葡萄取名玫瑰香，将自己和花香联姻。这大约是众多果香最不齿的。况且，那种葡萄的香味也和玫瑰花的香味大相径庭。

花香，是为了吸引蜜蜂，是植物的一种欲望，为了自己的生存而复制繁衍的一种本能。这是迈克尔·波伦在他的《植物的欲望》一书中说的。

果香呢？果香不是为了自己的生存，它满足的是人的欲望，并不是自己的。这样说来，果香颇有些奉献精神。

其实，这样说来，也不尽然，好像果香就是为了取悦于人，这实在有些贬抑果香了。果香，存在于大自然之中，有人无人，它的香味都独立在那里存在，无风自落，有风飘散。草木本无心，何须美人折？

那么，水果为什么会拥有香味，而且是拥有这样不同样式的众多香味呢？

我想起钟嵘在《诗品》中开宗明义说过的话："气之动物，物之感人，故摇荡性情，形诸舞咏。"钟嵘说的"气"，是针对诗而言，但我宁愿相信同样适合于水果的香气。水果之所以拥有这样多的香气，能够感人，是水果自己的性情。不同的水果，有不同的性情，就有不同的形状，也就有不同的香气，三位一体，互为表里。苹果的性情是温顺的，形状是圆圆的，香气是清新的；榴莲的性情是另类的，形状是怪异的，香气是冲人的；佛手的性情是神性的，形状如千手观音的手指，香气是圣洁的。不同的香气，荡漾在空气中，缭绕在我们的面前，袅袅婷婷，虽然看不见，却是不同水果形诸自己的舞姿翩翩。如果水果也会说话，香气就是它们各自的发言。

我从小就喜欢杏的香气，觉得比其他水果散发的香气要好闻。麦熟杏黄时节我总要买好多不同品种的杏回家。黄杏只是杏的一种，如果从颜色分，红杏、黄杏和京白杏的香气，略有差别。红杏的香味淡，黄杏的香味浓，京白杏的香味最清雅。如果说红杏如夏天的清晨，黄杏就如同炽热的中午，而京白杏则像是清凉而弥漫着花香的夜晚。如果打一个通俗的比喻，红杏像这时候摇的团扇，黄杏像摇的芭蕉扇，而京白杏则像是香妃扇。

如果论好看，红杏当然像红颜知己；论好吃，还得数黄杏，沙沙的，绵软可口；但如果论香气好闻，得独数京白杏。

有意思的是，无论什么样品种的杏，开的花都不香。曾经有一年的开春，路过京郊怀柔，有一大片杏树林，漫山遍野开满着白花如雪，一点儿也不香。但到了杏黄麦熟的季节，再路过那片杏林，清香透人心脾，仿佛它们把香气像酒一样储存整整一个春天，到它们成熟的时候，才打开酒瓶塞子，举办属于它们自己的盛宴。

前两天，我买了一篮京白杏。买来的时候，杏还没有熟透，尖上还是青的，香味都还深藏不露。我把它们放在阳台上，等过两天再吃。没有想到，第二天上午一开阳台的玻璃门，满阳台都是那么浓郁的香味，而且，那香味像憋不住似的，立刻长上了翅膀一样飞进屋里，久散不去。

2017 年 7 月 18 日写毕于北京

鲫鱼汤

有些事很难忘记。大学毕业那年暑假，我回北大荒一趟。那时，知青返乡热还没兴起，我是我们生产队乃至全农场第一个回去的知青，乡亲们都还健在，心气很高。过佳木斯，过富锦，过七星河，我赶回我曾经待过的大兴岛二队的上午，队上已经特意杀了一头猪，在两家老乡家摆出了阵势，热闹得像准备过年。

几乎全队的人都聚集在那里，等着和我一醉方休。每个乡亲，我仔细看了一周遭，发现只有车老板大老张没有来。我问大老张哪儿去了？几乎所有人都笑了起来，七嘴八舌叫道：喝晕过去了呗！得等着中午见了！

大老张是我们队上有名的酒鬼。一天三顿酒，一清早起来，第一件事是摸酒瓶子，赶车出工的时候，腰间别着酒葫芦，什么时候想喝，就得咪上一口。有时候，去富锦县城拉东西，回来天落黑了，他又喝多了，迷了路，幸亏老马识途，要不非陷进草甸子里，回不了家。

不过，大老张干活不惜力，他长得人高马大，一膀子力气，麦收豆收，满满一车的麦子和豆子，他都是一个人装车卸车，不需要帮手。需要帮手的时候，他爱叫上我。因为他爱叫我给他讲故事，他最爱听《水浒》。我们俩常常为争谁坐《水浒》里的第一把交椅而掰扯不清，我说是豹子头林冲，他非要说是阮小二，因为阮小二是打鱼的，他家祖上也是打鱼的。那都是哪辈子的事了？自从他爷爷闯关东之后，他就会赶马车。

那时候，知道我和大老张关系不错，大老张老婆老找我，让我劝大老张少喝点儿。每一次劝，大老张都会说：停水停电不停酒！然后，接着雷打不动地喝。

那天午饭，我也没少喝。两户人家，屋里屋外，炕上炕下，摆了好几桌，杀猪菜尽情招呼，乡亲们问我这个人怎么样，那个人又怎么样，一个个的知青，都关心地问了个遍。就着北大荒酒的酒劲，乡亲们的热情，一浪高过一浪。

午饭快要结束的时候，院子里传了粗葫芦大嗓门，叫着我的名字：肖复兴在哪儿了？一听，就是大老张，这家伙，真的是等到中午才来？早晨的酒劲儿过去了，又接着中午这一顿续上了？我赶紧起身叫道：我在这儿！他已经走进了屋，大手一扬，冲我叫道：看我给你弄什么来了。我定睛一看，他手里拎着两条小鱼。那鱼很小，顶多有两寸来长。他接着对我说：一清早我就到七星河给你钓鱼去了，今天真是邪性，钓了一上午，钓到了现在，就钓上这么两条小鲫瓜子！说着，他把鱼递给身边的一个妇女，嘱咐她：去给肖复兴炖汤喝，我就知道你们吃的什么都有，就是没有鱼！

有人调侃大老张：我们还以为你喝晕过去了呢！大老张很一本

正经地说：今儿我可是一滴酒还都没有喝呢，我说什么也得给咱们肖复兴钓鱼去，弄碗鱼汤喝呀！酒喝多了，鱼怎么钓？这话说得我心头一热。自从认识大老张以来，这是他第一次一上午滴酒未沾。

鲫鱼汤炖好了，端上来，只有小小的一碗。炖鱼的那个妇女说：鱼实在是太小了！大家都让我喝，说这可是大老张的一片心意！这时候，大老张已经喝多了，顾不上鲫鱼汤，只管呼呼大睡。满是胡子茬的大嘴一张一合吐着气，像鱼嘴张开吐着泡泡，浑身是七星河畔水草的气味。

什么时候，有过一个人，整整一个上午，为让你喝上一碗鱼汤，而专门去钓鱼？我的心里说不出的感动。单木不成林，一个地方，之所以让你怀念，让你千里万里想再回去看看，不仅仅是那个地方让你难忘，更是有人让你难忘。

我永远难忘那碗小小的鲫鱼汤，汤熬成了奶白色，放了一个红辣椒，几片香菜，色彩那样好看，味道那样鲜美。算一算，三十五年过去了，七星河还在，但是，钓鱼的人不在了。那个唯一一个一上午忍着酒虫子钻心而专心坐在那里，专门为你钓鱼的人不在了。

2017 年 3 月 26 日于北京

遥远的土豆花

在北大荒，我们队的最西头是菜地。菜地里种得最多的是土豆。那时，各家不兴自留地，全队的人都得靠这片菜地吃菜。秋收土豆的时候，各家来人到菜地，一麻袋一麻袋把土豆扛回家，放进地窖里。土豆是东北人的看家菜，一冬一春吃的菜大部分靠着它。

土豆夏天开花，土豆花不大，也不显眼，要说好看，赶不上扁豆花和倭瓜花。扁豆花，比土豆花鲜艳，紫莹莹的，一串一串的，梦一般串起小星星，随风摇曳，很优雅的样子。倭瓜花，明黄黄的，颜色本身就跳，格外打眼，花盘又大，很是招摇，常常会有蜜蜂在它们上面飞，嗡嗡的，很得意地为它唱歌。

土豆花和它们一比，一下子就站在下风头。它实在是太不起眼。因为队上种的土豆占地最多，被放在菜地的最边上，土地的外面就是一片荒原了。在半人高的萋萋荒草面前，土豆花就显得更加弱小得微不足道。刚来北大荒那几年，虽然夏天在土豆开花的时候，常到菜地里帮忙干活，或者到菜地里给知青食堂摘菜，或者来偷吃西红柿和黄瓜，但是，我并没有注意过土豆花，甚至还以为土豆是不开花的。

我第一次看到并认识土豆花，是来北大荒三年后的夏天，那时候，我在队上的小学校里当老师。

小学校里除了校长就我一个老师，从一年级到六年级的所有课程，都是我和校长两个人负责教。校长负责低年级，我负责高年级。三个高年级的学生挤在一个课堂里上课，常常是按下葫芦起了瓢，闹成一团。应该说，我还是一个负责的老师，很喜欢这样一群闹翻天却活泼可爱的孩子。所以当有一天发现五年级的一个女孩子一连好多天没有来上课的时候，心里很是惦记。一问，学生七嘴八舌嚷嚷起来：她爸不让她上学了！

为什么不来上学呢？在当地最主要的原因是家里孩子多，生活困难，一般家里就不让女孩子上学，提早干活，分担家里的困难，这些我是知道的。那时候，我的心里充满自以为是的悲天悯人的感情和年轻涌动的激情，希望能够帮助这个女孩子，说服她的父母，起码让孩子能够多上几年学，便在没有课的一天下午向这个女孩子家走去。

她是我们队菜地边老李头的大女儿。家就住在菜地最边上，在荒原上开出一片地，边用拉禾辫盖起的茅草房。那天下午，老李头的女儿正在菜地里帮助他爸爸干活，大老远就看见我，高声冲我叫着：肖老师！从菜地里跑了过来。看着她的身上黏着草，脚上带着泥，，一顶破草帽下的脸膛上挂满汗珠，心里想，这样的活儿，不应是她这样小的年纪的孩子干的呀。

我跟着她走进菜地，找到她爸爸老李头，老李头不善言辞，但很有耐心地听我把劝他女儿继续上学的话砸姜磨蒜地说完，翻来覆去只是对我说：我也是没有办法呀，家里孩子多，她妈妈又有病。我也是没有办法呀！她的女儿眼巴巴地望着我，又望着他。一肚子的话都倒干净了，我不知道该再说什么好，竟然出师不利。当地农民强大的生活压力，也许不是我们知青能够想象的，在沉重的生活面前，同情心打不起一点分量。

那天下午，我不知道是怎么和老李头分手的。一种上场还没打几个回合就落败下场的感觉，让我很有些挫败感。老李头的女儿一直在后面跟着我，把我送出菜地，我不敢回头看她，觉得有些对不起她。她是一个懂事的小姑娘，她上学晚，想想那一年她有十三四岁的样子吧。走出菜地的时候，她倒是安慰我说：没关系的，肖老师，在菜地里干活也挺好的，您看，这些土豆开花挺好看的！

我这才发现，我们刚才走进走出的是土豆地，她身后的那片土豆正在开花。我也才发现，她头上戴着的那顶破草帽上，围着一圈土豆花编织的花环。这是我第一次看到土豆花，那么小，小的不注意，几乎会忽略掉它们。淡蓝色的小花，一串串的穗子一样串在一起，一朵朵簇拥在一起，确实挺好看的，但在阳光的炙烤下，像褪色了一样，有些暗淡。我望望她，心想她还是个孩子，居然还有心在意土豆花。

土豆花，从那时候起，不知为什么在我的心里有一种忧郁的感觉，让我总也忘记不了。记得离开北大荒调回北京的那一年夏天，我特意邀上几个朋友到队上的这片土豆地里照了几张照片留念。但是，照片上根本看不清土豆花，它们实在是太小了。

前几年的夏天，我有机会回北大荒，过七星河，直奔我曾经所在的生产队，一眼看见了队上那一片土豆地的土豆正在开花。过去了已经几十年了，土豆地还在队上最边的位置上，土豆地外面还是一片萋萋荒草包围的荒原。真让人觉得时光在这里定格。

唯一变化的是土豆地旁的老李头的茅草房早已经拆除，队上新盖的房屋，整齐排列在队部前面的大道两旁，一排白杨树高耸入天，摇响巴掌大的树叶，吹来绿色凉爽的风。我打听老李头和他女儿。队上的老人告诉我：老李头还在，但他的女儿已经死了。我非常惊讶，他女儿的年龄不大呀，怎么这么早就死了呀？他们告诉我，她嫁人搬到别的队上住，生下两个女儿，都不争气，不好好上学，老早就退学，一个早早嫁人，一个跟着队上一个男孩跑到外面，也不知去干什么，再也没有回过家，活活把她给气死了。

我去看望老李头，他已经病瘫在炕上，痴呆呆地望着我，没有认出我来。不管别人怎么对他讲，一直到我离开他家，他都没有认出我来。出了他家的房门，我问队上的人，老李头怎么痴呆得这么严重了呀？没去医院瞧瞧吗？队上的人告诉我：什么痴呆，他闺女死了以后，他一直念叨，当初要是听了肖老师的话，让孩子上学就好了，孩子就不兴死了！他好多天前就听说你要来了，他是不好意思呢！

在土豆地里，我请人帮我拍张照片留念。淡蓝色的、穗状的、细小的土豆花，在这片遥远得几乎到了天边的荒原上的土豆花，多少年来就是这样花开花落，关心它们，或者偶尔之间想起它们的人会有多少呢？

世上描写花的诗文多如牛毛，由于见识的浅陋，我没有看过描写过土豆花的。一直到 20 世纪 90 年代，看到了东北一位作家的短篇小说《亲亲土豆》，才算第一次看到了原来还真的有人对不起眼的土豆花情有独钟。在这篇小说的一开头，作者就先声夺人用了那么多好听的词儿描写土豆花，说它“花朵呈穗状，金钟般吊垂着，在星月下泛出迷离的银灰色”。这是我从来没见过的对土豆花如此美丽的描写。想起在北大荒时，看过土豆花，却没有仔细观察过土豆花，竟然是开着倒挂金钟般穗状的花朵。在我的印象里，土豆花很小，呈细碎的珠串是真的，但没有如金钟般那样醒目。而且，我们队上的土豆花，也不是银灰色的，而是淡蓝色的。现在想一想，如果说我们队上的土豆花的样子，没有作者笔下的漂亮，但颜色却要更好看一些。

让我没有想到的是，作者说土豆花有香气，而且这种香气是“来自大地的一股经久不衰的芳菲之气”。说实话，在北大荒的土豆地里被土豆花包围的时候，我是从来没有闻到过土豆花有这样不同凡响的香气的。所有的菜蔬之花，都是没有什么香气的，无法和果树上的花香相比。

在这篇小说中，种了一辈子土豆的男主人公的老婆，和我一样，说她也从来没有闻到过土豆花的香气的。但是，男主人公却肯定地说：“谁说土豆花没香味？它那股香味才特别呢，一般时候闻不到，一经闻到就让人忘不掉。”或许，这是真的，我在土豆地，都是在一般的时候，没福气等到过土豆花喷香到来的时候。

看到这篇小说这里的时候，我突然想起了老李头的女儿，她闻得到土豆花的香气吗？她一定会闻得到的。

2017 年 3 月 8 日写毕于北京

丝棉裤小传

寒冷的冬天又到了。如今的年轻人，谁还穿棉裤呢？有人索性连秋裤和毛裤都不穿了，温度早就让位给了风度。

我年轻的时候，冬天是一定要穿棉裤的。

想起那时候，遥远得如同天宝往事。那时候，北京城里，哪一家没有外出插队的知青呢？孩子都去上山下乡，城里的空巢多了起来。那时候，我家两个孩子，我去北大荒，弟弟去了青海油田，崔大婶家四个孩子，老大早工作结婚，另外两个女儿分别去了内蒙古兵团和山西插队，最小的儿子参军去了甘肃。谁离开家走的时候，不要带上一条棉裤呢？无论塞外还是北大荒，冬天都是天寒地冻。那里风寒，别落下腰腿病。我离开北京到崔大婶家告别时，崔大婶就这样对我说。

崔大婶家，是我家在北京唯一的亲戚。其实，只是崔大婶和我的母亲都是河南信阳人，当姑娘时就在一起；崔大叔和我父亲新中国成立前后一直在同一个税务局工作。我们一家刚到北京没地方住，就住在崔大婶家，一住多日。崔大婶家是我们的另一个家。特别是我五岁的那一年，我亲生母亲突然病故，崔大婶待我更像母亲。去崔大婶家，总会让我涌出分外亲切的感觉。

那时候，和我家一样，崔大婶家也只剩下了孤零零的老两口。我再看望他们，只有从北大荒回家探亲的时候了。再一次走进崔大婶家，一种从来没有过的凄凉感，不禁油然而生。坐在客厅里，显得那样空空荡荡，说话的回音在地板上跳荡着，让我忍不住把话音放低。

记得是那样清晰，是 1971 年的冬天。那是我到北大荒将近三年之后第一次回北京。从我进门到落座之后，崔大婶的目光一直落在我的腿上。那时，北大荒冷，我穿的棉裤厚厚的，笨重得很，棉花赶毡都臃在一起。崔大婶没说什么。临离开北京要回北大荒之前，我去崔大婶家告别，她拿出一条早已经做好的棉裤，让我换上。仿佛要和我身上穿的这条笨拙的棉裤故意做对比似的，那条棉裤又薄又轻。我对崔大婶说：北大荒冷，我穿不上这个！崔大婶笑着对我说：傻孩子，这是丝绵裤，比你身上穿得暖和多了！快换上，北大荒天寒地冻的，别冻坏了，闹成了寒腿，可是一辈子的事。

这是崔大婶为我特意做了一条丝棉的棉裤，这是我这一辈子穿的第一条也是唯一一条丝棉裤。那棉裤做得特别好，由于里面絮的是丝棉，又暄腾，又轻巧，针脚分外细密。我换上这条丝棉裤，感动得很，一再感谢她，并夸她的手艺好。她叹口气说：你的亲娘要是还活着，她比我做活好，还要细呢！她说这番话的时候，让我从她的眼睛里能够看到对往昔的一种回忆，也让我看到只有作为母亲才有的一种慈爱之情。

崔大婶已经明显苍老了许多，岁月真是不留情啊，在她的脸上刻下了明显的皱纹，在她的鬓上添了许多雪丝。她一共生了四个孩子，一辈子没有工作，省吃俭用，操持着这个家，一直把老人送终，把孩子带大。孩子好不容易长大了，却又一个个地离开了家，而且越走越远。她要操的心很多，却总是不忘记我，从来没有给自己的孩子做过一条丝棉裤，她却把这条丝棉裤送给了我。我知道，她是把我当成了她自己的孩子，始终把她的关爱给予我，默默地替代着我母亲的那一份情分。虽然，大多的时候，崔大婶并不说什么，但我能够感受得到，就像是风，看不到，摸不着，却总能够感受得到风无时无地不在吹拂着我的脸庞。

那条丝棉裤，虽然现在再也穿不上了，却一直压在我的箱子底。四十五年过去了，它是岁月的见证，也是生命与情感的见证。我应该为它写传。

2016 年岁末北京

西瓜记事

有好长一阵子，西瓜刚刚上市的时候，下班回家的路上，我总要停下自行车，走到路边的西瓜摊或西瓜车旁，帮助瓜贩或瓜农卖西瓜。好像那里有什么特殊的魔力在吸引着我，我就像一个棋迷，看见了棋盘，就忍不住情不自禁地向那里走了过去。

那时，广渠门内白桥那里，常常会停着一辆马车，车上装满西瓜，趁着下班人流密集，卖瓜的瓜农站在车上，吆喝着卖西瓜。我常常会帮他们卖西瓜。卖瓜的瓜农，自然很高兴，来了个不要工钱的帮手，就像现在的志愿者。关键是我挑瓜的手艺不错，总能够从瓜蒂的青枯，瓜皮纹络的深浅，或者轻轻拍拍瓜，从瓜发出的声音、传递到手心的感觉，来断定瓜的好坏、瓜皮的薄厚，是沙瓤还是脆瓤，是刚摘的新瓜，还是前好几天摘的陈瓜。

开始，卖瓜的主儿含笑不语，买瓜的人满脸狐疑。好像在等待着一场什么好戏，等着意想不到的结局，或等着拾乐儿。

被刀切开的一个个西瓜豁然露出那鲜红的瓜瓤，比什么都有说服力。没过多久，他们对我充满了信任。信任，让人亲近起来，信任也像忽然得了传染病一样，让好多买瓜的人认识了我，在白桥一带，我有了一点儿小名气。他们说，这里有个挑瓜的，手艺不错！每天下班之后的黄昏时分，他们看见我在路边支上自行车，老远就纷纷地招呼我：师傅，帮我挑个瓜！尤其是碰上个模样俊俏的小媳妇或时尚年轻的姑娘，绽开花一样的笑脸招呼我，心里还是挺受用的，甚至有些隐隐的得意，仿佛遇到了知音，挑起瓜来，格外来情绪。

好在我没有失手过。当场验明正身，切开的瓜，红瓤黑籽，水灵灵的，红粉佳人一般，个个不错，惹人怜爱。所有人，包括我自己，在瓜被切开的那一瞬间，眼睛都会一亮。那几个卖瓜的主儿，看着车上渐渐变少的西瓜，眯缝着眼睛笑，乐得其所。那些买瓜的人，在瓜被切开之前，就像考试的学生在揭榜之前一样，有些兴奋，也有些紧张，还有些跃跃欲试的期待。我的眼睛里，不仅是西瓜，余光里有这些人的表情，心里的感觉很爽。

我趴在车前，拍拍这个瓜，再拍拍那个瓜，然后，指着前面那个瓜，对那些老头老太太小媳妇小姑娘说：就要这个瓜！没错，就是它！面对一列众人，和满满一车的西瓜，那落地有声，那信心满满，那指点江山，甚至有些得意扬扬的劲头，不像皇帝选六宫粉黛，不像将军指挥千军万马，也多少有点儿像引吭高歌一曲，立刻能获得满台掌声和瞩目你的目光。买瓜的高兴，卖瓜的高兴。顺便给自己挑一个西瓜，夹在自行车后架上，驮着夕阳回家，家里人也高兴。那一阵子，下班路上，瓜车前面，夕阳辉映之下，我颇有些成就感。

说起那一阵子，是我从北大荒插队刚回到北京的那几年。我所有挑瓜的手艺，都是在北大荒那里学来的。那时候，我所在的大兴岛二队的最西边，专门开辟了一块荒地做瓜园，种的都是西瓜和香瓜。从西瓜还未完全成熟，到西瓜拉秧耙园，我们从夏天一直能够美美地吃到秋天。那时，瓜园是我们知青的乐园，西瓜和香瓜是我们能吃到的唯一水果。

那时，西瓜刚刚结果，在瓜园里就搭起一个窝棚，每天从白天到夜晚都会派老李头儿看守，他是当地的老农，孤寡一人，伺候瓜地有一手，瓜园被他就像伺候自己的媳妇一样细致周全，自然每年瓜都结得不错，算是对他的回报。他每天吃住都在那里，为了防备獾和狐狸夜里跑来糟蹋瓜园。老李头儿大概是没有想到，夜袭瓜园的，常常不是獾和狐狸，而是知青。我们常常会趁风高夜黑时分溜进瓜地去偷西瓜。瓜园的田埂边，有一道不宽的水沟，西瓜要水，水沟是老李头挖的，为了瓜园浇水用。我们在瓜园里偷的瓜，就都放进水沟，瓜顺着流出瓜园，我们可以大摇大摆地拿到知青宿舍里尽情地吃。我们自以为老李头儿不知道，其实，他门清儿，只是不揭穿我们的小把戏罢了。事后好多年，我重返北大荒，见到老李头儿，提起旧事，老李头儿对我说：都是北京来的小孩子，一年难得有个瓜吃，就敞开了吃呗！

赶上老李头儿高兴，他会教我们挑瓜。不过，那时候，我们不怎么听信他的。我们信奉实践出真知，吃得多了，见得多了，瓜的好赖，自然就分得清了。西瓜自然也被我们糟蹋不少。

西瓜成熟的季节，西瓜分不过来。队上分瓜，知青按照班组派人去瓜地挑瓜。去的人每人要挑出一麻袋西瓜，扛回来大家吃。这是个美差，因为扛西瓜回知青宿舍之前，先自己美美地吃得肚子滚圆。有一次，我和一个同学去瓜地挑瓜，先韩信点兵一般从瓜园里摘下半麻袋瓜，然后，一屁股坐在地头吃瓜，用拳头砸开瓜，吃一口不好，扔掉，吃一半扔一半，直到吃得水饱，吃不下去为止。老李头儿看见我们扔了一地的西瓜，气得冲我们喊：有你们这么糟蹋瓜的吗？那瓜长了一春一夏，容易吗？吓得我们扛着麻袋一溜儿烟跑走。

我的挑瓜手艺，就是这样练出来了。

那时候流行语，叫作要知道梨子的滋味就要亲口尝一尝。如果说在北大荒那几年，青春蹉跎殆尽，残存的收获之一，便是挑瓜的手艺了。想想那一阵子下班回家的路上，无所事事又像在干什么有意思的事情，去瓜车前挑瓜的情景，其实，兴奋自得之余，有些好笑，也有些苍凉。我就像一个过气儿的演员，已经没有了青春，没有了演出的舞台，却独自一个人跑到野台子上，亮亮嗓子和身段，过一把唱戏的瘾。

说起那一阵子，真的有些像天宝往事一样遥远。如今，马车早已经不允许进城，白桥那一带早已拆迁变得面目皆非。原来前面的女十五中，早改名为广渠门中学，整幢楼从南面移到北面了。世事沧桑中，我也廉颇老矣，偶尔在瓜摊前自以为是地挑个瓜，也不灵光，手艺潮了。挑瓜和唱戏一样，也得曲不离口，拳不离手，多年不练，武功尽废。

偶尔，也会想起老李头儿。只是，前好几年，他已经去世。

2016 年 8 月 22 日写于北京

重回土城公园

门口变得很窄，为防止自行车进入，曲形铁栏杆的入口只能容一个人进出。迎面原来是一片地柏，已经没有了，右手一侧的土高坡还在，那就是元大都的城墙，土城因此得名。32 年前，我家住在土城旁边，走路两分钟就到。这一道土城如蛇自东向西逶迤而来，上面只有稀疏零落的树木和荆棘，风一刮，暴土扬尘，名副其实的土城。四围正在修路，土城公园也在绿化布局。那时候，我的孩子才四岁多一点，土城公园成为他的乐园，几乎天天到那里疯玩。一直到他读小学四年级，全家搬家，他转学，离开了这片他儿时的乐园。

今年夏天，孩子从美国回来，想去看看他的这片儿时的乐园。他自己的孩子都到了当年他自己最初见到土城公园的年龄，直让人感慨流年暗换之中人生的轮回。

我陪孩子重回土城公园，正是合欢花盛开的时节。记得那时候进得公园穿过土城，下坡处的一片空地上，便栽有好几株合欢，这是土城公园留给我最深的记忆。合欢盛开的夏天，我曾经指着开满一片绯红云彩的合欢树，对刚刚读小学的孩子说：这树的叶子像含羞草，到了晚上就闭合，第二天白天自己又会张开。孩子眨眨眼睛，不信，晚上一个人从家里悄悄跑来，看到满树那两片穗状的叶子果真闭合了，兴奋异常，像发现了新大陆。

从 4 岁多到 11 岁读四年级时转学，孩子不到土城公园已经 26 年。我也 26 年未到土城公园了。对于孩子，成长的背景中，土城公园是浓墨重彩的一笔；对于我，因对于孩子曾经的重要性而连带得成为我人生之书一页色彩浓郁的插图。

有时候，大人其实是很难理解孩子的心。对于事物的好与坏、高级与低级、好玩与不好玩、平常与不平常、丰富与简陋……孩子的价值标准和家长的并不一样。孩子大学毕业离开北京到美国读书后，我曾经翻看他留下的日记和作文，那里有许多地方不厌其烦地记述着、诉说着、倾吐着、回忆着、留恋着土城公园那一片他童年的天地，令我格外惊讶，没有想到家楼后面这座普通的土城公园，对于一个小孩子的成长，居然作用如此巨大。对于一个独生子女，土城公园，不仅成为陪伴他玩耍的伙伴，也成为伴随他成长的一位长者或老师，甚至像童话里的魔术师，可以点石成金，瞬间怒放能装满衣袋他正渴望的满天星斗。

小时候，我家楼后便是元大都遗址，虽也算是文化古迹，其实没什么可以游览的，只有一座不高的山坡和树木了。但那里昆虫特别多，也就成了我的乐园。童年像梦一样，我的童年是这大自然中和小动物和昆虫一起度过的。夏天，是我最快乐的时候。因为昆虫在这时候特别多。

雨前捉蜻蜓、午后黏知了、趴在草丛里逮蚂蚱、找来桑叶喂蚕宝宝……最有趣要算是捉瓢虫了。我钻进铁栏杆，就来到的元大都遗址的后山，树荫下是一片小草，草尖是青的，草根是绿的，草中夹杂着蒲公英，黄色的小花像米罗随意撒了几点黄。远远就能看见在那绿和黄中间零星的几点红，走近了，这就是瓢虫，像玩魔术一样和我捉迷藏。蹲下身，睁开眼，啊，就在身边的花上、草上呢！瓢虫的壳大多是红色的，但壳上的星的多少却不同，有一星、二星、七星、二十八星的，星数决定了它们的种类。小时候，富于正义感，这片草地就是我伸张正义的舞台。小心地把瓢虫从草叶山和花中挑出来，仔细地数它们背上的星。小孩的心总是更善良，生怕害了好人，如果是二十八星的，我就就地处决，攥起小拳头狠狠地说："让你吃小草！"心里轻松极了，像做了一件大好事，大快我心。有一次错害了七星的，心里真实难过了好几日，发誓下次要再认真数星星。如果是七星的，我就一只只捉来，攒到一大把，张开手向天空一扔，就像放了星星，放飞了一颗颗红色太阳。天便红了，脸也红了，我便醉了，醉在漫天飞舞的瓢虫之中了……

这是孩子初三时的日记。说实话，看完之后，我很感动。只有孩子才会有这种感情。我们大人还能有这种心境吗？我会精心去数二十八星的瓢虫然后把它们就地处决吗？我能放飞那一只只七星瓢虫而感觉出是在放飞一颗颗红太阳吗？在孩子童年那些岁月里，我和孩子其实是一样天天也从那片土城公园走过，我却从未看见过一只瓢虫，自然也就看不见漫天飞舞的红太阳的童话世界了。

小时候，家里没什么玩具，更没什么游戏机。和我相伴最多的也是我最爱的就是楼后元大都土坡上的树、草和树间草间的小生命了。或许，小孩都是爱小动物的，望着、捉着那些小生命，总让我想起普里什文和列那尔写过的树林和动物的文字，幻想着身边这个废弃的小土坡会不会变成文中写的那种样子呢？晚上会不会也“没来由地飘下几片雪花，像是从星星上飘下来的，落在地上，被电灯一照，也像星星一般闪亮”？晚上十点左右，会不会“所有的白睡莲也会各各争炫斗巧，河上的舞会就开始了”呢？……那里不高的山坡，山上那一片浓郁的树林和山下几丛常绿的地柏，以及藏在草丛里那些小生命，就是我童年全部美好的回忆了。它影响我整个的审美情趣和对人生理想的探求方向。我认为我童年美好的一切都在那一片不大的公园、一座不高的山上山下了。

这段日记，给我留下很深的印象，在去土城公园的路上，再一次想起。我和孩子一路都没有说话，不知道他的心里是否也想起了他自己写过的话？只看见他带着他的孩子跑进公园，先爬上了土城墙，像风一样，从这头一直跑到了那头，然后，从那头走下来。公园里的树木都长高了，长密了，浓荫匝地，将燥热的阳光都挡在外面，偶尔从树叶缝隙晒下来几缕阳光，也变成绿色，如水轻轻荡漾，显得格外轻柔凉爽。远远的，看着他领着孩子，从浓密的树荫下一步三跳向我走过来的情景，仿佛走来的是我领着读小学的他。人生场景的似曾相识，在重游故地时会格外凸显，仿佛真的可以是昔日重现，却已经是人事有代谢，往来成古今。不过，土城公园，确实对于孩子不可取代，起到了家里父母和学校老师起不到的作用。是它让孩子能够学会听得懂小虫子的语言，看得懂花的舞蹈，嗅得到树木的呼吸，和七星瓢虫对话，幻想着树林中的童话和河上的舞会……

可惜，孩子没有找到他童年最心爱的七星瓢虫，他带着他的孩子在他童年曾经非常熟悉的草丛中仔细寻找了好多遍，都没有找到。

我也没有看到一株合欢树。公园入门后下坡处那一片空地上，没有了。我沿着公园找了一圈，没有找到。

2016年8月20日于北京

校园记忆

漫长人生中，存有自己心里的记忆会有很多。不知别人如何，在我，最美好最难忘的记忆在校园。

2006年的春天，我第一次来到芝加哥的校园。那时，儿子在这所大学读博。十年过去了，多次来美国，只要是在芝加哥入境，我都要到芝加哥大学的校园里转转，尽管儿子早已经毕业，不在这里了。

我很喜欢在校园里走走，尤其是在美国大学的校园里。我们国内的大学，其实也有很不错的校园，比如北大、武大、厦大，但是，不知怎么搞的，最近这几年那里一下子人流如潮，爆满得如同集市。或许是大学扩招之后的缘故，或许是家长和孩子对好大学的渴望，参观校园成为一种时尚。再有，和美国大学的校园不同，我们的大学都有院墙，挡住了人们随意进出的路，有些不大方便。想想，自儿子从北大毕业，我已经有十四年没有去北大的校园了。去年樱花开放的时候，我去了武大一次，校园里，人群如蚁，人头攒动，感觉人比樱花还要多，没有了校园里独有的幽静，漫步让位给了拥挤，花香败阵于尘嚣。

来芝加哥大学，有时候是白天，有时候是晚上。无论什么时候，这里的校园人并不多，抱着书本或电脑疾步匆匆的，大多是学生；举着相机拍照的，大多是外地的游客；嗓门儿亮亮地在呼朋引伴的，大多和我一样是来自国内的同胞。即便是这样的嗓门儿，在偌大的校园里，很快就被稀释了，校园就像一块吸水的海绵，包容性极强。它容得下来自世界各地的莘莘学子，也容得下来自世界各地的如我一样的过客。

夏天的芝加哥，感觉比北京似乎都要热，但只要走进校园，尤其是树荫下，一下子就凉爽了许多。有时候，我会到图书馆，或到学生活动中心，会到展品极其丰富的西亚博物馆，那里的空调，又过于凉快了，需要多带一件外套。在美国大学里，学生活动中心，是特别的建筑，一般都会十分轩豁和讲究，仿佛它是大学的一个窗口。芝加哥大学的学生活动中心是一幢古色古香的大楼，楼上楼下有很多房间，房间里有沙发和座椅，学生可以在那里学习休息，也可以在那里的餐厅用餐。那里的餐厅，宽敞而高大，彩色的玻璃窗，圆圆的拱顶，都会让人觉得实在太像教堂，却是学生的餐厅。那里的饭菜要照顾不同国家学生的口味，有西餐，也有墨西哥和印度饭菜，没有中餐，印度菜中的咖喱鸡可以代替。

活动中心后面是一座小花园，有一个下沉式的小广场，还有一个小池塘，夏天的水面绣满斑斓的浮萍，开着几朵睡莲，像一幅莫奈的画。最漂亮的是它的一排花窗，夏天爬墙虎会沿着窗檐爬满，殷勤地为每一扇窗镶嵌上绿花边。我常坐在窗前的椅子上胡思乱想，偶尔也为窗子和爬墙虎画画，有时窗下会停几辆学生的自行车，有的车没有放稳倒下了，能感觉那个学生的匆忙和粗心，成为画面里生动的点缀。

冬天的芝加哥，肯定比北京冷。芝加哥号称风城，频频的大风一刮，路旁的枯树枝醉汉一样摇晃，真的寒风刺骨。但是，大雪中的校园很漂亮。甬道上、楼顶上、树枝上，覆盖着皑皑白雪，校园如同一个童话的世界。校园里有好几座教堂，我特别喜欢走到校园的一座教堂前，教堂全部都是用红石头垒砌，我管它叫作红教堂。在白雪的映衬下，红教堂红得如同一朵盛开的红莲。

我还喜欢到校园北边和东边去，北边有一个叫作华盛顿的公园，树木茂密，游人很少，很幽静。离公园不远一片深棕色的楼房里，奥巴马就曾经住在那里。那年，奥巴马当选美国总统的时候，芝加哥大学不少学生围在这里狂欢。东边紧靠着密西根湖，湖边是一片开阔的沙滩。春天可以到那里放风筝，夏天可以到那里游泳。蔚蓝的湖水，像是芝加哥大学明亮的眼睛。

有时候，我会到校园里的书店转转。有一个叫作鲍威尔的二手书店，店不大，书架林立，有点儿密不透风，但分类明显，很好挑书。这里的书大多是从芝加哥大学教授那里收购的，大多是各个专业方面的学术类的书籍。他们淘汰的书，像流水一样循环到了这里，成为学生们最好的选择。那些书上有老师留下的印记，可以触摸到老师学术的轨迹，读来别有一番味道和情感。

今年的春天，我在芝加哥乘飞机回国，专门提前一天到的芝加哥，为的就是到那里的校园转转。两年未到，校园里有一些变化，体育场和体育馆在维修，连接老图书馆的新馆建成了，阳光玻璃房，冬阳下，在那里读书会很舒服，书上会有阳光的跳跃。过活动中心，马路的斜对面，一幢老楼完全装饰一新，是神学院。

大概是周末的缘故，里面的人不多，教室和会议室里静悄悄的，神祇不知藏在哪里。最漂亮的廊墙上的浮雕，窗上的彩色玻璃，每一座浮雕，每一扇窗子，都不尽相同，古色古香，静穆安详，让人想起遥远的过去。

美国著名建筑家莱特设计的罗比住宅的旁边，新开张一家法国咖啡馆，名字叫作“味道”。我进去喝了一杯法式咖啡，喝惯美式咖啡，会觉得那里的杯子太小，但里面的人却很多，每个人都守着一杯那么小的咖啡，意不在喝。坐在我旁边的一位美国学生，手里拿着一摞打印好的材料在学，我瞄了一眼，是《资治通鉴》的中文注释。窗外对面坐在一对墨西哥的男女学生，不知在热烈交谈什么。外面有很多木桌木椅，夏天，一定会坐满人，树荫下，会很风凉，让校园多了一道风景。

当然，我又去了一趟美术馆。这里是我每次来这里的节目单上必不可少的保留节目。芝加哥大学的美术馆可谓袖珍，但藏品丰富，展览别致。这次来，赶上一个叫作“记忆”的特展。几位来自芝加哥的画家，展出自己的油画和雕塑作品之外，别出心裁地在展室中心摆上一张桌子和一把椅子，桌上放着一个本子，让参观者在上面写上或画上属于自己的一份记忆。然后，将这个本子收藏并印成书，成为今天展览“记忆”的记忆。

这是一个有创意的构想，让展览不仅属于画家，也属于参观者。互动中，让画家的画流动起来，也让彼此的记忆流动起来。我在本上画了刚才路过图书馆时看到的甬道上那个花坛和花坛上的座钟。它的对面是活动中心，它的旁边是春天一排树萌发新绿的枝条。我画了一个人在它旁边走过。那个人，既是曾经在这里求学的儿子，也是我。然后，我在画上写上“芝加哥大学的记忆”。那既是儿子的记忆，也是我的记忆。

2016 年 7 月 31 日写毕于北京

金妈妈杏

杏树，在我国是个古老的树种，起码在孔子时代就已经很旺盛，孔子讲学的地方叫作杏坛，四围就种满了杏树，可见是和古柏一样神圣的树。非常奇怪的是，如今北京的孔庙里尽是柏树，没有了一株杏树。

“小楼一夜听春雨，深巷明朝卖杏花。”说明宋时陆游客临安的时候，城里或城边还是有杏树的。可如今北京城里大街小巷也难找到一株杏树，杏树都被赶到了北京城外的山上。如果往北走，过了平谷和顺义，到了怀柔和密云，才能够见到山上一片片的杏林。

我不知道杏树的沦落出自何时，也不知道杏在众多水果中的地位是否也同样在坠落。和苹果、葡萄、香蕉、梨这样的大众水果相比，杏可卖的时间极短。因为难以保存，很容易烂，一个杏烂，很快就会烂掉一筐。卖水果的，一般都不愿意卖杏。在北京，一年四季，什么水果都可以买到，真正属于时令水果的，就只剩下了杏。杏黄麦熟时节，水果摊上，卖杏只会卖那么短短的半个来月，香白杏卖过，黄杏一上市，基本就到了尾声。而且，卖的都是尖顶上带青的杏，为的是多保存几天。可是，和苹果梨不一样，杏必须得是树熟才好吃，放熟的，就是两个味儿了。

很多年以前，我到兰州，赶上杏熟时节，满街好多卖杏的，有一处在纸牌子上写着“金妈妈杏”。我见少识短，第一次见到这个名字，杏里面还有这样人情味浓的品种，不觉好奇，便买了他家的杏。卖主儿一边给我称杏，一边说：算是你有眼光，这是我们甘肃的名产，敢说是全中国最好吃的杏！不信你就尝尝吧！

那杏金黄金黄的，有的一面带有一丝丝隐隐的金红，颜色油亮，像抹了一层釉。而且，个头儿很大，我从来没有见过这么大的杏，一斤才有十来个。关键是确实好吃，绵沙沙的，甜丝丝的，还有一股难以言传的清香。那香不像花香那样轻浮或过于浓郁，而像是经过沉淀之后慢慢浸透进你的心里。

卖杏的看着我美美地吃了第一个杏后，说：没骗你吧？

我问他为什么叫金妈妈杏？他答不上来，说：反正我们这里都这么叫！妈妈呗，还有比妈妈更亲更好的吗？杏和人是一个样的！

我自幼喜欢吃杏，每年杏上市那短短的几天，都不会放过它。那时候，杏很便宜，几分钱就能买一斤。比起枇杷荔枝这样富贵的水果，杏属于贫民的水果。连带着我童年的记忆。可以说，除了到北大荒那六年，我年年都没有和杏失约。只是最近这几年到美国去看望孩子，时间都安排在春天和夏天，没能吃得上杏。美国自己没有什么杏树，超市里很少见到杏，即便有，卖得很贵，而且味道远不如金妈妈杏。那几年，每每到杏黄麦熟时节，我都非常想念北京的香白杏和大黄杏。当然，还有金妈妈杏。

今年，杏黄麦熟时节，孩子从美国回北京，没有错过吃杏。由于我喜欢吃，连带着孩子也跟着吃，连连说好吃，比美国的杏好吃！

陪孩子一起到密云的黑龙潭玩，在售票处的门外，正好遇到一位卖杏的老大娘，她蹬着一辆三轮车，车上的两个大柳条筐里装满着的都是杏，那杏个头儿不大，黄澄澄的，在午后热辣辣的阳光下格外明亮，特别是和她那一头白发对比得过于醒目。

我对于杏没有免疫力，忍不住走了过去。其实，上午经过怀柔，我刚买过杏。老大娘笑吟吟冲我说：都是刚从树上打下来的，甜着呢！青的也甜着呢！你尝一个！说着，她掰开一个青杏递在我的手里。我吃了这个青杏，真的很甜。便和她聊起天来，知道自打杏熟之后，她天天骑着三轮车到这里来卖。我问她家种多少棵杏树？她说：那我可没数过，每年这个季节，能打几千斤吧！我说：这么多杏，怎么不让你家老头儿来卖？都是你自己一个人蹬车来卖？她一摆手，说：我家老头儿这些年一直在外面打工，哪儿顾得过来。我说，让你孩子来卖呀！她又说：眼睛都指望不上，还指望眼眉毛？孩子考上了大学，结了婚住在城里，现在正忙活他们自己的孩子呢！我说：每年这几千斤杏，都是您自己一个人蹬着车跑这里卖的？都能卖得出去吗？她有些欣慰地告诉我：还真的都卖出去了，借着黑龙潭这块地方，来的游人多。我卖得便宜，挣点儿是点儿，给儿子养孩子添点儿力呗！他也不容易！说着，她拿起一个黄杏让我尝：不买也没事，都是自家的玩意儿！

我尝了，要说甜和香，比不上金妈妈杏，但说味道，比金妈妈杏更让我难忘。那一刻，我想起了金妈妈杏。

2016 年 7 月 11 日于北京

五角粽

奶奶这几年身体大不如以前，每年端午节的粽子，不再亲自动手包了，都是孩子们到外面买些五芳斋的粽子吃。奶奶包的粽子，可比五芳斋要好吃得多了。不仅是里面的糯米和五花肉好吃，就是外表的五个尖尖的角翘翘的，也好看。儿子吃完了五芳斋的粽子，常常这样对奶奶说。

去年端午节前，奶奶忽然兴起，让儿子按照她的要求，买来江米、五花肉和粽叶，要亮亮手艺了。儿子明白奶奶的心思，老人是特意包给唯一的孙子吃的。孙子去年暑假去美国留学，读研究生。一年没有回家了，奶奶想孙子，平常不说，做儿子的心里明镜似的清楚。而且，以往孙子最喜欢吃奶奶包的肉粽。

儿子买回来东西，摊在奶奶的门前，笑着说：您给您孙子包好了粽子，得等一个来月呢。奶奶笑眯眯说：包好了，冻在冰箱里，等孙子回来吃，照样新鲜好吃。您这是想孙子心切呢！儿子心里说，没有把话说出来，只是看着奶奶把五花肉煨好，把江米泡好，把粽叶一叶叶挑好，用剪刀沿尖剪齐，也泡在清水里，红的红，白的白，绿得绿，还没包，光看颜色就那样好看。

奶奶要等待端午节的头一天晚上，才会上手包粽子。这是老人多年的老规矩，说是时令的食品就得讲究时令，这时候包的粽子米才糯，肉才香，粽子才有粽子味儿。以前，奶奶在包粽子前念叨这套经时，儿子总笑，只有孙子支持奶奶，说老规矩就是民俗，能够成为民俗的东西，就得信。

去年的端午节前夕，奶奶一个人坐在灯下包粽子，不让人插手。儿子看得出来，奶奶很享受包粽子的这个过程，像一个戏迷自己在静静的角落里神情专注地唱念做打，一丝不苟，自得其乐。而且，她是把对孙子的感情和思念，一起包进了粽子里面。只是，奶奶的身体真的不如以前了，她的动作显得迟缓多了。一盆粽子包好了，她从那一盆粽子里挑了四个粽子，放进冰箱里。奶奶说，多了也吃不了，四个，图个四平八稳！儿子看明白了，那四个五角粽，个头儿一般齐，是包得最漂亮的，那是奶奶的杰作呢。

盼了一年的孙子回来了，从美国给奶奶带来了好多礼物，其中包括奶奶最爱吃的黑巧克力。儿子在一旁说，奶奶没白疼你。奶奶一宿没睡好觉，第二天早早就起来了，从冰箱里拿出那四个五角粽，解完冻之后，坐上一锅水，把粽子熥在锅里的笼屉上，等孙子一醒就端上桌，作为迎接孙子的第一顿早餐。

孙子一觉睡到快中午才醒，别人都上班去了，家里只有奶奶。奶奶端来粽子，孙子笑着说：起晚了，起晚了，我和同学都约好了，要迟到了，奶奶，我得先走了。奶奶端着粽子，望着孙子风风火火的背影大声说：是你爱吃的粽子，你就回来吃吧，别忘了。孙子大声回答：行，您放在那儿吧，我回来吃。

都是大学里的同学，一年没有见面了，聚会一直闹腾到半夜，孙子回到家里，累得倒头就睡，早把奶奶的粽子忘在脑后。问题是，这一天晚上忘了情有可原，却几乎是天天孙子有聚会，不是大学同学，就是中学同学，还有从美国一起回来的研究生同学从外地到北京来玩。孙子几乎是脚不沾地，风吹着的云彩一样没有停下来的时候。

一直到暑假结束，孙子回美国读书去，那四个五角粽还放在冰箱里。儿子发现粽子已经有些变馊，悄悄拿出来扔进了垃圾箱。

今年的端午节又要到了。奶奶却已经病逝了。

2016年5月25日写于北京

落叶的生命

想找树叶做手工，已是入冬。几场冷风冷雨，树上的叶子凋零无几，大多落在地上。不过，由于雨水频繁，落在地上的叶子湿润，还散发着树枝的气息，呼应着残存在枝头上的叶子，做最后的告别，虽有几分凄婉，却也十分动人。

放学的时候，在路口等候校车，看见小孙子从车上跳下来，见到我的第一句话就是：咱们找树叶去吧！便先不回家，沿着落叶缤纷的小路找树叶。这时候，才会发现，秋末时分枝头上的树叶，或金黄，或红火一片，在秋风的吹拂下，是那样灿烂炫目；落在地上的叶子却有别样的形状、色彩和风情。

形状不一样了。由于距离的变化，拿在手中，近在眼前，才发现同样都是枫树，有三角枫、五角枫和七角枫的区别。而且，不同的枫叶，像伸出不同的触角，活了一般，让那红色的叶脉弯弯曲曲像是真的有血液在流动。不同流向的叶脉，让叶子的触角有了不同的弧度，那弧度像是舞蹈演员柔软而变幻无穷的手臂，富有韵律，让我们充满想象，便也成为我们做手工最佳的选择。我和小孙子用这样红色和黄色的枫叶，做成的金孔雀和红孔雀，让我们自己都惊讶那一片片枫叶怎么那么像孔雀开屏时漂亮的羽毛呢？好像它们就是特意落在地上，等着我们弯腰拾起，去做孔雀那五彩洒金的尾巴呢。

还有那槭树和石楠的叶子，椭圆形，粗看起来，大同小异，细看大有玄机。石楠叶小，槭树叶大，小的小巧玲珑，像童话里的小姑娘，大的像大姐姐一样温柔敦厚。石楠叶薄，薄得几乎透明，红红的颜色像是过滤了一样，淡淡的胭脂似的，可以随风起舞蹁跹。槭树叶厚，且有光亮的釉色，像穿着盔甲的武士，似乎能够听到风声雨声；又像天鹅绒的幕布，拉开来，舞台上就可以上演有趣的戏剧。槭树叶和石楠叶最好找，几乎遍地都是，我们常常会如进山寻宝的人，总有些贪婪，弯腰拾起了这片，又抬头看见了那片，捧在手里一大捧，反复权衡，恋恋不舍，好像它们都是我们的至爱亲朋。我们用不同的槭树叶做成了不同形状的鱼，用不同的石楠叶做成了莲花，五片石楠叶错落在一起，就是一朵盛开的莲花；大小两片石楠叶合在一起，就是一朵含苞待放的娇羞的莲花；再找两片小小的黄栌，要找那种还能顽强保持着绿色的叶子，放在莲花下面，就是莲叶田田了。

当然，色彩也不一样了呢。别看落叶没有了在枝头连成一片的金黄和火红耀眼的阵势，但落叶不是落花顷刻辗转成泥，溃不成军。落叶区别于树上叶子的重要之处，在于树上的叶子连成一片的金黄和火红，让所有的叶子变成了一种颜色，淹没在相同的色彩之中，很像当年见过的“红海洋”，和如今已经泛滥的凡·高《向日葵》的金黄色。落叶散落在草丛中，灌木间，或泥土里，却是色彩不尽相同，彰显每一片叶子舒展的个性，甚至色彩渗进叶脉，都让我们看得须眉毕现，触目惊心，也赏心悦目。

同样是杜梨树上落下的叶子，经霜和被雨水反复打湿后，每一片叶子上的红色已不相同，那种沁入红色深处的黑色光晕，浸淫红色四周的褐色斑点，像磨出的铁锈，溅上的离人泪，似乎让每一片落叶都有了专属于自己前世的故事似的，更让每一片落叶都成为一幅绝妙而无法复制的图画。由于杜梨叶比较厚实，叶子上面有一层釉色，显得很是油亮，每一片落叶都像是一幅精致的油画小品。那些随心所欲而富有才华的大色块渲染，毕加索未见得能够胜上一筹；那些飞溅而落的斑斑点点，西尔斯拿手的点彩也未见得能够如此五彩缤纷。

杜梨叶，是我们最喜欢的，我们常常在地上仔细寻找，不放过任何一片闯入眼帘的叶子，常常会有美丽的邂逅而让我们赏心悦目，便常常会听见小孙子的大呼小叫：爷爷，快看，这里有一片好看的树叶！

找到的最好看最别致的一片杜梨叶，竟然是黑色的。那种黑，不是被污染的乌黑，也不是姑娘劣质眉笔的那种漆黑，而是油亮油亮的黑，叶子的边缘有一层浅浅的灰色，像黑色的火焰燃尽之后吐的最后一抹余韵，像淡出画面之外的空镜头里的远天远水，让叶子的黑色充满想象的韵味。

这片黑色的杜梨叶，一直没有舍得用。也不是真的舍不得，是不知道用在哪里恰到好处。我们用别的杜梨叶做的热带鱼或大公鸡，都让不同色彩的杜梨叶尽显各自的英雄本色，让那种不同的红色交织成一曲红色的交响。只是这片黑杜梨叶，一直夹在书本里。曾经想用它做成一只海龟，它黑亮黑亮的釉色和粗粗的叶脉，还真有几分海龟的意思。也曾经想把它一剪两半，做成两条木船，在上面用银杏叶和红枫叶做成它们各自的风帆。但是，都觉得不是最佳选择。它暂时还沉睡在我们的书本里，它的生命跃动，在我们的想象中，也在它自己的梦中。

真的，别以为落叶就是死掉的树叶，落叶离开树枝，不过是生命另一种形式的转移。龚自珍诗曾说："落红不是无情物，化作春泥更护花。"落叶更是如此，更具有化为泥土中腐殖质的营养作用，来年新一轮春花的盛开，是落叶生命的一种呈现。如今，落叶生命的另一种呈现，在我和小孙子的手工中，它们存活在我们的册页里和记忆中。

2015 年 11 月 23 日于布卢明顿

毕业歌

在 20 世纪 50 年代中期，我们大院里陆陆续续搬进好多新住户。好多是从农村来的，都是些出身贫寒的人家。租住的房子，是大院里破旧或其他废弃的房子改建的，房租仨瓜俩枣，没有多少钱。那时候，我们大院的房东，心眼儿不错，可怜这些人，旁人一介绍，就住进来了。

那时候，玉石和他的爸爸妈妈住进我们大院，房子是用以前的厕所改建的。我们什么时候到他家去，地上总是潮乎乎的，总觉得有股子臭味儿。但是，玉石觉得比他们家以前在农村住的好多了，关键是，离学校近，这让他最开心。他对我说过，在村里上学，每天得跑十几里的山路。

玉石搬进来那一年，读小学六年级，来年就要读中学了。这是他家决心从农村搬进北京城的一个主要原因。如果读中学，玉石就要到县城去，那就更远了。玉石学习成绩好，他爸爸说，就是砸锅卖铁，也要供玉石读中学，然后上大学。那时候，上大学，对于我是一件遥远的事情，但和玉石在一起，天天听他念叨，便也成为我一件特别向往的事情。

玉石的爸爸在村里是泥瓦匠，有手艺，到了北京，很快就在建筑工地找到了活儿。房子虽然是厕所改的，一家人的日子过得其乐融融。就是玉石像豆芽菜一样，显得瘦小枯干，虽然比我大三岁多，长得还没有我高。记忆最深的是，有一次我们房东太太好心地对玉石的妈妈说：你家孩子这是缺钙呀！玉石妈妈连忙摆手说：我们家玉石不缺盖的，家里的被子絮的棉花挺厚的。

我们大院里好多街坊，都像房东一家关心玉石家，不仅因为两口子待人和气，关键是心疼玉石，玉石学习确实棒，小学毕业以全校第一的成绩考入汇文中学，更是让人们的心偏向玉石。并且，家家都拿玉石做榜样，催促自己孩子好好学习。我爸爸就是最有代表性的一个，几乎天天对我说：你瞧瞧人家玉石是怎么学的，你得向玉石一样，也得考上汇文！

三年后，我也考上了汇文中学。玉石又考上了汇文的高中。这时候，全院开始以我们两人为骄傲。这是 1960 年的秋天，三年困难时期开始了，家家吃不饱肚子。冬天到来的时候，玉石的爸爸从工地的脚手架上摔了下来，当场没了气。事后，从玉石妈妈的哭丧中，人们才知道，玉石的爸爸是把粮食省下来让玉石吃，自己尽吃豆腐渣和野菜包的棒子面团子，天天在脚手架上干力气活，肚里发空，头重脚轻，一头栽了下去。

玉石是个懂事的孩子，爸爸走了，妈妈没有工作，他不想再上学了，想去工地接他爸爸的班。工地哪敢要他？背着书包，他不是去学校，而是瞒着他妈妈，天天去别的地方找活儿。一直到我们学校里的老师到家里找来了，是他班主任丁老师，一个高个子教物理的老师。玉石没在家，还在外面跑呢。丁老师对玉石妈妈说：玉石学习成绩一直很好，是个读书的材料，这么下去，就可惜了，您要劝劝他。学校也会尽力帮助的。咱们双管齐下好吗？

玉石妈妈没听懂双管齐下是什么意思，等玉石回来，只是一把鼻涕一把眼泪地对玉石说：孩子呀，你爸爸为啥拼着命从村里到北京来？又为啥拼着命干活儿？还不就是为了让你好好上学？你这说不上学就不上学了，对得起你爸爸吗？说句不好听的，你爸爸就是为了你死的呀！

玉石又开始上学了。有一天放学，在学校门口，我碰见了他。他显然是在校门口等我半天了。他要我跟着他一起去一个地方，我虽然很敬佩他的学习，毕竟比他低三个年级，平常很少和他在一起，不知道他要我跟他去干什么。

我跟着他一直走到东便门外，那时候，蟠桃宫还在，大运河也还在，顺着河沿儿，我们一直走到二闸，这是我第一次去这个地方，人越来越少，已经是一片凄清的郊外了。他带着我走到了一个废弃的工地上。这时候，天擦黑了，暮霭四起，工地上黑乎乎的，显得有些瘆人。他悄悄对我说，你就在这里帮我看着，如果有人来了，你就跑，一边跑，一边招呼我！他这么一说，让我更有些害怕，不知道他要做什么。不一会儿，就看见他从工地上拉出好多钢丝，还有铜丝，见没人，拽上我就跑，跑到收废品的摊子前，把东西卖掉。他分出一部分钱给我，我没要，我知道，这也是没办法的事，他妈妈现在给人家看孩子，他是想用这种办法分担母亲。

终于有一天，我们让人给抓到了。虽然是废弃的工地，还有不少建筑材料，也有人看守。玉石拉上我就跑，那人追上我们，一把揪着我们的衣领子，像拎小鸡似的把我们抓到他看守的一间板房里，打电话通知我们学校。来的老师，骑着自行车，高高的身影，大老远就看出来了，是玉石的班主任丁老师。那人余怒未消，对丁老师气势汹汹地叫嚷道：你们学校得好好教育这两个学生，明目张胆地偷东西，太不像话了！丁老师点着头，把我们领走，推着他那辆破自行车，沿着河沿儿，一路没有说话，只听见自行车嘎嘎乱响，我感到我们的脚步都有些沉重。走过东便门，走到崇文门，在东打磨厂口，丁老师停了下来，对我们说：快回家吧。然后，他从衣兜里掏出了几块钱，塞在玉石的手里。玉石不要，他硬塞在玉石的兜里，转身骑上车走了。走进打磨厂，路灯亮了，我看见玉石悄悄地抹眼泪。

玉石和我再也没有去工地。学校破例给了他助学金，一直到他高中毕业。1963 年，他考入地质学院后，和他妈妈一起从我们大院搬走，我就再没有见过他。“文化大革命”中，听我妈说，玉石来大院找过我一次，那时，他大学毕业，在五七干校等待分配。可惜，我正和同学外出大串联，没能见到他。后来，我才知道，他来找我，是找我陪他一起回学校看看丁老师。那时候，丁老师正在挨批斗。

前不久，我接到一个从西宁打来的电话，让我猜他是谁。我猜不出来，他告诉我他是玉石。他说他后来分配去了青海地质队，一直住在青海。他说他看过我写的柴达木的报告文学，也知道我弟弟在青海油田工作过。他说他一直生活在青海，他妈妈一直跟着他，一直到去世。他说他退休后在学习作曲，而且出过专辑的唱盘。他笑着对我说：你觉得奇怪吧？我是学地质的，怎么改行了呢？我说我是有点儿奇怪，你是跟谁学的作曲？他说：我是自学的。但也不能这么说，你知道我读高中的时候，教我们数学的是阎述诗老师。我问：你跟他学的？我知道阎述诗老师曾经为著名的《五月的鲜花》作过曲。他笑着说：不是，但是，我想阎老师可以教数学又可以作曲，我为什么不能学地质搞勘探又能作曲？玉石是一个有能力的人，有能力的人，世界在他面前是圆融相通的。

最后，他告诉我，他学作曲，是想为丁老师作一支曲子。那个晚上，丁老师让他难忘，让他感受到世界上难得的理解和温暖。他说，这么多年，只要一想起丁老师，心里就像有音乐在涌动。

我告诉他，丁老师早好多年就已经去世了。他说：我知道了，所以，我想你把我的这番心思写篇文章好吗？我想借助你的文章让人们知道丁老师。过几天，我会把歌寄给你。

我收到了玉石作的歌，名字叫《毕业歌》。说实在的，曲子一般，但其中一句歌词让我难忘：“毕业了那么多年，你还站在我的面前；那个懵懂的少年，那个流泪的夜晚。”

2015 年 9 月 24 日写于北京

昔日重现

《昔日重现》是一首老歌。我第一次听，是20多年前，卡朋特唱的，朴素真诚，没有花里胡哨，唱得很幽婉动听，倾诉感和怀旧感很强。那歌词即使不能完全听懂并记牢，但那一句“yesterday once more”，如丝似缕，却总也忘不了。

这一次，朋友发来视频，配放这首歌的画面，是黑白片的老电影，里面出现了《罗马假日》的赫本，和《魂断蓝桥》的费雯丽。选角真的是好，如果选彩色电影，还会有这样的效果吗？赫本和费雯丽是这首歌深沉的两个声部，她们的出现，让歌词“yesterday once more”从旋律中飞出，变成了动人的画面。

在这两部老电影中，赫本的清纯，费雯丽的忧郁，让人感动。想起第一次看《魂断蓝桥》，是刚刚粉碎“四人帮”的时候，电影是在体育馆里放映的，费雯丽迎着车灯迷离走去，很多人都在暗暗落泪，我也一样，觉得费雯丽是那样让人难忘。前年，去美国的飞机上，电视里可以选择的电影很多，我选择了老电影《罗马假日》，赫本让我想起自己年轻的时候，青春期再如何迷茫与蹉跎，也是美好的，赫本就是青春的一种象征。

出演《罗马假日》时，赫本才23岁，那实在是一个令人怀念的年龄。费雯丽演《魂断蓝桥》时27岁，却已经经历生离死别。23岁时，我在北大荒；27岁时，我刚回北京，在郊区一所中学里教书。那时候，父亲突然脑溢血去世，家中只剩下老母亲一人，我只好和青春恋人在北大荒春雪飘飞的荒原上离别。我没有赫本如此美妙的罗马假日，却有着和费雯丽一样的生离死别。

那时候的电影，真的是那样叫人难忘；那时候的演员，真的是那样叫人迷恋。日后好莱坞的明星也出了不少，却总觉得没有那个时期的明星让人信任。特别是女演员，如赫本和费雯丽，她们所表演出来的清纯和真情，让人觉得就是生活中的真实，在她们青春洋溢的脸上，看不到一点的风尘、脂粉与沧桑。而我们如今影视屏幕上的那些女演员，能找到哪位是赫本和费雯丽一样的清纯与真情呢？她们的脸上，让我看到更多的是风尘、脂粉和久经沧海难为水的沧桑，以及徐娘半老偏要扮嫩的从心灵到肉体的一体化的虚假。

同样，如今我们也缺少如《昔日重现》这样真情自然倾诉的歌声。尽管我们的晚会上载歌载舞的歌曲很多，尽管我们的电视中真人选秀的歌手很多，吼叫着比试嗓门，像书法里比试怪写法一样，比试着怪唱法的很多，却很难听到这样和赫本与费雯丽一样清澈纯情的歌声。我们那些陕北信天游里的酸曲，内蒙古的长调短调，还有青海的花儿，都不知道跑到哪儿去了。我们缺少这样自我吟唱式的歌唱，是因为我们已经缺少了这样朴素的表达方式。从历史的原因来说，和我们社会曾经一段时间处于的假大空有着明里暗里的关系，或是无奈的藕断丝连，或是惯性的轻车熟路。从现实的原因来看，则是流行文化和消费文化致命到骨髓的影响。我们更愿意九百九十九朵玫瑰式的和爱你一千年一万年不变的感情奢靡和空泛的抒发。朴素的表达方式便这样理所当然地就被抛弃，真诚便这样轻而易举地就被阉割。难以找到《昔日重现》，难以找到赫本与费雯丽，便是理所当然毫不奇怪的了。

红颜薄命，赫本只活到64岁；费雯丽更短，只活到57岁。她们创作的《魂断蓝桥》和《罗马假日》，让她们始终定格在青春时清纯的模样。

卡朋特死得更早，只活到了32岁。她的生命，留存在她的歌声里。

《昔日重现》，真的是一首百听不厌的好歌。赫本、费雯丽和卡朋特，连同我们自己的记忆，都会在这样的歌声里不止一次地重现。

“Yesterday once more!”

2016年9月12日北京

独草莓

姐姐家在呼和浩特，她住一楼，房前有块空地，种着一棵香椿树、一棵杏树，和一棵苹果树。退休之后，姐姐把这块空地开辟成了菜园。翻土，播种，浇水，施肥……每天乐此不疲。姐姐一辈子在铁路局工作，年年的劳动模范，局里新盖了高层楼，分她新房，面积多出 30 多平方米。她不去，舍不得她的这片菜园。孩子们都说她，如今，一平方米房子值多少钱？你那破菜园能值几个钱？却谁也拗不过她，只好随了她。

我已经好多年没有见到姐姐了。今年，是姐姐的八十大寿，说什么也要来看看姐姐。想想 63 年前，1952 年，姐姐 17 岁，就只身一人来到内蒙古，修新建的京包线铁路。那时候，我才 5 岁，弟弟 2 岁，生母突然逝去，姐姐是为了帮助父亲扛起家庭的担子，才选择来到了塞外。姐姐每月往家里寄 30 元钱，一直寄到我 21 岁到北大荒插队。那时候，姐姐每月的工资才有几十元钱呀。姐姐说起来当年她要来内蒙古前离开家时，我和弟弟舍不得她走，抱着她的大腿哭的情景，仿佛岁月没有流逝，一切都恍若目前。

来到姐姐家，先看姐姐的菜园。菜园不大，却是她的天堂，那里种着她的宝贝。特别是姐夫前几年病逝之后，那里更是她打发时光消除寂寞的好场所。菜园被姐姐收拾得井井有条。丝瓜扁豆满架，倭瓜满地爬，小葱根根似剑，韭菜则如阵，西红柿、黄瓜和青椒，在架子上红的红，青的青，弯的弯，尖的尖……忍不住想起中学里学过吴伯箫的课文《菜园小记》里说的，真的是姹紫嫣红。这么多的菜，吃不完，送给邻居，成为姐姐最开心的事情。

菜园旁，立着一个大水缸，每天洗米洗菜的水，姐姐从厨房里一捅一捅拎出来，穿过客厅和阳台，走进菜园，把水倒进水缸，备用浇菜。节省一辈子的姐姐，常被孩子们嘲笑，而且，劝她说现在菜好买，什么菜都有，就别整天忙乎这个了，好好养老不好吗？姐姐会说，劳动一辈子了，不干点儿活儿难受。想想，在风沙弥漫的京包铁路线上餐风饮露，这是她念了一辈子的经文，笃信难舍。再想想，人老了，其实不是享清闲，而是怕闲着，能有点儿事干，而且，这事干着又是快乐的，便是养老的最好境界了。姐姐种的那些菜，便有她自己的心情浸透，有她往事的回忆，是孩子都上班上学去之后孤独时的伙伴，她可以一边侍弄着它们，一边和它们说说话。

夸她的菜园，就像夸她的孩子一样高兴。我对她的菜园赞不绝口。姐姐指着菜园前面绿葱葱的植物，我没认出是什么。她对我说，这里原来种的是生菜和小水萝卜，今年闹虫子，我把它们都给拔了，改种了草莓。不知这么闹的，也可能是我不会种这玩意儿，你看，一春天都过去了，只结了一个草莓。

我跟着她走过去，伏下身子仔细看，才看见偌大的草莓丛中，果然只有一颗草莓，个头儿不大，颜色却很红，小小的红宝石一样，孤独地藏在叶子下面，好像害羞似的怕人看见。

“孩子们看着它好玩，都想摘了吃，我没让摘，”姐姐说。我问她，干吗不摘？时间久，回头再烂了，多可惜。姐姐笑着说：我心里盼望着有这么一个伴儿在这儿等着，兴许还能再结几个草莓！

相见时难别亦难，和姐姐分手的日子到了，离开呼和浩特回北京的前一天晚上，姐姐蒸的米饭，我炒的香椿鸡蛋，做的西红柿汤，菜都来自姐姐的菜园。晚饭后，姐姐出屋去了一趟菜园，然后又去了一趟厨房，背着手，笑眯眯地走到我的面前，像变戏法一样，还没等我猜，就伸出手张开来让我看，原来是那颗草莓。你尝尝，看味儿怎么样？姐姐对我说。

我接过草莓，小小的，鲜红鲜红的，还沾着刚刚冲洗过的水珠儿，真不忍心下嘴吃。姐姐催促着，快尝尝！我尝了一口，真甜，更难得的是，有一股在市场买的和采摘园里摘的少有的草莓味儿。这是一种久违的味儿。

2015 年 6 月 4 日于呼和浩特细雨中

父亲和信

初三毕业的那年暑假，一天晚上，我已经躺在床上睡下了。父亲走进来，轻轻地把我叫醒。睁开惺忪的睡眼，望着父亲，不知有什么事情，都已经这么晚了。父亲只是很平淡地说了句：外面有人找你。就又走出房间。

我大了以后，父亲不再像我小时候那样砸姜磨蒜一样絮絮叨叨地教育我，他知道我不怎么爱听，和我讲话越来越少。初三那一年，我正在积极地争取入团，和他更是注意划清阶级界限，因为他参加过国民党。父亲显然感觉得出来，更是明显地和我拉开距离，不想让自己当成我批判的靶子，当然，更不想影响我的进步。因此，他和我讲话的时候，显得十分犹豫，不知该说什么才好。最后，索性少说，或者不说。

我穿好衣服，走出家门，看见门口站着一个女同学。起初，没有认出是谁，定睛一看，是我的小学同学小奇。她笑着和我打着招呼。我们是小学同学，她是上四年级的时候，从南京来到北京，转到我们学校的。我们同年级，不同班。第一次见面的情景，立刻在她向我挥手打招呼的瞬间闪现。我们学校有几台乒乓球案子，课间十分钟，是同学们抢占案子的时候，每人打两个球，谁输谁下台，让另一个同学上来打。那时候，我乒乓球打得不错，常常能占着台子打好多个回合。那一天，上来的同学，劈头盖脸就抽了我一板球，让我猝不及防，我忍不住叫了声：够厉害的呀！抬头一看，是个女同学，就是小奇。

小学毕业，我们考入不同的中学，初中三年，再也没有见过面。突然间，她出现在我家的门前。这让我感到奇怪，也让我感到惊喜。看她明显长高了许多，亭亭玉立的，是少女时最漂亮的样子。

她是来我们大院找她的一个同学，没有找到，忽然想起了我也住在这个院子里，便来找我，纯属于挂角一将。但那一夜，我们聊得很愉快。坐在我家旁边的老槐树下，她谈兴甚浓。五十多年过去了，谈的别的什么都记不得了，唯独记得的是，她说暑假跟她妈妈一起回了一趟南京，看到了流星雨。我当时连流星雨这个词都没有听说过，很好奇问她什么是流星雨。她很得意地向我描述流星雨的壮观。那一夜，月亮很好，星光璀璨，我望着夜空，想象着她描述的壮观夜空，有些发呆，对她刮目相看。

谈不上阔别重逢，但是，少年时期的三年，正是人的模样、身材和心理、生理迅速变化的三年，时间过得很快，回想起来却显得很长。意外的重逢，让我们彼此都有一种异样的感觉。我们就这样接上火，令我们都没有想到的是，我们的友谊，从那一夜蔓延了到整个青春期。高中三年、“文化大革命”中的两年，一直到我们分别到北大荒插队，整整五年的时间，从 16 岁到 21 岁。

从那个夜晚开始，几乎每个星期天的下午，她都会到我家找我，我们坐在我家外屋那张破旧的方桌前聊天，天马行空，海阔天空，好像有说不完的话，窄小的房间，被一波又一波的话语胀满。一直到黄昏时分，她才会起身告别。那时，她考上北京航空学院附中，住校，每星期回家一次，她要在晚饭前返回学校。

我送她走出家门，因为我家住在大院最里面，一路要逶迤走过一条长长的甬道，几乎所有人家的窗前都会趴有人头的影子，好奇地望着我们俩，那眼光芒刺般落在我们的身上。我和她都会低着头，把脚步加快，可那甬道却显得像是几何题上加长的延长线。我害怕那样的时刻，又渴望那样的时刻。落在身上的目光，既像芒刺，也像花开。

我送她到前门 22 路公共汽车站，看着她坐上车远去。每个星期天的下午，由于她的到来，变得格外美好，而让我期待。那个时候，我沉浸在少男少女朦胧的情感梦幻中，忽略了周围的世界，尤其忽略了身边父亲和母亲的存在。

所有这一切，父亲是看在眼睛里的，他当然明白自己的儿子正在发生了什么事情，又在经历着什么事情。以他过来人的眼光看，他当然知道应该在这个时候需要提醒我一些什么。因为他知道，小奇的家就住在我们同一条街上，和我们大院相距不远，也是一个很深的大院。但是，那个大院和我们大院完全不同，不同的原因，从外表就可以看得出来，它是拉花水泥墙，红漆木大门，门的上方，有一个浮雕大大的五角星。这便和我所居住的那种广亮式带门簪和门墩的黑色老门老会馆，拉开了不止一个时代的距离。

其实，这一点，我是知道的，每天上学下学，都要路过那里。但是，当时的我对这一点却根本忽略不计。对于父亲而言，这一点，是表面，却是直通本质的。因为居住在那个大院里的人，全部都是北平和平解放之后进城的解放军的军官或复员军人和他们的家属。那个被称作乡村饭店的大院，是 1949 年之后拆除了那里的破旧房屋后，新盖起来的，从新老年限看，和我们的老会馆相距有一两百年的历史。在父亲的眼里，这样距离是不可逾越的。不可逾越，从各自居住不同的大院就已经命定。我发现，每一次我送小奇到前门回到家，父亲都好像要对我说什么，却又都欲言又止。从那时我的年龄和阅历来讲，我无法明白父亲曾经沧海的忧虑。我和父亲也隔着一道无法逾越的距离。

有一天，弟弟忽然问我：小奇的爸爸是老红军，真的吗？那时，我还真不知道这个事实。我觉得老红军是在电影《万水千山》里，在小说《七根火柴》里，从没有想过老红军就在自己的身边。弟弟的问题，让我有些意外，我问他从哪儿听说的？他说是父亲和妈妈说话时听到的。当时，我不清楚父亲对母亲讲这个事实的心理。后来，在我长大以后，我清楚了，我和小奇越走越近的时候，父亲的忧虑也越来越重。特别是在北大荒插队的时候，生产队的头头在整我的时候，当着全队人叫道：肖复兴他的父亲就是一个国民党！

两个父亲，两个党，一个共产党，一个国民党。

后来，我问过小奇这个问题。她说是，但是，她并没有觉得父亲老红军的身份对自己是多么大的荣耀。她只是说当时父亲在江西老家，十几岁，没有饭吃，饿得不行了，路过的红军给了他一块红茬吃，他就跟着人家参加了红军。她说的是那样轻描淡写。在当时所谓高干子女中，她极其平易，对我一直十分友好，充满温暖的友情，即使是以后“文化大革命”格外讲究出身的时候，她也从来没有有些干部子女的趾高气扬，居高临下。那时候，我喜欢文学，她喜欢物理，我梦想当一名作家，她梦想当一名科学家。她对我的欣赏，给我的鼓励，表露于我的友谊和感情，伴随我度过青春期。

说心里话，我对她一直充满似是而非的感情，那真的是人生中最纯真而美好的感情。每个星期天她的到来，成为我最欢乐的日子；每个星期见不到她的日子，我会给她写信，她也会给我写信。整整高中三年，我们的通信，有厚厚的一摞。我把它们夹在日记本里，胀得日记本快要撑破了肚子。父亲看到了这一切，但是，他从来没有看过其中的一封信。

寒暑假的时候，小奇来我家找我的次数会多些。有时候，我们会聊到很晚，送她走出我们大院的大门了，我们站在大门口外的街头，还接着在聊，恋恋不舍，谁也不肯说再见。那时候，不知道我们怎么会总有说不完的话，长长的流水一般汩汩不断，扯出一个线头，就能引出无数条大路小道，逶迤迷离，曲径通幽，能够到达很远很远未知却充满魅力的地方。

路灯昏暗，夜风习习，街上已经没有一个行人，安静的像是睡着了一样。只有我们两人还在聊。一直到不得不分手，望着她向她家住的乡村饭店的大院里走去的背影消失在夜雾中，我回身迈上台阶要回我们大院的时候，才蓦然心惊，忽然想到，大门这时候要关上了。因为每天晚上都会有人负责关上大门。那样的话，可就麻烦了，门道很长，院子很深，想叫开大门，不是件容易的事情。很有可能，我得在大门外站一宿了。

当我走到大门前，抱着侥幸的心理，想试一试，兴许没有关上。没有想到，刚刚轻轻一推，大门就开了。我庆幸自己的好运气，大门真的还没有关闭。我走进大门，更没有想到的是，父亲就站在大门后面的阴影里。我的心里漾起一阵感动。但是，我没有说话，父亲也没有说话，就转身往院里走。我跟在父亲的背后，走在长长的甬道上，只听见我和父亲咚咚的脚步声。月光把父亲瘦削的身影拉得很长。

很多个夜晚，我和小奇在街头聊到很晚，回来时候，生怕大院的大门被关闭的时候，总能够轻轻就把大门推开，看见父亲站在门后的阴影里。

那一幕的情景，定格在我的青春时代，成为一幅永不褪色的画面。在我也当上了父亲之后，我曾经想，并不是每一个父亲都能做到这样的。其实，对于我和小奇的交往，父亲从内心是担忧的，甚至是不赞成的。因为在那讲究出身的年代，一个共产党，一个国民党，注定他们的后代命运的结局。年轻的我吃凉不管酸，父亲却已是老眼看尽南北人。

只是，他不说什么，任我任性地往前走。因为他不知道该如何说，他怕说不好，引起我的误解，伤害我的自尊心，更引起我对他的批判。更重要的是，他知道说了也不起什么作用。两代不同生活经历与成长背景的人，代沟是无法填平弥合的。在那些个深夜为我等门守候在院门后面的父亲，当时，我不会明白他这样复杂曲折的心理。只有我现在到了比父亲当时年龄还要大的时候，才会在蓦然回首中，看清一些父亲对孩子疼爱有加又小心翼翼的内心波动的涟漪。

1973年的秋天，父亲脑溢血去世。那时，我在北大荒插队，赶回北京奔丧。父亲的后事料理停妥之后，我打开我家那个黄色的小牛皮箱。那里藏着我看家的宝贝、父亲的工资、所有的粮票布票邮票等等。我想会不会有父亲留给我的信，哪怕是只写几个字的纸条也好。在小牛皮箱子的最底部，有厚厚的一摞信。我翻看一看，竟然是我去北大荒之前没有带走的小奇写给我的信，是整整高中三年写给我所有的信。

望着这一切，我无言以对，眼前泪水如雾，一片模糊。

2015年5月29日于北京

小满时节

立夏过后，小满就快要到了。二十四节气中，有几个，我一直不甚了了。小满是其中的一个。

最初认识小满，是读孙犁先生的中篇小说《铁木前传》，里面有个人物，名字叫小满，是个 19 岁的姑娘，性格活泼，挺招人喜欢的，孙犁先生强调她的纯洁和天真。和孙犁先生以前笔下成熟的女人不一样，猜想给她起的这样小满的名字，就是要她这个在变革时代蹦出来的新人物，更充满对爱和对新生活的渴望吧？只有这样年轻的年龄，才会有这样清新的朝气和天真的憧憬。

最近，新上映的电影《万物生长》，男主人公秋水初恋情人的名字，也叫小满。这可是真有点儿英雄所见略同。心想，我们的文学作品中，爱用节气给自己的人物作名字，我国的二十四节气，真的适合给人起名字，这里暗合着多少民俗中文化的密码。

这个小满才只有 17 岁，和孙犁的小满一样，也是对爱情和新生活充满渴望和憧憬，让人心存怜爱的纯真小姑娘。是的，只有年轻小姑娘的名字，只有初恋小姑娘的名字，才可以叫小满。年龄稍微再一大，不要说熟女了，就是涉过初恋这条清澈小河的姑娘的名字，便像橘易地而成枳一样，可以叫小雪，叫立秋，不会叫小满了。

“小满小满，小麦渐满。”民谣里这样说。说的是小满节气的到来，小麦刚刚灌浆，青青的麦穗初露，远非到了一片金黄的成熟时候。节气和姑娘初恋的形象完全吻合，和那时节姑娘的身体与心理完全吻合，只是小满，远非丰满；只是灌浆初始的青涩初恋，远非炽烈的热恋；只是麦穗在初夏的风中羞涩地轻轻摇曳，和清风悄悄地拉拉手，说着似是而非的缠绵情话，远非在酷烈的热风中沉甸甸摇晃着金碧辉煌的头，摆出一副曾经沧海看穿一切，万事俱备只待开镰收割的骄傲样子。

小满，真是人生的一个好节气。如果说料峭的立春和春分，还是个生犊子一般的小姑娘；萧瑟的小雪和小寒，已是一头霜雪的老太太了；小满是立在这两者之间最富有生机和朝气的年轻姑娘。这个节气的姑娘，涉世未深，清浅如水，却已经不再是一汪雨过地皮湿没心没肺的小水泡，更不是一潭千尺幽深莫测深不见底的桃花水，或者一道被外界排放被自身滋生污染得早已经浑浊不堪却偏要修起漂亮的桥与堤的江河水。

纵使如孙犁笔下的小满，是泛着载不动许多愁的一泓池水；纵使如电影屏幕中的小满，是连一叶扁舟都没有驶向对岸的一湾湖水；却都是清澈的还没有被污染的水。小满，之所以让人怜爱，正在于此。世界上还有比初恋更让人觉得美好而值得回忆的吗？而初恋之所以叫作初恋，正是小荷才露尖尖角，是圆荷浮小叶，是细麦落轻花，那么清浅可爱，那么天真纯洁，那么的美好动人。小满，这个节气，如此和人生与情感交融，和心理与生理契合，是二十四节气里少见的。

“小满大风，树头要空。”这是另一句民谣。说的是在这样的节气里，最忌讳刮大风。因为树的枝头上结出刚刚小满尚未长得饱满结实的果实，禁不住大风，会被吹掉的。小满时分，人生中对待同样节气的孩子们，特别是年轻的姑娘们，要格外仔细才是，切忌的是大风来袭。

有一段时间，也就是我们年轻的时代，讲究的是年轻人要到大风大雨中去锻炼，所谓经风雨，见世面。那时候，高尔基的一篇《海燕》格外风靡，号召年轻人像海燕一样，让暴风雨来得更猛烈些吧！自然，这一切都是那个过去时代的口号。人生和节气一样，不是口号，而是客观的规律，要有个自然的过程，和自然的验证才是。小满时，哪里经得住大风甚至暴风雨的洗礼呢？正如民谣里说的那样，“小满大风，树头要空”。那时候，我在北大荒，有一位天津知青，年龄太小，睡凉炕落下了毛病，晚上憋不住总要尿炕，白天干活憋不住总要尿裤子，便最希望干活时天最好下大雨，尿裤子和雨水融为一体，免去被别人看见的尴尬。

在北大荒，这个节气正是放蜂人来到林子和荒原里安营扎寨的时候。这时候，林中树木的各种花和草地的达紫香等野花相继盛开了。有民谣说：“小满时候置蜂箱，放蜂酿蜜好风光。”北大荒的椴树蜜和野花蜜，一直都很有名。大自然懂得，小满是蜜蜂采花酿蜜的好时候。我们人更应该懂得，这样的节气里，是年轻人花朵般开放的初恋好时候，少挑刺多栽花，少刮风多酿蜜，才是正经的事由。

2015 年 5 月 10 日写于北京雨中

四块玉和三转桥

四块玉，是元曲曲牌中的一个名字，也是北京胡同的一个名字。作为胡同，这个名字在明朝就存在。四块玉是一条很老的胡同。当初，为这条胡同起名字的时候，是不是想起了元曲曲牌“四块玉”这个名字，只能是一种揣测和联想了。

我对四块玉这条胡同一直充满感情。20 世纪 90 年代，我的儿子上小学四年级。他在光明小学读书，放学回家，抄近道，就是走西四块玉胡同。那时候，他刚刚学会骑自行车，骑得正来劲儿，特别愿意在这样弯弯曲曲的胡同里骑车，“游龙戏凤”般显示自己的车技。一天下午放学，在西四块玉胡同一个拐弯儿的地方，看见前面走着一位老太太，他的车已经刹不住了，一下子撞上了老太太。老太太倒没有撞倒，老太太手里提着的一个篮子，被撞翻在地上，篮子里装满刚刚买来的鸡蛋，被撞碎了好几个。

孩子下了车，知道自己闯下了祸，心里有些害怕，除了一个劲儿地道歉，不知如何是好。老太太一看，是个孩子，把篮子拾起来，没有责怪他，只是对他笑笑，嘱咐他骑车要小心，就挥挥手让他走了。

那一年，孩子 11 岁。这位老奶奶给他留下的印象和影响至深。让他懂得了以后，对他人更需要善意和宽容。这事，让孩子格外在意。此后，每一次走进四块玉胡同，他都会忍不住想起这位老奶奶，而且，不止一次对我说起这位老奶奶。

三转桥，也是北京的一条胡同的名字，没有四块玉好听。相传它有一座汉白玉的转角小桥的，但和四块玉无玉一样，它并没有桥。桥和玉，都只是它们的幻想。它离四块玉不远，在四块玉的东边。

三转桥离我读的汇文中学不远。读高三那一年。那时候，我才学会骑自行车，比儿子晚了八年。有一天中午，我借同学的自行车骑车回家吃午饭。回学校的时候，穿过三转桥的时候，撞上一个小孩，把小孩撞倒在地。我赶紧下车，扶他起来一看倒是没有撞伤，但是，孩子的裤子被车刮开了一个大口子，孩子一下子就哭了起来。我忙哄他，问他家住在哪儿，就在附近不远，我把孩子送回家。一路走，心里沉重得如压着块大石头，毕竟把人家孩子撞倒了，把人家孩子的裤子撞破了。家里，只有孩子年轻的妈妈在，我向她说明情况，一再道歉，听凭发落。她看看孩子，对我说：没事，快上你的学去吧，待会儿我用缝纫机把裤子轧轧就好了！她说得那么轻巧，一下子就把我心里压着的那块石头搬走了。

我常想，我和儿子的成长道路上竟然有着这样多的相似。或许，是我们遇到的好人实在太多，让我和儿子都相信这个世界上尽管沙多金子少，但好人还是多于坏人的，善良多于邪恶的，宽容多于刻薄的。

我常想，如果当初那位年轻的母亲，不是说了那样轻松的话，就把我放走，而是非要让我赔她孩子裤子的话，会是一种什么样的结果呢？同样，如果当初那位老奶奶，即便不是讹孩子，像现在常见的“碰瓷儿”的老人那样倒在地上，非要他送她到医院，再找上家长赔一笔钱，又会是一种什么样的结果呢？对于一个孩子，对这个世界和这个世界上的人与事的认知和理解，也许就会是大不一样了。

这个世界上，存在着恶，也存在着善；人和人之间，存在着怀疑，也存在着信任。普通人应该是本能地善多一些，信任多一些，而如今普通人身上的善和信任，却被恶和怀疑挤压如茯苓夹饼里的馅。或许对于我们大人，一切都已经见多不怪，对于一个孩子，这样的凡人小事，却常常是他们进入这个世界的通道，从而见识到人生，以为世界和人生就是这样子的。他遇到的这位老奶奶，和我遇到的那位年轻的妈妈，让这个世界充满爱，不再仅仅是一句唱得响亮的歌词，而是如一粒种子，种在了我们的心头。对于我，时间已经是50年过去了；对于孩子，时间已经是25年过去了；这位老奶奶和这位年轻的妈妈，一直没有让我们忘记。这粒种子发芽生根长叶，至今仍在我们的心中郁郁葱葱。

四块玉和三转桥，像古诗里的一幅美丽的对仗。便一直让我们对它们充满感情。

只是，如今，这两条胡同，都已经不存在了。城市的大拆大建，这两条胡同，变为了商厦和楼盘，或宽阔的马路。只有记忆不改容貌，还鲜活并顽强地存在孩子和我的心头。

2015年5月9于北京

机场的拥抱

在南京机场候机回北京，来得很早，时间充裕，坐在候机大厅无所事事，看人来人往。到底是南京，比北京要暖，离立夏还有多日，姑娘们都已经迫不及待地穿上短裙和凉鞋了。坐在我对面的女人，看年纪有三十多了，也像个小姑娘一样，穿着一件齐膝短裙，在和节气，也和年龄赛跑。

来了一对年老的夫妇，坐在我身边的空座位上。听他们一口纯正的北京话，就知道是老北京人。他们说话的声音有些大，显然是丈夫的耳朵有些背了，年龄不饶人。但看他们的年龄，其实也就七十上下，并不太大。听他们讲话，是在苏州、无锡、镇江转了一圈，从南京乘飞机回北京。

忽然，我发现他们的声音变得小了下来。这样小的声音，妻子听得见，丈夫却听不清楚了。但是，妻子依然压低了嗓音在说话，只不过嘴巴尽量贴在了丈夫的耳边。我隐隐约约听见的话，是“真像”！“太像了”！他们反复说了几遍，不尽的感叹都在里面了。

声音可以压低，像把皮球压进水底，目光却把心思泄露出来。顺着这对老夫妇的目光，我发现目光如鸟一样，双双都落在对面坐的那个女人的身上。

我才仔细地看了看这个女人，发现她的黑色短裙和天蓝色长袖体恤，还有脚上的一双白色运动鞋，很搭。还有她的清汤挂面的齐耳短发，也很搭。当然，和她清秀的身材更搭。很像一位运动员。刚才只看到她的短裙，其实，短裙并不适合所有的女人。在她的身上，短裙却画龙点睛，让一双长腿格外秀美。

很像，这个女人很像谁呢？心里便猜，大概是像这对老夫妇的女儿吧？天底下，能够遇到很相像的一对人的概率并不高。刚看完电视剧《酷爸俏妈》，都说里面的演员高露长得极像高圆圆。这个女人，一定让这对老夫妇想起了自己的什么亲人。否则，他们不会这样悄悄议论，声音很低，却有些动情。能够让人动情的，不是自己的亲人，又会是谁呢？

我看见，妻子忽然掩嘴“扑哧”一笑，丈夫跟着也笑了起来。我猜想，笑肯定和对面这个女人有关，只是并没有惊动这个女人，她依然翘着秀美的腿，在看手机，嘴角弯弯的也在笑，但她的笑和这对老夫妇无关，大概是手机上的微信或朋友圈有了什么好玩的段子或信息。

“要不你去跟她说一下？”“你去说吧，我一个老头子，怪不好意思的……”我听见老夫妇的对话，看着妻子站起身来，回过头冲着丈夫说了句：什么事都是让我冲锋在前头！便走到对面女人的身前，说了句：姑娘，打搅你一下！那女人放下手机，很礼貌地立刻站起来，问道：“阿姨，您有什么事吗？”“是这样的，你长得特别像我们的女儿。”说着，妻子打开自己的手机给这个女人看，大概是找到自己女儿的照片，这个女人禁不住叫了起来：实在是太像了！怎么能这样像呢！我忍不住看了一眼身边的这位丈夫，一直笑吟吟地望着这女人。

我们想和你一起照张相，不知道可以不可以？妻子客气地说。
“太可以了！待会儿我还得请您把您女儿的照片发我手机上呢!”

丈夫站了起来，走到这个女人的身边，妻子冲我说道：麻烦你帮我们照张相！说着，把手机递在我的手中。我没有看到手机上的照片，不知道他们的女儿和他们身边的这个女人到底有多像，但从他们的交谈中知道女儿十多年前去美国留学，毕业后留在美国工作，工作忙，孩子又刚读小学离不开人，已经有五年没有回家了。思念，让身边的这个女人像女儿的指数平添了分值。

照完了像，我把手机递给妻子的时候，听见丈夫对这个女人说了句：孩子，我能抱你一下吗？女人伸出双臂紧紧地拥抱住了他。我看见，他的眼角淌出了泪花。我没有想到的是，那一刻，这个女人也流出了眼泪。

2015 年 4 月 21 日写于南京归来

被雨打湿的“杜甫”

初三那一年的暑假，我们都是15岁的少年。那一年的暑假，雨下得格外勤。哪儿也去不了，只好窝在家里，望着窗外发呆，看着大雨如注，顺着房檐倾泻如瀑；或看着小雨淅沥，在院子的地上溅起像鱼嘴里吐出的细细的水泡。

那时候，我最盼望的就是雨赶紧停下来，我就可以出去找朋友玩。当然，这个朋友，指的是她。那时候，她住在我们大院斜对门的另一座大院里，走不了几步就到，但是，雨阻隔了我们。冒着大雨出现在一个不是自己的大院里，找一个女孩子，总是招人注目的。尤其是她那个大院，住的全是军人或干部人家，和住着平民人家的我们大院相比，有很大不同。在旁人看来，我和她，像是童话里说的公主与贫儿。

那时候，我真的不如她的胆子大。整个暑假，她常常跑到我们院子里找我。在我家窄小的桌前，一聊聊上半天，海阔天空，什么都聊。那时候，她喜欢物理，她梦想当一个科学家。我爱上文学，梦想当一个作家。我们聊得最多的，是物理和文学，是居里夫人，是契诃夫与冰心。显然，我的文学常会战胜她的物理。我常会对她讲起我刚刚读过的小说，朗读我新看的诗歌，看到她睁大眼睛望着我，专心地听我讲话的时候，我特别地自以为是，洋洋自得，常常会在这种时刻舒展一下腰身。

不知什么时候，屋子里光线变暗，父亲或母亲将灯点亮。黄昏到了，她才会离开我家。

雨下得由大变小的时候，我常常会产生一种幻想：她撑着一把雨伞，突然走进我们大院，走过那条长长的甬道，走到我家的窗前。那种幻觉，就像刚刚读过的戴望舒的《雨巷》，她就是那个紫丁香的姑娘。少年的心思，是多么的可笑，又是多么的美好。

下雨之前，她刚从我这里拿走一本长篇小说《晋阳秋》。现在，我已经完全忘记了这本书是谁写的，写的内容又是什么了。但是，我清楚记得，是《晋阳秋》。《晋阳秋》是那个雨季里出现的意外信使，是那个从少年到青春季里灵光一闪的象征物。

这场一连下了好几天的雨，终于停了。蜗牛和太阳一起出来，爬上我们大院的墙头。她却没有出现在我们大院里。我想，可能还要等一天吧，女孩子矜持。可是，等了两天，她还没有来。我想，可能还要再等几天吧，《晋阳秋》这本书挺厚的，她还没有看完。可是，又等了好几天，她还是没有来。

我有些着急了。倒不仅仅是《晋阳秋》是我借来的，该到了还人家的时候。而是，为什么这么多天过去了，她还没有出现在我们大院里？雨，早停了。

我很想找她，几次走到她家大院的大门前，又止住了脚步。浅薄的自尊心和虚荣心，比雨还要厉害地阻止了我的脚步。我生自己的气，也生她的气，甚至小心眼儿地觉得，我们的友谊可能到这里就结束了。

直到暑假快要结束的前一天的下午，她才出现在我的家里。那天，天又下起了雨，不大，如丝似缕，却很密，没有一点停的意思。她撑着一把伞，走到我家的门前。那时，我正坐在我家门前的马扎上，就着外面的光亮，往笔记本上抄诗，没有想到会是她，这么多天对她的埋怨，立刻一扫而空。我站起来，看见她的手里拿着那本《晋阳秋》，伸出手要拿过来那本书，她却没有给我。这让我有些奇怪。她不好意思地对我说：真对不起，我把书弄湿了，你还能还给人家吗？这几天，我本想买一本新书的，可是，我到了好几家新华书店，都没有买到这本书。

原来是这样，她一直不好意思来找我。是下雨天，她坐在家走廊前看这本书，不小心，书掉在地上，正好落在院子里的雨水里。书真的弄湿得挺狼狈的，书页湿了又干，都打了卷。

我拿过书，对她说：这你得受罚！

她望着我问：怎么个罚法？

我把手中的笔记本递给她，罚她帮我抄一首诗。

她笑了，坐在马扎上，问我抄什么诗？我回身递给她一本《杜甫诗选》，对她说就抄杜甫的，随便你选。她说了句：我可没有你的字写得好看，就开始在笔记本上抄诗。她抄的是《登高》。抄完了之后，她忙着起身站起来，笔记本掉在门外的地上，幸亏雨不大，只打湿了“无边落木萧萧下，不尽长江滚滚来”那句。她不好意思地对我说：你看我，在同一个地方摔倒了两次。

其实，我罚她抄诗，并不是一时的兴起。整个暑假，我都惦记着这个事，我很希望她在我的笔记本上抄下一首诗。那时候，我们没有通过信，我想留下她的字迹，留下一份纪念。那时候，小孩子的心思，就是这样的诡计多端。

读高中后，她住校，我和她开始通信，一直通到我们分别都去插队。字的留念，再不是诗的短短几行，而是如长长的流水，流过我们整个的青春岁月。只是，如今那些信都已经散失，一个字都没有保存下来。倒是这个笔记本幸运存活到了现在。那首《登高》被雨打湿的痕迹清晰还在，好像50多年的时间没有流逝，那个暑假的雨，依然扑打在我们的身上和杜甫的诗上。

2015年4月10日于北京

老电话号码

记忆中的那个夏天，是那样的明亮而炎热。那是 1959 年的夏天，我 11 岁，读小学五年级。暑假前最后一节体育课打篮球——刚刚上完，班主任徐老师站在操场边，叫着我的名字，招呼我过去。我跑了过去，看见他身边站着一个高高个子的男人，正笑眯眯地望着我。他不是我们学校的老师，我没有见过他。看样子，比我们徐老师还要年轻，不到 30 岁。

徐老师向我介绍他说：这是少体校的航模教练叶教练。叶教练到咱们学校选人，看中你了！他对我说：我看你一节体育课了，也听了徐老师对你的介绍，愿不愿意到少体校跟我学航模？

说老实话，那时候，我根本不知道航模是什么，我不怎么想学这个航模。但徐老师对我说：学航模不仅要求身体好，学习成绩也好才行，航模是体育，也是科技。然后，又补充一句，叶教练在咱们学校就选中你一个。这话说得我把到嘴边的话咽了下去。

放暑假的第二天上午，按照叶教练说的地址，我去龙潭湖边上的体育馆里找他报到，就要正式开始我少体校航模队的训练了。非常巧，少体校篮球队也在那里招生，这才是我喜欢的呀。鬼使神差般，我去那里报了名，教练让我投了两个篮，又让我跑了一个三步跨篮，居然收下我，当天就参加了训练。第一次在木地板的篮球场上打球的感觉，比我们学校的水泥地不知强哪儿去了，便早把叶教练忘到了脑袋后面。

可惜的是，一个暑假下来，我被篮球队淘汰，教练认为我的个子以后不会长高。我再也没有去过体育馆，近在咫尺的少年体育生涯，仓促又苍白地结束了。

记得那样的清晰，是 1963 年的寒假刚过。那一年，我读初三。一天清晨上学的路上，我路过花市大街，进了那里的锦芳小吃店，想买个炸糕当早点。为什么记得那么清楚，难道一定是炸糕，就不会是油饼吗？因为排队站在我前面的那个人买的也是炸糕。当然，如果是别人，我也不会记得那么清楚，他买好炸糕，回过头来，竟然望着我笑了笑。我开始没有认出他来，以为那笑只是出于礼貌。等我买好炸糕，准备出门的时候，看见他在门外等着我，对我说：不认识我了？我是叶教练呀！我才想起来，是叶教练，忽然非常羞愧。快四年的时间过去了，我的个子长高了一头多，他居然还能一眼认出我来。而我四年前辜负了他的好意。那一刻，我真的怕他问起我那一年为什么没有找他参加航模队？更怕他说我可是看见你参加了篮球队的哟！

他没有对我提及往事，只是问我现在在哪儿上中学？我告诉他我在汇文中学，他说：是好学校，我就知道你差不了！然后，问我：还想不想学航模了？我垂下头，没敢回答。他接着说：还是跟我学航模吧！我觉得你一定是一个很不错的航模运动员！说着，他从他的背包里掏出一支笔和一个本，在本上写了一个他的电话号码。他把那张纸从本子上撕下来，递给我说：这是我的电话，你如果想学了，可以随时给我打电话。

我们就这样在小吃店门口分手了。我走得很匆忙，现在想想，有些像逃跑的意思。因为我从心里不怎么喜欢航模，我想我不会给他打这个电话了。我走了几步，回头一看，他还站在小吃店门口向我挥手。我心里想，他要是个篮球教练多好啊！

算一算，52 年过去了。我再也没有见过叶教练。前些天，整理旧书和旧笔记本，从一个笔记本里竟然看到了这个老电话号码。纸已经发黄，那种只有那个年代才有的纯蓝墨水的笔迹，也已经变淡。面对这个老电话号码，我心里五味杂陈，我知道，过去的一幕早已经如童话一般谢幕，那种充满着善意甚至纯真，和对一个十几岁孩子由衷期待的情感与心地，也早已经变淡甚至变色。

明明知道，这些年来电话号码早已经数位升级，变化得面目皆非，但我还是在电话机上按下了这个老号码。话筒里传来的只是忙音。如果是 52 年前，话筒里传来的一定是叶教练的声音。那一刻，我的眼睛里满是泪花。

2015 年 3 月 10 日于北京

剪 纸

那天，我带孙子高高去美术馆看马蒂斯的剪纸。这个题名为“马蒂斯剪纸：‘爵士’”的展览，是马蒂斯的一组剪纸画，共有20幅。这是1942年时马蒂斯的作品，那时，马蒂斯73岁，信手拿起了剪刀和纸。剪刀在他的手中，鬼魂附体一般，灵动如仙；鲜艳的色块和诡异的线条，充满难得的童趣，让我看到了他绘画艺术的另一面。

我指着马蒂斯的剪纸，问高高：好看吗？他回答我说：挺好玩的！高高只有四岁半，他的这个回答，让我高兴，因为他没有顺着我的问话回答说好看，而是说好玩。剪纸，和正儿八经的油画不同，正在于好玩。油画，需要画笔、颜料、画布和画架，剪纸，只要一把剪刀和一张纸，就可以了。所以，剪纸，来自民间，而不像油画来自宫廷和学院。

我和高高说话的时候，高高的爸爸正在前面，俯身趴在马蒂斯的一张剪纸前观看，不知道他看出了什么，又会想起什么。那一刻，我想起了他小时候，和高高差不多大的年纪，有一天，我和他妈妈有事外出，把他丢给奶奶照看。小孩子，没有一盏省油的灯，他开始磨着奶奶，和他一起玩，玩他的积木、魔方、变形金刚和电动火车。那时候，奶奶已经七十多岁了，哪里会玩他的这些新式玩具，便总在玩的时候出差错，不是积木坍塌，就是火车出轨。他玩的兴趣锐减，开始磨着奶奶要找爸爸妈妈。奶奶没有办法，从针线笸箩里拿出一把剪刀，让他找张纸，说奶奶教你剪纸吧！

孙子眨巴着眼睛，望着奶奶，有些奇怪，但听说剪纸，还是来了情绪，飞快地跑走找纸去了。那时，我家里有很多杂志，花花绿绿的封面，正好成了剪纸的好材料。不一会儿，他抱来一摞杂志，递给奶奶说：你教我剪纸吧！

其实，奶奶哪里会什么剪纸！除了鞋样，她老人家一辈子也没有剪过一回纸，实在是被这个磨人精的小孙子磨得没招儿了。年轻时候，在农村生活，她看过村里人剪纸，是过年的时候剪出的窗花和吊钱，贴在窗户上，挂在房棂前，红红火火的，吉祥，又好看。那些窗花里有很多如喜鹊登梅等好看却又复杂的图案，那些吊钱里有元宝和福禄寿喜寿更复杂的图案，奶奶哪里会剪呀！奶奶是被赶上架，只好拿起剪刀，冲着杂志封面开剪了，完全是有枣一棒子，没枣一棒子，剪刀没有任何章法地随意游走。彩色的纸屑抖落在奶奶的衣襟上之后，剪出来的剪纸，虽然祖孙俩谁也认不出是什么花样，却都很开心。孙子说了句：真好玩，便从奶奶的手里拿过剪刀，冲着另一本杂志的封面下笊篱。他觉得原来剪纸这么简单，一点儿都不难。

我回家的时候，看见床上和地上都是彩色的纸屑，桌上铺满祖孙俩的杰作。他跑过来对我说：全是我和奶奶剪的，好看吗？我连说好看，那一幅幅剪纸，是比马蒂斯的剪纸还要抽象和野兽派，完全看不出来剪出来的是什么东西。但是，随意甚至肆意的线条，如水如风，在彩色的纸上游龙戏凤，留下了祖孙俩心情和想象的痕迹。这些剪纸，让我第一次真正意识到，包括剪纸和绘画在内的艺术，不见得都具象得让人看懂，关键是里面要有你的心情、想象和真挚的情感。

从此，很长一段时间，我家总会是一地彩色纸屑，如同开春后的五花草地。奶奶成为孙子的剪纸老师，祖孙俩让家里的那些杂志变废为宝。我从他们两个人的剪纸里各挑出一张，夹在我的笔记本里，成为一段美好的记忆。

一晃，三十多年过去了，儿子长到我当年的年龄，而孙子和他当年一样大了。生命的循环，是以日子的逝去为代价的。那天，从美术馆回到家中，我拿出剪刀，对高高说，去，看看你爸爸那里有没有废杂志，爷爷教你剪纸！高高眨动着眼睛，好奇地问我：你会剪纸？像马蒂斯一样的剪纸？我信心满满地对他说：对，比马蒂斯还要好看好玩的剪纸！

又是一地彩色的纸屑。

2015 年春节前夕于北京

十三个樟木箱

小王太太搬进我们大院，时间已经很晚。大约是 1960 年的秋天，那时我刚从小学考入中学，那天正在上课，没有见到小王太太搬进大院时的样子。据说很堂皇，来了一挂红鬃大马拉的马车，车上一色的樟木箱。有街坊仔细数了数，一共搬进屋里有十三个箱子。好家伙，这么珍贵的箱子，里面得装多少值钱的玩意儿呀！一连好几天，小王太太和她的十三个樟木箱，成了大院街坊们茶余饭后的话题。

小王太太住在我们大院前院一间倒座房。照她那十三个樟木箱合计，这么有钱的主儿，不应该住这样的房子。在老北京，倒座房一般都是南房，老话说：有钱不住东南房。更何况这样的倒座房，一般都是下人住的，要不就是存放东西的仓房或者做饭的厨房。不过，这间房子很大，小王太太挺满意。以后过了很久，我才知道，那时候小王太太急于搬家，冷手抓个热馒头，也就顾不上许多。

小王太太住进这间倒座房里，深居简出，平常很少出来。她请了一个岁数不大也就三十来岁的保姆，不在这儿住，只管买菜做饭，外带把屎尿端到公共厕所里倒掉。只是，小王太太用的不是北京人用的尿盆，而是南方人用的马桶，这就泄露了小王太太的身份。那个保姆很能干，也任劳任怨，我们大院里一些嘴损的街坊背后议论，说这保姆管小王太太上下两张嘴！这话对保姆不带褒贬的意思，相反多少有些同情。保姆见人就笑，低眉顺眼的，很有人缘，街坊爱和她说话，很多关于小王太太的事，都是在和保姆东一榔头西一棒子聊天时得知的。

我第一次见到小王太太，是她搬进来一年多以后的事情了。春天到了，她难得出来晒晒太阳。那天，她穿着件绛紫色的夹旗袍，虽然宽松，依然显得身材袅袅婷婷的。看样子，也就是四十多岁，算是徐娘半老，风韵犹存。她扫了我一眼，没搭理我，只是折下屋前一枝刚开的红山桃花，就转身回屋了。看到她这尊金佛的真容，想起街坊们私底下的议论，说她从小是个孤儿，以前一直给人家做丫鬟，因为人长得俊俏，每做一回丫鬟，最后都被主人收了做了偏房。主人都比她大好多，主人一死，大太太不容她，她便被扫地出门。这样的命运，轮回在她的身上，一晃便从十几岁到了四十多岁。看到她今天的这样子，哪一点能够透露出岁月与命运的痕迹呢？

这时候，全国正在闹饥荒。家家粮食不够吃，很多有钱人家的保姆都被辞退了，唯独小王太太的保姆还留着。这时候，小王太太织起毛衣来了，她这样一个一切事情靠保姆伺候的主儿，居然自己动手干活，而且，都是给别人织的毛衣，要挣这一点儿工钱，维持她自己的日子和给保姆的月钱。街坊们都不由得一面赞叹小王太太这个人挺仁义，一面又禁不住疑惑重重，小王太太那么有钱，至于自己去织毛衣赚钱吗？有街坊问过保姆，说小王太太不有那十三个樟木箱吗？从那里拿出几件宝贝卖给典当行不就齐了？保姆连说：那十三个樟木箱可是她的心尖儿，动不得的。

这才引出了小王太太以前的故事，原来她最后嫁的人，比她大整整 30 岁，新中国成立以后，政府不允许娶两个老婆，丈夫便带着她从南方来到北京，过了 11 年，是和小王太太过得时间最长的一位男人了，待她不错，算是过了十多年安心的日子。不过，再怎么不错，男人毕竟比她大 30 岁，一病不起的时候，知道自己来日无多，指着家里的十三个装满东西的樟木箱，对她说把这些箱子拿走过自己的日子，箱子里的东西都很值钱，能帮助你过下半生的。男人死后，小王太太想起以前每一次到这时候自己轮回的命运，不敢久留，赶紧搬走这十三个樟木箱，饥不择食找地方搬家。小王太太视这十三个樟木箱为命，是这个男人留给她的一份情。也是，这么多年，先给人家当丫鬟，再给人家当小，颠沛流离，总也跳不出这个命定的圈子。好不容易碰上一个好人，当然会让小王太太掏心掏肺。街坊们忍不住感叹小王太太这样重情重义的人实在难找。

连小王太太自己也没有料到，她的毛衣织出了名。这主要是她织的毛衣手工好，花样新鲜。。小王太太的花样，是年轻时候在香港当丫鬟时学的，多年不用，不想派上了用场。那时候，港货哪里见得到，当然新鲜了。口口相传的口碑，让当时王府井百货大楼都派人打听，亲自找上门来，请小王太太给他们织毛衣，据说卖得相当好。每次到百货大楼取毛线送毛衣，都是保姆的新活儿了。织毛衣，帮助小王太太和保姆度过了那几年的饥荒。按理说，应该是小王太太回黄转绿的时节了。谁想到，小王太太半夜起床解手时突然一个跟头栽下去，再也起不来了。

是第二天清早保姆来时才发现，赶紧招呼街坊送小王太太上医院。抢救是抢救过来了，但是，小王太太中风后半身不遂，说话都说不利索了。那些年，一直都是保姆伺候她。伺候病人是最熬人的，都说是久病床前无孝子，保姆这一伺候就是四五年。真是不容易，没有街坊不这么说。关键是这四五年的日子需要钱呀，小王太太无法织毛衣，断了进项，多次指着那十三个樟木箱，说着含混不清的话。别人听不明白，保姆是听得明白的，知道是让她打开箱子卖点儿里面的东西。日子总得过，不能总是用保姆的钱，保姆能有几个钱，有钱能给人家做保姆吗？街坊们也这样劝保姆，别自己一个人死扛，扛到哪天算一站？保姆却说：那些箱子，她自己从来都没打开过，我去打开，再去卖里面的东西？我怎么下得去手？她这一辈子够不容易的了，待我也不薄，能扛到什么时候算什么时候吧！

小王太太是 1972 年冬天去世的。那时候，我正在北大荒。听说一切后事都是保姆和她的丈夫帮助料理的。无论保姆一家还是小王太太，都是有情有义的人。至今说起来，街坊们还会这样感叹。

1974 年的春天，我从北大荒调回北京。我回到大院，小王太太曾经住过的那间倒座房人去屋空。见到老街坊，我好奇地打听那十三个樟木箱，街坊告诉我，小王太太临终前用颤颤巍巍的手写下一份遗嘱，将这十三个樟木箱送给保姆。我问后来打开箱子知道里面藏着什么宝贝吗？街坊对我撇撇嘴：什么宝贝，都是旧书，让保姆卖给收废品的，没卖几个钱。

我一直不相信这种说法。仅仅是旧书，犯不着装进樟木箱子里，是保姆不愿意说出箱子里面藏的真的东西，免得露富招人嫉恨。我想，如果真是旧书，应该是老版本，明版或清版的，也说不定呢。

2014 年岁末于北京

云南三章

大理看花

在植物中，我崇敬微小的，因此，一直以为草比树好看，花比草好看。到了云南，在昆明看花，比在北京好看；到大理看花，又比昆明好看。细琢磨一下，或许是有道理的。人靠衣服马靠鞍，花草虽小，却也是需要背景来衬托的，远离大自然，它们来到城市，不会像我们人一样挑挑拣拣，但是，城市的背景却会在有意无意间衬托出它们不同的风姿。说是一方水土养一方人，其实，也是一方水土养一方花。

老城昆明，除了翠湖一带，还能依稀看到老模样，其他地方如今已被拆得七零八落。大理，毕竟还保留着古城，而且，四围有苍山洱海的衬托，上下关之间有白族老村落相连，乡间和自然的气息挡不住，同样的花，在这里便呈现出不一样的内容。所谓石不可言，花能解语呢。

车还没进大理古城，头一眼便看到城墙外有一家叫作“小小别馆”的小餐馆，墙头攀满三角梅，开得正艳。三角梅，在云南看得多了，但这一处却印象不同。餐馆是旧民居改建而成，白族特有的白墙灰瓦的衬托，三角梅不是栽成整齐的树，或有意摆在那里的装饰，而是随意得很，像是这家的姑娘将长发随风一甩，便甩出了一道浓烈的紫色瀑布，风情得很。

和老北京一样，大理老城以前是把花草种在自家院子里的，除了三角梅，种得更多的是大叶榕和缅桂花，缅桂花就是广玉兰，白族民歌爱唱：“缅桂花开哟十里香……”大叶榕是白族院子里的风水树，左右各植一株，分开红白两色，被称之为夫妻花。如今，进了大理古城，中心大道复兴路两边的街树都是樱花，显然是最近后种的，与大理不搭，或者说是混搭。大理市花是杜鹃，沿街种杜鹃才对。当然，看大理杜鹃，要到苍山，看那种雪线上的高山杜鹃，红的、粉的、白的、黄的，五彩缤纷，铺铺展展，漫山遍野，让大理有了最能代表自己性格和性情的花的背景。这大概是别的古城都没有的壮观。

如今，去大理古城，摩肩接踵，人满为患。其实，离大理古城不远，还有一座古城，叫喜洲，也隶属大理，去的人不多，还保留着难得的属于上一个世纪的古老和清幽。喜洲古镇没有大理古城大，却是大理商业的发源地，可以说，是先有的喜洲古镇，后有的大理古城。古丝绸之路兴起时，云南马帮号称有四大帮，其中之一便是喜洲帮。他们便是自遥远的南亚乃至中东，从喜洲进入大理，将最早的资本主义种子带进大理。

所以，大理最有钱的人，不是在大理古城，而都是出自喜洲；

大理最气派而堂皇的白族院落，不是在大理古城，而都在喜洲。当然，大理最漂亮而风情万种的花，也应该是在这里。

喜洲古镇城北之外，有一座坐西朝东的院落。这是号称喜洲八大家之一杨家的老宅。喜洲还有四大家，是喜洲最有名最富有的人家，八大家略逊一筹，因此，它被挤在城外，想是当年喜洲城盖房之热，和我们现在一样，商业带动房地产开发，城里没有了地皮，便扩城而延伸到城外。即便如此，杨家大院也非同一般，四重院落，前两院住人，第三院是马厩，最后一院是花园。可惜的是，后花园早被毁掉，现在栽种的都是后来补种的花卉，笔管条直，如同课堂里的小学生，缺少了点儿生气。

后花园院墙上有开阔的露台，爬上去，前可以眺望洱海，后可以眺望苍山，视野一下子开阔。坐在露台上品普洱茶，忽然看见杨家院墙满满一面墙，开满着爆竹花。这种花朵硕大，像爆竹，被白族人称之为爆竹花。这种花呈明黄色，在所有花中，颜色格外跳，十分艳丽。满满一面墙的爆竹花，在夕照映衬下，像一列花车在嘹亮的铜管乐中开来，让整个院子都像燃烧了一样。这是我见到的最不遮掩最奔放的花墙了。

离开喜洲古镇前，在一家很普通的小院的院墙前，看到爬满墙头一丛丛淡紫色的小花。叶子很密，花很小，如米粒，呈四瓣，暮霭四垂，如果不仔细看，很容易忽略。我问当地的一位白族小姑娘这叫什么花？她想了半天说，我不知道怎么说，用我们白族话的语音，叫作“白竺”。这个“竺”字，是我写下的。她也不知道应该是哪个字更合适。不过，她告诉我，这种花虽小，却也是白族人院子里常常爱种的。白族人爱种的花，可是真不少。小姑娘，又告诉我，白族人的这个“白竺”，翻译成汉语，是“希望”的意思。这可真是一个吉祥的好花名。

翠湖诗韵

自20世纪80年代第一次来昆明，今年是第六次，眼见着昆明的变化，越来越大都市化，人和楼越来越多，却也越来越少有了点儿老昆明味儿。如今，硕果仅存的，大概就是翠湖一带，包括讲武馆、昆明大学和云南师大校园内老西南联大旧址，多少还能让人回忆起老昆明的样子。

车子沿着昆明大学校门和云南文联（那里原来是西南联大的教工宿舍）下坡不远，就看见一池碧水在阳光下闪闪发光，如明亮的眼睛一样，眨动着的睫毛，就是湖边风中轻摇的杨柳。再近些，清晰地看见了红嘴鸥飞翔，驮着透明的云霭霞影，衔着湿润的湖光山色。

翠湖到了。如果没有了翠湖，还能找到老昆明的影子吗？

诗人于坚为翠湖曾经写过这样的诗句：“大隐隐于市，旧公园。一盆老掉牙的古玩，居然在市中心逍遥法外。”他说得很对，因为他是老昆明。翠湖，作为街心公园，其特点就在于，一特别老，二位于市中心。这两点都很重要，如果它不在市中心，像滇池一样在城外，意思就不一样了。如果它不古老，不是老得当年和滇池连成一体，它的意义也就不一样了。一座古城，具有这样两个特点相结合的地方，这个地方便成为这座城市一个醒目的节点，连接历史和现实，疏通情感与思绪。可以就地徜徉，也可以寄情怀旧；可以集体到这里跳广场舞，也可以一个人借这里抒怀写诗。

因为这次来昆明住在翠湖宾馆，出门便是翠湖，翠湖一览无余，感觉翠湖和昆明别处一样，到处是人，天天都显得像过节一样热闹。即便到了晚上，翠湖依然弦歌四起，人声鼎沸；特别是环湖大道两侧鳞次栉比饭馆的灯红酒绿，让翠湖成为不夜之湖。翠湖，有些过于热闹了。拥挤的城市，把它挤压得像一只气球，膨胀得鼓鼓的，随时都有可能脱手腾空而飞，也随时都可能爆破似的。

起码我第一次来这里时不是这样。

猜想，当年陈寅恪来这里时，就更不一样。

扯起陈寅恪，是因为到翠湖，不能不想起他那首有名的诗《昆明翠湖书所见》："照影桥边驻小车，新妆依约想京华。短围貂褶称腰细，密卷螺云映额斜。赤县尘昏人换世，翠湖春好燕移家。昆明残劫灰飞尽，聊与胡僧话落花。"那是他 1939 年抗日战争时期写的一首重要的诗，这首诗的手迹，后来在《浦薛凤家族收藏师友书简》一书中曾经见。那上面还有一题跋："庾子山哀江南赋云，谈劫之飞灰，辨常星之夜落，今日必有南京明星流落昆明矣。一笑。"诗和题跋意思互现，清晰说明这首诗是战时的离乱弦歌。那时候，陈寅恪来西南联大教书，妻子和女儿在香港，托付给许地山照顾。而且，那时候，他的眼睛已经不好，视力急剧下降。正所谓国难家恨，离愁别绪，以及病魔的折磨，都在心间，便也都在诗间，其中"赤县尘昏人换世，翠湖春好燕移家"一联，最让人心动。

那时候，他家住青云街，离翠湖很近，便常到这里散步。和他一起到翠湖散步的，还有他的挚友吴宓。这一池碧水，多少可以慰藉离乱之人不平静的心。猜想，那时的翠湖绝对不会有今天这样的人多如蚁。即使战乱之际，如果不是空袭，在平常的日子里，翠湖也应该是适于散步的地方。一座城市，哪怕建设得再堂皇，再繁华，再国际大都市化，也应该留下一两处可以让人安静散步的地方。更何况，翠湖因有陈寅恪等这样的文化人留下的身影和诗篇，而让人们到这里散步时呼吸到历史的沉重和文化的悠长之气息。这个地方，便越发显得对于昆明人也同时对外来游人的重要，散步时会涌出多一份遐想和几丝诗思情意。

心里暗想，如果把陈寅恪的诗，把于坚的诗，把很多诗人写翠湖的诗，镌刻在翠湖边的石头上，翠湖会多一番色彩，成为一泓诗湖呢。

便忍不住把陈寅恪的诗重新找出，敬步原韵，也写了一首，不求石头镌刻，只求自己铭记翠湖和先生：

此地当年驻小车，而今碧池映秋华。
翠湖锦瑟红鱼出，黄叶佳人白雀斜。
江北梦消羞有国，云南路断耻余家。
战云七十五年过，风动满园金菊花。

陈寅恪当年有诗："黄鹂鲁连羞有国，白头摩诘尚余家。"记住先生和翠湖，就是记住那段历史，便会分外珍惜翠湖，力求让翠湖保持原韵。

重到腾冲

重到腾冲，心里还是有些隐隐的激动。到腾冲，主要为看国殇墓园。心里在问自己，如果没有它，腾冲，你还会来吗？真的，到一个地方，无论第一次到，还是重到，心里都有自己的一个目标，或者说，心里都有一个挂牵，就像惦记着一个你自己的亲人或友人，重到，便有一种阔别重逢的感觉。

我是八年前来过一次腾冲，也是秋天，远远地看到门楣上“国殇墓园”四个隶书大字，心里便禁不住发紧。秋风瑟瑟中，到这里似乎更合乎心情，满墓园的松柏簌簌之声，像小鼓击打着人的心房。这一次，秋风中，带有细雨，更是苍天契合的一种感情，如丝似缕地扑面而来。这一次，是从侧门进的，那里有卖菊花的，黄色，白色两种，为祭祀先烈。买了一支白菊花，攥在手中，好像攥着一支看不见人的手，总觉得花枝上有温度，也有雨的泪珠。

一眼就看到屹立在来凤山上远东军第20集团军抗日阵亡将士纪念塔，和塔下面的烈士陵园。心里便想起李根源老人，他是辛亥革命的老人、滇军抗战名将，如果没有他，也就没有了可以让我们面对历史并可以凭吊先烈的这座墓园。是李根源先生力主在旧有的火山上修建而成了这座墓园，大门上“国殇墓园”四个大字便是李老先生题写。真的是字如其人，那种遒劲中带有的苍凉，是心情的挥洒。这是最好的选择，冷却的火山的岩浆深处，成为烈士们的归宿，当初喷发的炽热岩浆，曾经是烈士们的一腔热血，烈士冢选择了好地方，火山是他们形象与心灵最好的写照，是他们死去的灵魂最好的外化和寄托。地热与心热，一起温暖到现在，让我们任何一个中国人到这里来，都会忍不住血流加速。熄灭了曾经冲天的火焰，储存在煤层一样，把每一寸悲壮的记忆铭刻在山里面，只要一星火苗，立刻能够把整座火山重新点燃。

上得山来，是忠烈祠，门额是于右任题写。祠堂前的山石上，“碧血千秋”四个苍劲大字。祠堂内的四壁墙上都满满地镶嵌着石碑，一共 76 块，石碑上雕刻着全部阵亡的 9168 位英烈的名字。那一年持续了 127 天全歼日军惨烈的腾冲保卫战中，有石碑刻录下名姓的每一位烈士洒下的鲜血。那每一个名字，便有了生命，可以呼之欲出，活生生地站在我的面前。

祠堂里布满花圈，除了我，没有一个人。由于阴雨，祠堂里光线黯淡，一切恍若梦中一般。但我可以细细地仰望着那每一位烈士的名字，想象着他们当时的样子，想象着如果活到今天他们的情景。每一位都是那样陌生，又是那样熟悉，那样地亲近。我忽然发现墙上有些石碑是凋残的，有些名字已经没有了，或者是残缺了。显然，这是出自人工的破坏。这很正常，在“文化大革命”中，这样的破坏，不仅腾冲一处。值得庆幸的是，毕竟忠烈祠和山顶上的纪念塔，连同烈士冢，被整体保护了下来。

出祠堂，攀山而上，四周布满一排排烈士的墓碑，一共 3346 块，每一块碑上刻着烈士的名字和军衔，简洁干净得如同一首荡气回肠的绝句。风霜剥蚀，墓碑残破斑驳，被苔藓浸透，字迹却依然那样清晰，刀凿斧刻，每一道笔画，都浸透着方刚的血气，都迸发出心底的呼声，都有一段碧血丹心的故事。一路拾级而上，一路的墓碑像行注目礼一样紧紧地跟随着你，铺铺排排，整齐的方阵，黑色的浪一样，由远到近，无声却极其有韵律地起伏着，蔓延在你的脚下，激荡在你的心里。看着碑上那些雕刻着中士下士上尉少校的字迹，像是一幕幕画卷轰然展开，像是这些中士下士上尉少校……还是按照当年作战的序列一样，整齐列队，手握刀枪，半跪着掩映在丛林草莽之中，在听候进攻的号角，随时都可以冲出来，腾空而越，一片呐喊，杀进血泊之中。你能够感觉到每一块墓碑上面都睁大一双血红的眼睛，在注视着你，在注视着前方。

蒙蒙的细雨中，萋萋芳草摇曳的山坡上，有一种湿漉漉的感觉，总觉得墓碑像是被水浸泡过一样，仿佛沉船刚刚被打捞上来，让你想蹲下来为它们擦拭。松风萧萧，吹得我的心头弥漫起哀婉却又深沉的乐声，像是一曲安魂曲，又像是一支肃穆悠长的哀歌，忍不住垂下头，强忍着没有落下泪来。在那场收复腾冲城的惊心动魄战斗中，全腾冲的人同仇敌忾，敲着各家的洗脸盆为他们助阵。激烈的巷战，刀光剑影，血流成河，我们付出了 9168 名将士的性命，将 6000 多敌人全部歼灭。面对日本侵略者，中国人视死如归的英雄血气，在腾冲得到最淋漓尽致的体现。尽管腾冲全城毁于战火之中，两万多间房屋成为一片焦土，所有的树木都被炸倒烧毁，腾冲人讲，树上每一片树叶上都有弹孔。腾冲却像是火中涅槃的凤凰一样，挺立在世人的面前。腾冲，配得上这样雄姿勃发的名字。

山道两侧的墓碑上，都已经有人插上了白色或黄色的菊花。我走了进去，走到里面几排，不知该把手中的菊花献给谁，因为每一个人都应该敬献。我来到一块墓碑前，上面刻着“上士王玉龙”。我不知道他来自哪里，他有多大年龄，又是在哪天在腾冲的哪个地方牺牲的，现在还有没有他的家人，又会是在哪里，会不会有一天到这里来寻找他。我只知道他的名字叫王玉龙，我相信他一定很年轻，我相信他一定很自豪。他睡在这里，而我只能俯下身来为他献上一支白菊花。

走出烈士陵园，参观完新建的滇缅抗战博物馆，我想起上次来时腾冲的朋友告诉我的一件事情：当年克复腾冲的战役打得正激烈，一位战地记者拿着好几卷胶卷，到腾冲当时唯一的一家照相馆冲洗，照相馆的老板冲洗完之后一看，全部都是战火纷飞的场面，有的就是人对着人，刺刀对着刺刀呀，他赶紧连夜又冲洗一套，整整 96 张照片，一直保存到新中国成立以后，到了“文化大革命”，就埋在他家的地底下。就这么着，把这 96 张照片保存了六十来年，要不现在展览中都找不到那么多珍贵的照片了。

这位照相馆的老板姓张。正义，是毁灭不掉的；英雄，是无法从人民心头抹去的。这就是世道人心，这就是正义，这就是英雄，这就是腾冲。

离开腾冲，心还在国殇墓园里。坐在飞回北京的飞机上，忍不住写下一首小诗，留给自己一份缅怀和纪念：

重到腾冲访旧游，壮魂又是欲相留。
云深难忆惊山岫，草密伤情哭石头。
铁血如潮真气概，野花似火叹风流。
国殇馆里悲风起，扑面萧萧雨落秋。

2014 年 11 月 22 日昆明归来

麦秸垛和豆秸垛

在北大荒插队的时候，我只留意过豆秸垛，没有怎么留意麦秸垛。那时候，队上每家的房前屋后最起码都要堆上一个豆秸垛，很少见有麦秸垛的。我们知青的食堂前面，左右要对称地堆上两个豆秸垛，高高的，高过房子，快赶上白杨树了。这些豆秸，要用整整一年，烧火做饭，烧炕取暖，都要靠它。

麦秸垛，一般都只是堆在马号牛号旁，喂牲畜用，不会用它烧火做饭，因为它没有豆秸经烧，往灶膛里塞满麦秸，一阵火苗过后，很快就烧干净了，只剩下一堆灰烬，徒有热情，没有耐力。

返城后很多年，看到了凡·高的速写，和莫奈的油画，有很多幅画画的是麦秸垛，一堆堆，圆乎乎，胖墩墩，蹲在收割后的麦田里，闪烁着金子般的光。才发现麦秸垛挺漂亮的，只不过当初忽略了它的存在。只顾着实用主义的烧火做饭烧炕取暖，不懂得它还可以入画，成为审美的浪漫主义的作品。

后来看到文学作品，称麦秸垛是矗立在大地上女人的乳房。这样的比喻，我从来没有想到过，尽管我在北大荒经历过好多年的麦收。但我不得不承认，这个比喻新鲜，充满乡土气息和人情味，让我忍不住想起当年在北大荒一望无际的麦田里，弯腰挥舞镰刀也抖动着大乳房的当地能干的妇女。

再后来，我看到聂绀弩的诗，他写的是北大荒的麦秸垛：“麦垛千堆又万堆，长城迤逦复迂回，散兵线上黄金满，金字塔边赤日辉。”他写得要昂扬多了，长城、黄金和金字塔的一连串的比喻，总觉得压在麦秸垛上会让麦秸垛力不胜任。不过，也确实惭愧，当年在北大荒收麦子时缺乏这样的想象力。

但是，对于豆秸垛，我多少还是有些想象的，那时看它圆圆的顶，结实的底座，阳光照射下，一个高个子又挺拔的女人似的，丰乳肥臀，那么给你提气。当然，比起麦秸垛的金碧辉煌，豆秸垛灰头灰脸的，像土拨鼠的皮毛。只有到了大雪覆盖的时候，我才会为它扬眉吐气，因为那时候，它像我儿时堆起的雪人。

用豆秸，是有讲究的，会用的，一般都是用三股叉从豆秸垛底下扒，扒下一层，上面的豆秸会自动地落下来，填补到下面来，绝对不会自己从上面塌下来。在这一点上，麦秸垛是无法与之相比的，如果是麦秸垛，早就像一摊稀泥一样，坍塌得一塌糊涂，因为麦秸太滑，又没有豆秸枝杈的相互勾连。所以，就是一冬一春快烧完了，豆秸垛都会保持着原来那圆圆的顶子，就像冰雕融化时候那样，即使有些悲壮，也有些悲壮的样子，一点一点地融化，最后将自己的形象湿润而温暖地融化在空气中。

因此，垛豆秸垛，和垛麦秸垛，是完全两回事。垛豆秸垛，在北大荒是一门本事，不亚于砌房子，一层一层的砖往上垒的劲头和意思，和一层一层豆秸往上垛，是一个样的，得要手艺。一般我们知青能够跟着车去收割完豆子的地里去拉豆秸回来，但垛豆秸垛这活儿，都得等老农来干。在我看来，会垛它的，会使用它的，都是富有艺术感的人。在质朴的艺术感方面，老农永远是我的老师。

不能怪我偏心眼儿，对豆秸垛充满感情。对于麦秸垛，我的心里有一道迈不过去的坎儿。尽管看过了凡·高和莫奈的画，看过小说和诗，对于麦秸垛，还是提不起足够的精神，用他们那种独有的审美眼光，重新审视麦秸垛之后，然后从容地迈过这个坎儿。

我怎么也忘不了，四十五年前，在北大荒的麦收时节，打夜班收麦子，一位北京女知青，因为一连几夜没睡觉，太困了，倒在麦地的一个麦秸垛里睡着了。那时候，联合收割机在麦地里收好麦子顺便就脱好谷，剩下的麦秸，就地垒成小小的麦秸垛，等天亮时马车来拉走，拉到马号牛号去，或者是麦收后一把火把它烧净。大概怕着凉，这个女知青顺手在自己的身上盖了一层麦秸。一片金灿灿的麦秸在月光下闪光，收割机开了过来准备拐弯去收割下一片麦田的时候，以为真的是一个小小的麦秸垛，便开了过去，从她的腰间无情地压了过去。

我常想起我们农场那位躺在麦秸里被收割机压伤腰的女知青。在那一群女知青中，她长得很出众，高高的身条儿，秀气的面庞，如今只要一想起麦秸垛，我的眼前就忍不住浮现出她青春时如花似玉的样子。

回北京这么多年，我只见过她一次，是个夏天的黄昏，她一个人扶着墙艰难地向胡同口的公共厕所走去。我很难忘记那个夕阳中拖长的她那蹒跚的身影，我不敢招呼她，我怕引起她伤怀的往事。

我的心真是万箭穿心，不知道她恨不恨那个麦秸垛，我恨透了麦秸垛。

我知道，这是我的偏颇，麦秸垛是无辜的，只不过有我的感情在里面而伤感。即使我无法以凡·高莫奈一样，赋予麦秸垛那样多的诗情画意，但坦率地讲，北大荒的麦秸垛和豆秸垛，都让我无法忘怀，是它们让我看到了生活中的美好与艰辛，看到了青春如风，流年似水，成为我抹不去的回忆背景。

2014年8月底于布卢明顿

搬家记

日子过得真快，一转眼，小铁去美国已经十年了。在这十年时间里，他搬了七次家。

他的第一个家是还没有去美国的时候，在北京网上预定的，说好一人一间房间，房租一人一半。室友是他北大的校友，虽然从未谋面，却应该算作他的师哥。师哥在麦迪逊机场接的他，帮助他把行李搬到家，是位于麦迪逊市区靠近体育场的旁边，离他就读的大学很近。到了那里的时候已经是半夜，他的住处却是客厅，并不是一个独立的房间，师哥自己住一个房间。到美国的第一夜，小铁失眠了，心里很不舒服，觉得有些受骗的感觉。在经济压力的面前，都是穷留学生，但已经顾不上什么校友，面子是赶不上“美子”实用的。

这件事，他一直没有对我讲。一直到那年我第一次去美国看他，他特意带我看这间房子，才对我说起往事。这是个坐落在小山坡上木制的二层小楼，在我们这里要被尊称独栋别墅。但是，这一带都是这样的房子，也都大多租给了在附近读书的大学生。小铁就住在了二层，正是黄昏，夕阳明亮地辉映在他曾经睡过的窗口。望着这扇窗口，我想起他来到这里第一次做饭，是煮面条，他往锅里放的水不多，却把整整一包面条都扔进锅里，怎么也无法煮熟。那天，他打电话给家里，问面条应该怎么煮？一个孩子，只有走出家门，离开父母，才会真正长大。总和父母在一起囚着，是不会长大的。

他告诉我住进这里没几天，他向室友提出，他愿意多付一些钱，从客厅里搬进了里面的房间。很快，他就搬进另一处住所。那该算做他第二次搬家。是学校的公寓。环境幽静，房子也宽敞了许多，每个学生有自己独立的房间，房间前是宽敞的草坪，可以在那里打球和烧烤，草坪紧靠着麦迪逊漂亮的湖。只是这里比他原来的住所远了许多，学校在湖的对岸。每天学校有班车运送他们往来。

那年看小铁的时候，我也来到这里看过，湖畔起伏的坡地上，星罗棋布地散落着二层小楼，掩映着枫树和橡树之间。环境和房间都无可挑剔，就是买东西不大方便，需要下山到几公里以外的超市去。那时，小铁没有车，只好搭一位韩国同学的一辆“现代”一起去超市，采购一次，对付好长时间的吃用。老麻烦同学，他心里有些过意不去。第一年春节回家探亲，他对我说起这事，想买一辆二手车。我问他需要多少钱？他说美国的二手车很便宜，一般的车，车况比较好的跑的年头不长的，五千美元左右，差一点的只有一两千美元。他返校后，我给他汇了五千美元，他买了一辆丰田佳美，是辆跑了三年的旧车，但车不错，一直开到了现在。

两年后，他开着这辆车从麦迪逊来到芝加哥。他考入了芝加哥大学读博，这是他第三次搬家。还是事先在网上预订的房子，不过，他多少有了经验，找的是学校管理的学生公寓。位于53街边的一个U字形的三层楼，三个大门，每个大门进去，每层楼里有各带厨房和卫生间的六个房间，每个房间有二三十平方米不等，分别住着六个学生。小铁在宜家买了一个床垫，下面放几块木板，权且住了下来。虽然木板咯得他浑身难受，却还可以忍受。他住在二楼临街的一个房间，街对面有一个小广场，是个商业中心。他的楼下是底商，是一家咖啡馆。每天有咖啡的香味飘进窗来，也有震耳欲聋的音乐闯进窗来，那都是黑人停靠在街边汽车里的音响里肆无忌惮的摇滚乐。黑人开车愿意敞开车窗，让摇滚乐尽情摇荡。小铁基本白天不在家，即使晚上也到学校里的图书馆。但是，有时半夜里也会奔驰过这样的车，依然有这样的音乐冲天回荡。这让爱好摇滚乐的他都有些受不了。他酝酿着再次搬家。

这次他找的还是学校的公寓，隔两条街的51街。因为53街有超市，是周围的小中心，所以比较热闹，51街没这么多店铺，相对清静一些。这是一处一室一厅的房子，连接客厅和卧室之间还有一条走廊，几乎比原来的房子大出将近一倍，每月房租却只多一百美元。关键是不临街。他可以独享一下清静了。最有意思是，他刚刚搬到这里来没几天，下楼看见一套八成新的三人沙发扔在街上，他捡了回来，正好放在客厅里，来个同学借宿可以暂时在那里栖身。

总算安定下来，他对我说，再也不搬家了，太累了，所有的家具都是那个韩国同学和他的女友一起帮助他搬的。最沉的是书，可学生哪能没有书的呢？一箱子一箱子的书，就这样搬来搬去，越搬越多，越搬越沉。搬家让他感受到生活沉重和孤独的一面，如果是北京，可以有那么多的亲人帮忙，在异国他乡，只有靠自己。他说他就像小时候看过的一部日本电影《狐狸的故事》里被老狐狸扔到野外的小狐狸，必须咬牙忍受并顶住面临的一切。

比孤独和沉重更厉害的是漂泊的感觉，总觉得在一次搬家中如同迁徙的鸟一样，没有自己落栖之枝。在这样漂泊不定的生活中，他的心情和心理常常会出现一些焦躁和焦虑的波动。我发现了这一点，我并没有意识到这是一个问题。

我说这是你必须付出的代价。比起你的前辈出国留学的人，你的条件好多了，如果和我年轻时在北大荒艰苦插队相比，就更是天壤之别。可是，这样的说教是难以说服并打动他的，比起他的前辈和我们这一代来，青春期成长的时代背景和心理背景，都是那样的不同，这个不同，主要体现他和他的同学是属于独生子女的特殊一代。

独生子女一代已经长大了，而且真正成为新的一代。他们再不是孩子那样充满天真和可爱，那样笔管条直地听话了。这样的一点事实，让我有些触目惊心，如何面对、沟通、帮助这样在我国千年历史中独一无二的一代中的孩子，让我有些准备不足，甚至有些力不从心。

我知道，作为国策，独生子女最早始于20世纪的70年代末。其中最大年龄者，恰恰是小铁这样大的孩子。他们很快到了而立之年，30年过去了，新的一代随日子一起长大，成为不可回避而必须正视的现实。独生子女一代，改变了我国的人口结构，由此也使得社会的构架、心理和性格以及流通的血脉同时产生了潜移默化的变动。更为重要的是，独生子女一代是和社会变革的新时代几乎同步伴生的，独生子女一代是和商业时代的到来一起成长的。他们和他们的父母一代成长的背景，是那么的不同，在社会和时代动荡、激烈碰撞的重要转折时刻，他们如种子播撒在了中国新翻耕的土壤中。命中注定，独生子女一代的成长，在得到得天独厚的优越的生活和教育条件的同时，其自身的心理也容易产生新的种种问题，是他们也是他们的父母乃至全社会无可预料的，缺少准备的，却又是必须面对的。

这样，就不仅需要作为家长的我们和孩子，也需要新的时代和全社会的调试、适应和引导，偏偏商业社会的到来使得原有的价值系统得以颠覆，他们的上一代正处于摸着石头过河的迷茫和探索之中，代与代之间的隔阂与矛盾便由此而越发隔膜和加深。由于上一代对独生子女的望子成龙期望值超重，也由于独生子女自身无根感的迷茫与失重，两代之间，都会出现种种或深或浅的矛盾冲突与分裂。面对独生子女所出现的整体一代的心理与性格问题，作为家长确实缺乏足够的研究与应对措施。所以，人们曾说这是“孩子的青春期遇上了父母的更年期”，是“老革命遇到了新问题”。应该说，代际矛盾是在每个时代普遍存在的，但面对中国社会崭新的独生子女一代，却是开天辟地的头一次，其矛盾的深刻而独特，可以说是世界独具。如何化解这种矛盾，解决两代人彼此的心理问题，沟通两代人之间的关系与情感，已经成为刻不容缓的课题。

几次在美国看望小铁的时候，我常常和他进行这样的交流，有时是争执。有时，我会反思自己，也许我并不真正理解孩子在异国他乡求学的苦处，他有奖学金，经济上并没有困难，但是更为重要的是离开家那么遥远的精神上的痛苦和心理上的苦闷，我无法设身处地地想象，也缺少足够的理解。作为家长，也许更多地为他出国留学并在一所不错的大学里读书而骄傲，而多出一些虚荣心。

五年之后，小铁开始第五次搬家。因为学习和工作关系，他要在普林斯顿住一段时间。事先，利用假期，他先从芝加哥飞到普林斯顿，在靠近普林斯顿大学的附近看了一圈房子，最后预定下一处，是一幢独栋的二层小楼，每层住有四户，每户一室一厅一卫。他选择的东南角，卧室窗户面南，客厅窗户面东，应该是最好的位置了，可以尽情享受阳光。还有一个宽敞的阳台，阳台前是开阔的草坪和雪松，再前面是一条清澈的小河。环境和居住的条件，比在芝加哥强多了。我对他说你要知足常乐！

寒假，他开车从芝加哥出发，向普林斯顿进行长途跋涉。等于从美国的中部向东海岸横穿半个美国。满车塞满了行李和书籍。而此时普林斯顿租的房间里还空空如也，什么东西也没有呢。临出发前打电话的时候，我问他连张床都没有，到了那儿睡什么地方？他说带了个充气的气垫床。这个充气床垫是他在美国旅行时常带的东西，说起它，我想起有一次他去纽约玩住在长岛同学家，带去了这个床垫，却忘了带充气口的塞子，没法子用。我嘱咐他别再忘了那个塞子。

到达匹兹堡，他住了两天，在那里参观了匹兹堡大学和美术馆。从匹兹堡到普林斯顿大约有 6 个小时的车程。早晨，离开匹兹堡前，他在网上查到普林斯顿正好有个人要卖一张床，便立刻联系好，到达普林斯顿先去看床。到达普林斯顿是黄昏，见到的是位在普林斯顿一家公司工作的一位非洲女子，公司要派她回非洲分公司工作，床很不错，当场买下，非洲人把她的所有餐具和灯具一起送给了小铁。睡觉的问题，那么容易就解决了。带来的充气床垫没有了用场。只是发愁这张大床可怎么运回家，一个瘦弱的非洲女子，手无缚鸡之力，显然帮不了他的忙。

非常巧，那天是当地的搬家日，很多人家都在卖东西，因为周围居住的大多是在附近公司工作的人员和大学生，都来自世界各地，流动性很大，卖各种家用品的很多，小铁很方便就从一个日本人那里买了一台电视机和DVD机，又从一个印度人那里买了一个真皮沙发和桌子。包括床在内这些所有东西一共花了一千多美元，居家过日子的日常用品，一天之内都制备齐全了。我对他说比在国内都便宜、还方便了。

下面他要想办法怎么把这些家伙搬回家。在镇中心吃晚饭的时候，顺便打听到这里有一家汽车租赁公司，专门可以租大型汽车，按所跑的公里收费。他找到这家租赁公司，只是这种没鼻子的大型汽车他从来没开过，愣是坐上去，看了看仪表盘，一咬牙豁出去了，便也把车开走，把这些家具都运回家。如果在家里，一切都需要家里帮忙，但是，在美国，现实生活磨炼了他，他必须面对。他知道，不会有人帮助他。

晚上运送家具的时候，普林斯顿下起了雨，说心里话，我挺担心的，毕竟他头一次开着那么个大家伙，路滑天黑的，生怕出什么意外。不过，这种担心起不到一点作用，相反只会增加他的负担，不如把担心变为鼓励，让他鼓足勇气去应对一切意想不到的困难。对于独生子女，家长容易事无巨细地担心，和事必躬亲地越俎代庖，有时不是爱孩子，相反容易让孩子弱不禁风，缺乏了生活和生存的能力。我很高兴小铁有能力独自去应对这一切，想象着雨刷在车窗前挥洒，车灯穿透雨雾，小铁开着笨重的大车行驶在普林斯顿的林荫道的时候，心里感到孩子真的长大了。

第二年的春天，我再次去美国看望小铁，有一天，他特意开车带我看当年搬家时租车的那家汽车租赁公司。它离普林斯顿的中心不远，门口停放着几辆大货车，不知哪辆曾经是小铁租过的车。

日子过得飞快，他在普林斯顿度过了整整五年的时光。在这五年中，他又搬过一次家，不过，不远，是一套两居室，有宽敞的客厅，还有一个阁楼。他住得宽敞多了，因为他已经新添了孩子。

我离开美国不久，今年刚入冬，小铁第七次搬家。他在印第安纳大学教书，全家要搬到布卢明顿大学城。这一次，联系好了搬家公司，定好了日期，把家里东西包括车，统统都交给了搬家公司负责，一切都比以前几次搬家简单了许多。谁想到，这时候，赶上了纽约和新泽西州遇到百年不遇的“桑迪”飓风，一下子遭遇停电，所有的店铺关门，搬家公司也联系不上。眼瞅着搬家的日子到了，眼前却是一抹黑，让人忧心忡忡。谁想到，就在搬家的日子的前一天，电来了，搬家公司联系上了，天也晴了。一切如约进行，有惊无险，和风暴擦肩而过。

如今，小铁在布卢明顿的新居已经住了两年。今年夏天，我来这里看他。新居比以前所有的住处都要宽敞明亮，房前屋后还有开阔的草坪。有意思的是，好像小铁并没有把这里当成自己最后的安营扎寨之地。那天，他请来工人帮他彻底修窗户查房顶，我问他干吗这样兴师动众？他说得修好，要不以后房子不好卖。刚刚两年，他就想着卖房子了。不过想想，也很正常，在美国，工作的流动性很大，搬家成为很多人的常事。流水不腐，生命就像水一样，在流动中流逝；人生就像水一样，在流动中成长。真的是所谓岁月如流，人生如流。

2014 年 8 月 5 日于布卢明顿

人生除以七

看罢英国导演迈克尔·艾普特的电视纪录片《56UP》之后，心里不大平静。这部纪录片，拍摄了伦敦来自精英、中产和底层不同阶层的14个人，自7岁开始，一直到56岁的生活之路。导演每隔七年拍摄一次，看他们的变化。七个七年之后，这些人56岁了，这么快就从童年进入了老年。150分钟的电视，演绎了人生大半，逝者如斯，真的让人感喟。

我不想谈论这部纪录片所要表达的主旨。让我感兴趣的是，它选择了将人生除以七的方式，来演绎并解读人生。为什么不是别的数字，比如五或六，而偏偏是七？不管有什么样对数字特别膜拜的深意或禅意，乃至宗教的意义，七，可以是一个很好的选择，让我也来一回这样的选择，将自己的人生已经走过的岁月除以七，看看有什么样的变化。

不从7岁而从5岁开始吧。因为，那一年，我的生身母亲去世，我人生的记忆也就是从那时开始。记忆中那一年，夏天，院子里的老槐树落满一地槐花如雪，我穿着一双新买的白力士鞋，算是为母亲穿孝。母亲长什么样子，一点印象也没有了，只记得姐姐带着我和两岁的弟弟一起到劝业场的照相馆照了一张全身合影，特意照上了白力士鞋，便独自一人到了内蒙古修铁路去了。那一年，姐姐 17 岁。

七年之后，我 12 岁，读小学五年级。第一次用节省下来的早点钱，买了我人生的第一本书，是本杂志《少年文艺》，一角七分钱。读到我人生读到的第一篇小说，是美国作家马尔兹写的《马戏团来到了镇上》。那是马戏团第一次来到那个偏僻的小镇。那两个来自农村的小兄弟，没有钱买入场券，帮助马戏团把道具座椅搬进场地，换来了两张入场券。坐在场地里，好不容易等到第一个节目小丑刚出场，小哥俩累得睡着了。这个故事给我的印象那样深刻，小说里的小哥俩，让我想起了我和我的弟弟，也让我迷上了文学。我开始偷偷地写我们小哥俩的故事。

19 岁那一年的春天，我高中毕业，报考中央戏剧学院，初复试都通过，录取通知书也提前到达了。“文化大革命”爆发了。大学之门被命运之手关闭，两年后，我去了北大荒，把那张夹在印有毛体中央戏剧学院红色大字的信封里的录取通知书撕掉了。

26 岁，我在北京郊区当一名中学老师。那时我已经回到北京一年。是因为父亲突然脑溢血去世，家中只剩下老母亲一人，才被困退回京的。熬过了近一年待业的时间，才得到教师这个职位的。和父亲一样，我也得了血压高，医生开了半天工作的假条。每天下午，我骑着自行车回家，写我的第一部长篇小说，取名叫《希望》。在那没有希望的年头，小说的名字恶作剧一样，有一丝隐喻的色彩。

33 岁，我“二进宫”进中央戏剧学院读二年级。那一年，我有了孩子，1 岁。孩子出生的那一年，我在南京为《雨花》杂志修改我的一篇报告文学，那将是我发表的第一篇报告文学。我从南京回到家的第二天，孩子呱呱坠地。

40 岁，不惑之年。有意思的是，那一年，上海《文汇月刊》杂志封面要刊登我的照片，电报要立刻找人拍照寄去。我下楼找同事借来一台专业照相机，带着儿子来到地坛公园，让儿子帮我照了照片，勉强寄去用了。那时，儿子 8 岁，小手还拿不稳相机。晃晃悠悠的。

47 岁，我调到了《小说选刊》。从大学毕业之后，我从大学老师到《新体育》杂志当记者，几经颠簸，终于来到中国作协这个向往已久的地方，以为是文学的殿堂。前辈作家艾芜和叶圣陶的孩子，却都劝我三思而行。

54 岁，新世纪到来。我自己却乏善可陈。两年之后，儿子去美国读书，先在威斯康星大学读硕士，后到芝加哥大学读博士，都有奖学金，是他的骄傲，也是我的虚荣。

61 岁，大年初二，突然的车祸，摔断脊椎，我躺在天坛医院整整半年。家人朋友和同事都说是大难不死，必有后福。我相信他们说的，我相信命运。福祸相依，我想起在叶圣陶先生家中曾经看过的先生隶书写的那副对联：得失塞翁马，襟怀孺子牛。

68 岁，正好是今年。此刻，我正在美国印第安纳大学旁边儿子的房子里小住，两个孙子已经前赴后继地出世，一个 2 岁半，一个就要 5 岁，生命的轮回，让我想起儿子的小时候，却怎么也想不起自己的小时候是不是也是这样子。

人生除以七，竟然这么快，就将人生一本大书翻了过去。《56UP》中有一个叫贾姬的女人说：尽管自己是一本不怎么好看的书，但是已经打开了，就得读下去，读着读着，也就读下去了。人生除以七，在生命的切割中，让人容易看到人生的速度，体味到时间的重量。流水带走光阴的故事，改变了一个人。漫漫人生路，能够有意识地除以七，听听自己、也听听光阴的脚步，看看自己，也看看历史的轨迹，是件有意思的事情。

2014年7月23日于布卢明顿雨中

水 袖

水袖是京戏里一大发明。没有水袖，旦角精彩的表演，发挥的余地，难有如今的天宽地阔。水袖让她们腾云驾雾，让她们行雨剪水，让她们如梦如仙，让她们魂飞魄散。即使我们听不懂得京戏里一句唱词，但只要有了水袖的尽情飘舞，也会看懂戏的一半，更会是一种艺术的享受。读白居易写的关于唐代歌伎演出的诗句“有风纵道能回雪，无水何由忽吐莲”，想写的应该就是那飘舞的水袖，其中的雪和莲都是白色的，在风中起舞，在水中摇曳，不是水袖最形象的代言吗。

如果说唱腔是京戏的一件有漂亮纹饰的外衣，是京戏的血肉和情感，水袖则是京戏的魂儿。

如果说脸谱是京戏的一种象征，以色彩和造型，让京戏的人物类型化、概括化和抽象化，水袖则是京戏的神来之笔，以有形的舞动和无形的韵律，让京戏更具想象性、艺术性和经典性。

很难想象，京戏可以缺少水袖。缺少了水袖的京戏，便是塌了架的房，是拉了秧的瓜，是没有了星光月色和清风花香的夜。清汤寡水，只剩下了唱腔，便是西洋的歌剧，永远难以追赶得上京戏的精彩。

京戏少不了水袖，相反，其他剧种里，如果增添了水袖，可以为其锦上添花，一下子焕发异彩。看任鸣新导演的话剧《风雪夜归人》，结尾处戏子莲生倒毙于大雪纷飞之中，天幕中莲生复活，一袭红衣，红衣袖带那长长的白色水袖翩翩起舞，真的令人遐思悠悠，增添了人们想象和舞台延展的空间。那尽情飘舞的水袖，借鉴京戏艺术手法的运用，点到为止，一点不造作，和人物与情景融为一体，留有无穷的余味，剧终而魂还在，曲终而人不散。

水袖，让从西洋舶来的话剧，有了一种属于中国的别样味道。真的很难想象，如果没有这样的水袖，这出老话剧该怎么收尾？怎样收尾，都赶不上水袖收尾的精彩而独到。精彩和独到，要归功于水袖。

京戏里，水袖最精彩的，要属程砚秋。水袖到了他那里，有了一种出神入化的新境界，有了一种别开生面的新天地，有了一种风生水起的表演新方式。可以说，他将水袖发挥到了一个极致。其实，程砚秋个头偏高，按理说不适合旦角。他扬长避短的手段之一，便是他的拿手好戏——水袖。在他的打磨下，水袖里有他自己的创新，有他自己的玩意儿。他便如身怀绝技的大侠，可以闯荡京戏江湖，有了安身立命之本。

无论在《春闺梦》里，还是在《锁麟囊》中，程砚秋那飘飘欲仙充满灵性的水袖，总会让人过目难忘。看《春闺梦》，新婚妻子经历了与丈夫的生离死别之后，那一段哀婉至极的身段梦魇般地摇曳，洁白如雪的水袖断魂似的曼舞，国画里的大写意一样，却将无可言说的悲凉心情诉说得那样淋漓尽致，荡人心魄，充满无限的想象空间。看《锁麟囊》，最后薛湘灵上楼看到了那阔别已久的锁麟囊那一长段的水袖表演，如此飘逸灵动，真的荡人心魄，构成了全戏表演的华彩乐章，让戏中的人物和情节，不仅只是叙事策略的一种书写，而成为艺术内在的因素和血肉，让内容和形式，让人物和演唱，互为表里，融为一体，升华为高峰。

前些年到台北，在市中心的捷运站前，看到台湾著名雕塑家杨英风先生的一尊雕塑，题名为《水袖》，不禁想起了程砚秋的水袖。当然，杨英风的《水袖》不是程砚秋的水袖，但要承认京戏里水袖最有特色最有代表性的是程砚秋。他的水袖翩翩起舞，风情万种，风中或月下的抖动，如仙如禅，变化万千，水一样恣肆，风一样蔓延，如无韵的诗，如流动的画。杨英风的这尊雕塑，肯定有程砚秋水袖的影子，尽管他已经将水袖雕塑得更为抽象化，但那岩石上的皱褶，依然属于水袖，尽管定格在坚硬的石头上，只要有一阵风吹来，它依然可以飞起舞起。

水袖和脸谱，几乎可以成为京剧简约的名片。其独特的魅力和价值，不仅囿于京剧，而蔓延开来成为中华民族历史悠久的传统艺术和想象的一种象征。

如果你没有看过京戏，你真的等于没看过中国的艺术；如果你没有看过水袖，你真的等于没看过京戏。

2014年3月29日于北京

大年夜

我家住的小区里，有家小理发店。15 年前，我刚住进这个小区，它就存在。这些年来，花开花落，世事如风，变迁很大，它依然偏于小区一隅，没有任何变化。别的理发店都重新装潢了门面，在门前还装上了闪闪发光的旋转灯箱什么的，连名字都改作美发厅了。它依然故我，很朴素，也很有底气地存在着，犹如一株小草，自有自己的风姿，并不理会花的鲜艳和树的参天。而且，别的理发店里伙计不知换了几茬儿，甚至老板都已经易人。它的伙计一直是那几个，老板始终是同一个人。什么事情，能够坚持 14 年恒定不变，都不容易，都会老树成精的。

想说的是去年大年三十的事情。虽然事情已经过去了快一年，但印象很深，每一次去小店理发，见到老板都忍不住想起这件事情，而且会和他谈起。他总会哈哈大笑，笑声震荡在小店里，让回忆充满暖意和快乐。

因为常去那里理发，我和这位老板很熟，其实，小区好多人图个方便，更图老板手艺不错，都常去小店。大家都知道每年春节前是他生意最好的时候，他会坚持到大年三十的晚上，一直送走最后一位客人，然后回江西老家过年。他买好了大年夜最后一班的火车票，他说虽然赶不上吃团圆饺子，但这一天车票好买，火车上很清静，睡一宿就到家了。

一般我不会挤在年三十晚上去理发，那时候，不是人多，就是他着急要打烊，赶火车回家。但那几天因为有事情耽搁了，我一直到了大年三十的晚上，才去他那里。时间毕竟晚了，进门一看，伙计们都下班回家了，客人也早已经不在，店里只剩下他一人，正弯腰要拔掉所有的电插头，关好水门和煤气的开关，准备关门走人了。见我进门，他抬起身子，热情地和我打过招呼，把拔掉的电插头重新插上，拿过围裙，习惯性地掸了掸理发椅，让我坐下。我有些抱歉地问他会不会耽误他乘火车的时间。他说没关系，你又不染不烫的，理你的头发不费多少时间的。

我知道，理我的头发确实很简单，就是剪一下，洗个头，再吹个风。不到半个小时，就完活儿了。但毕竟有些晚了，还是有些抱歉。迎来送往的客人多了，理发店的老板都是心理学家，一般都能够看出客人的心思。他看出我的心思，开玩笑对我说，怎么我也得送走最后一个客人，这是我们店的服务宗旨。

就在他刚给我围上围裙的时候，店门被推开了，进来一位女人，急急地问：还能做个头吗？我和老板都看了看她，三十多岁的样子，穿着件墨绿色的呢子大衣，挺时尚的。我心想，居然还有比我来得更晚的。老板对她说：行，你先坐，等会儿！那女人边脱大衣边说：我一路路过好多家理发店都关门了，看见你家还亮着灯，真是谢天谢地。

等她坐下来，我替老板隐隐地担忧了。因为老板问她的头发怎么做，她说不仅要剪短，要拉直，而且关键是还要焗油，这样一来，没有一个多小时，是完不了活儿的。等她说完这番话时，我看见老板刚刚拿起理发剪的手犹豫了一下。

显然，她也看出来了老板这一瞬间的表情，急忙解释，带有几分夸张，也带有几分求情的意思说：求您了，待会儿，我得跟我男朋友一起去见他妈，是我第一次到他家，而且还是去过年。虽说丑媳妇早晚得见公婆，但你看我这一头乱鸡窝似的头发，跟聊斋里的女鬼似的，别再吓着我婆婆！

老板和我都被她逗笑了。老板对她说：行啦，别因为你的头发过不好年，再把对对象给吹了。

她大笑道：您还是真说对了，我这么大年纪，也是属于“圣（剩）斗士”了，找这么个婆家不容易。

我知道，时间对于老板的紧张，赶紧向老板学习，愿意成人之美，便让出了座位，对老板说：你赶紧先给这位美女理吧，我不用见婆家，不急。她忙推辞说，那怎么好意思！我对她说，老板待会儿还得赶火车回家过年。她说，那就更不好意思了。但我抱定了英雄救美的念头，把她拉上了座位，然后准备转身告辞。老板一把拉住我说，没你说的那么急，赶得上火车的。正月不剃头，你今儿不理了，要等一个月呢！我只好重新坐下，对老板说：那你也先给她理吧，我等等，要是时间不够，就甭管我了。

那女人的感谢，开始从老板转移到我的身上。我想别给老板添乱了，人家还得赶火车回家过年呢，便想趁老板忙着的时候，侧身走人。谁知悄悄拿起外套刚走到门口，老板头也没回却一声把我喝住：别走啊！别忘了正月不剃头！看我又坐下了，他笑着说，您得让我多带一份钱回家过年。说得我和那女人都笑了起来。

老板麻利儿地做完她的头发，让她焕然一新。都说人是衣服马是鞍，其实人主要靠头发抬色呢，尤其是头发真的能够让女人焕然一新。但是，时间确实很紧张了，老板招呼我坐上理发椅时，我对他说，不行就算，火车可不等人。老板却胸有成竹地说，没问题，你比她简单多了，一支烟的工夫就得！

果然，一支烟的工夫，发理完了。我没有让他洗头和吹风，帮他拔掉电插头，关好水门和煤气的开关，拿好他的行李，一起匆匆走出店门的时候，看见那位女人正站在门前没几步远的一辆丰田的旁边，挥着手招呼着老板。我和老板走了过去，她对老板说：上车，我送你上火车站。看老板有些意外，她笑着说，走吧，车等着，候着您呢。老板不好意思地说，别耽误了你的事，她还是笑着说，这时候不堵车，一支烟的工夫就到。

丰田车欢快地跑走了。小区里，已经有人心急地燃放起了烟花，绽放在大年夜的夜空，就像突然炸开在我的头顶，挺惊艳的。

2014 年 2 月 5 日立春后一日写于北京

消失的年声

如今，年的声音，最大保留下来的是鞭炮。随着大都市雾霾天气的日益加重，人们呼吁过年减少鞭炮甚至取消，鞭炮之声，越发岌岌可危，以致最后消失，也不是不可能的事情。

其实，年的声音丰富得多，不止于鞭炮。只是岁月的流逝，时代的变迁，让年的声音无可奈何地消失了很多，以至于我们如老朋友一样遗忘了它们而不知不觉，甚至觉得理所当然或势在必然。

有这样两种年声的消失，最让我遗憾。

一是大年夜，在吃完年夜饭之后，在燃放鞭炮之前，老北京曾经有这样一项节目，即要把早早在节前买好的干秫秸秆或芝麻秆，放到院子里，呼叫着街坊四邻的孩子们，从各家跑出来，跑到干秫秸秆或芝麻秆上面，去尽情地踩。踩得杆子越碎越好，越碎越吉利；踩得声音越响越好，越响越吉利。这项节目，名曰“踩岁”，是要把过去一年的不如意和晦气都踩掉，不要把它们带进就要到来的新的一年里。这是孩子们最爱玩的，民俗中带有游戏的色彩。这样满院子吱吱作响欢快的“踩岁”的声音，是马上就要响起来的鞭炮声音的前奏。

这真的是我们祖辈一种既简便又聪明的发明，不用几个钱，不用高科技，和大地亲近，又带有浓郁的民俗风味。可惜，这样别致的“踩岁”的声音，如今已经成为绝响。随着四合院和城周边农田逐渐被高楼大厦所替代，秫秸秆或芝麻秆已经难找，即便找到了，没有了四合院，在高楼簇拥的小区里，缺少了一群小伙伴们的呼应，别看“踩岁”简单，却成为一种奢侈。

另一种声音，消失得也怪可惜的。大年初一，讲究接神拜年，以前，这一天，卖大小金鱼儿的，会挑担推车沿街串巷到处吆喝。在刚刚开春有些乍暖还寒的天气里，这种吆喝的声音显得清洌而清爽，充满唱歌一般的韵律，在老北京的胡同里，是和各家开门揖户拜年的声音此起彼伏的。一般听到这样的声音，大人小孩都会走出院子，有钱的人家，买一些珍贵的龙睛鱼，放进院子的大鱼缸里，讲究的是“天棚鱼缸石榴树”；没钱的人家，也会买一条两条小金鱼儿抱回家，养在粗瓷大碗里。统统都称之为“吉庆有余”，图的是和“踩岁”一样的吉利。

在老舍的话剧《龙须沟》里，即使在龙须沟那样贫穷的地方，也还是有这样卖小金鱼儿的声音回荡。那是北京和平解放初期，虽然经济不富裕，民俗的东西流失得还不多。如今，在农贸市场里，小金鱼儿还有的卖，但沿街吆喝卖小金鱼那唱歌一般一吟三叹的声音，只能在舞台上听到了。不过，那只是拟声和仿声。试想一下，即使那叫卖小金鱼的声音还能存活到今日，那些胡同今天在哪儿呢？即便那些胡同也还在，四周数量暴涨的小汽车的轰鸣声，也早就把那单薄的叫卖声淹没了。

年的声音，一花独放，只剩下鞭炮，多少变得有些单调。

过年，怎么可以没有年的味道和声音？仔细琢磨一下，如果说年的味道，无论是团圆饺子，还是年夜饭所散发的味道，更多来自过年的吃上面；年的声音，则更多体现在过年的玩的方面。再仔细琢磨一下，会体味得到，其实，通过过年这样一个形式，前者体现在农业时代人们对于物质的追求，后者体现人们对于精神的向往。年味儿，如果是现实主义的；年声，就是浪漫主义的。两者的结合，才是年真正的含义。不是吗?!

2014年春节前夕于北京

赛什腾的月亮

又到中秋节了，不知道柴达木赛什腾山上的月亮，今年和往年是不是一样的圆？

赛什腾山应该算是昆仑山的余脉，那时候，在青海石油局的冷湖四号老基地，从哪个井队的位置上都可以望到它。望着它，觉得很近，却是望山跑死马，跑到山脚下，至少要花上半天的时间。

那时候，是指 1968 年。这一年，北京的初三学生甘京生和一批北京的中学生来到冷湖，成为一名石油工人。那时候，他还不到 18 岁。就在那一年的中秋节，井队放假，他和几个同学约好，一上午就从四号老基地出发，往那座已经望了大半年的赛什腾山走去。那座每天都会映入眼帘的赛什腾山，在柴达木明亮得有些刺眼的阳光照射下，有时候会如海市蜃楼一般缥缈，让甘京生对它充满无数的想象。甘京生喜欢幻想，或许这是他从小时候就养成的习惯，他喜欢独自一人望着天空或树林或校园里的篮球架遐想联翩。大概和他喜欢读文学的书籍有关，那些书让他常常禁不住心旌摇荡，天马行空。

否则，他不会和同学约好向那座秃山走去。去之前，师傅就对他说过：那山上什么也没有，从来就没有人爬上去过，你去哪儿干啥？他还是执意去了，累了一身的大汗，走了整整一个上午，下午一点多的时候才走到山脚边，吃了点东西继续爬，下午四点多的时候，终于爬到了山顶。山上除了有些芨芨草和星星点点的黄色的野花，真的什么都没有，都是一些裸露的灰色石头，仿佛月球的表面，显得那样荒寂。

但是，甘京生很兴奋，他管这些小黄花叫作赛什腾花，就像老一辈石油人找到了石油把山下那一片井架林立的地方命名为冷湖一样。青春年少能够燃烧激情和幻想，让平凡琐碎的日子焕发出光彩。中秋节的天气在柴达木盆地已经冷了，天黑得也早了。爬上山没有多久，天色就渐渐暗了下来，秋风一吹，有些萧瑟沁凉如水的感觉，同学们都说赶紧下山吧，天再黑下来，下山的路就不好找了。他却坚持要等到月亮出来，好不容易来一趟赛什腾山，又赶上中秋节，没看到月亮怎么行？他对同学说。同学只好陪他一起看月亮。

那是甘京生第一次在赛什腾山看到月亮。那赛什腾的月亮，令他一生难忘。他能说出赛什腾的月亮和北京的月亮有什么不一样吗？他说不清楚，只觉得天远地阔，四周一片荒凉，月亮却和照在北京城里一样，那样浑圆明亮地照在这里没有一点生命气息的石头，和萋萋野草还有他刚刚命名的赛什腾花上。他觉得月亮真的非常伟大，对世界万物无论尊卑贵贱无论远近大小，都是一视同仁地那样平等。

这是第二年我在北京见到甘京生时，他对我说起中秋节爬赛什腾山看月亮时候讲的话。那一年夏天，他回北京探亲，专程来家看我，从青海回京的途中，他一路下车，不停游玩，在洛阳看过云冈石窟，他还在那里买了几本旧书，带回来送我。他的这一举动，让我刮目相看，好不容易有了天数规定好的探亲假，还不早早回家，谁舍得把时间浪费在路上，还惦记逛书店，买几本当时看来无用甚至被视为有害的书？他的浪漫之情，和当时正在搞阶级斗争的气氛是多么不协调。

那是我第一次见到他。他和我弟弟是同学，又同在冷湖为石油工人，他是受弟弟之托来看我的。那一天晚上，他住在我家，我们抵足未眠，秉烛夜谈，聊了很多，他说这番话时，像一个文艺青年。如今，文艺青年像一个贬词了，其实，真正成为一个文艺青年，并不容易，他必须具有文艺气质之外，更需要一颗怀抱对生活和对文学一样真正的赤子之心。这不是装出来的，而是一生的追求。

甘京生难得的，是他并不只是在他 18 岁那一年心血来潮爬了一次赛什腾山，看了一次中秋节赛什腾的月亮。从那一年开始，每年中秋节他都会爬一次赛什腾山，看一次赛什腾的月亮。20 世纪 80 年代，他调到冷湖石油局中学里当语文老师，兼班主任。他开始带着他班上的学生，每年中秋节爬赛什腾山，看赛什腾的月亮。那些生在柴达木长在柴达木从未出过柴达木的孩子们，从来没有特别注意过中秋节的月亮，更没有爬上赛什腾山看月亮的习惯。甘京生当了他们的老师之后，赛什腾的月亮，成为他们日记和作文中的内容，成为他们学生时代最美好而难忘的回忆。他让这些孩子们看到了虽旷远荒寂却属于柴达木自己独特的美。

甘京生离世已经二十多年了。他是因病去世的，他走得太早。如今，他教过的第一批由他带领爬赛什腾山看月亮的学生，已经四十多岁，他们的孩子到了读中学的年龄。不知道还会有哪一位老师带他们爬赛什腾山看中秋的月亮？

赛什腾的月亮！

2013年9月18日中秋节前夕写于印第安纳

飞机延误之后

那天，从广州回北京，下午三点半的飞机，一点钟多便赶到了机场。但是，在去往机场的路上，暴雨突然袭来，车子像在浪中飞奔。心里就有了准备，这么大的雨，飞机肯定准时起飞不了。没有想到，竟然延误到了半夜，才得到确切的消息，凌晨十二点一刻起飞。这让在机场苦苦等候的人们松了一口气，又无奈地叹了一口气。

这时候，坐在对面的一位中年妇女走到我的身边。因为整整一个下午和一个晚上，我们都在机场这个候机厅里苦熬，同是天涯沦落人，彼此比较熟悉了，我知道她是广东人，此次是带着女儿和母亲到北京旅游的，那一老一少就坐在对面的位子上打瞌睡。她知道我是北京人，是来问我，飞机到北京半夜了，打车的话，该怎么打？我知道，大半夜的，人生地不熟，她是怕打车挨宰。这时候，确实有黑车夜游神一般在机场趴活儿的，专门宰客，尤其是外地游客。便对她说首都机场有机场大巴，甭管多晚，都要等最后一班飞机下来的乘客，你可以坐大巴走。

她说她要到海淀培黎学校附近的一家快捷酒店，她听说了大巴只到中关村，想问我的是，如果打车是在机场打好一些，还是坐大巴到中关村下车再打好一些？也就是说，在哪里打车，挨宰的概率能够小一些？

这个问题还真的难住了我，要我说挨宰的概率一样多。黑车司机，挣的就是黑心钱，在哪里心都是一样的黑，不会像橘子易地而变为枳的。可望着她那对我信任的眼光，怎么对她说出口呢？想了想，说：还是坐大巴到中关村下车再打车好一些。那里离你要去的酒店近一些，即使多跟你要钱，也比在机场到你去的酒店会少，免得为付车费而闹得不愉快。你带着孩子，又带着老人，安全第一。

她点点头，同意我这个退而求其次的选择，走回了她的座位上，搂着女儿，开始打起盹，头像断了瓜秧的瓜一样垂了下来。我知道她是粤北赶到广州的，这一路就够辛苦的了，又赶上飞机延误，在机场吃没得吃，喝没得喝，待了这么久，已经是身心交瘁。

没过一会儿，我看见她突然激灵了一下，头抬了起来，又走过来，问我：你说我去的那个地方是不是很偏僻呀？我是在网上订的酒店，图的是便宜一些。如果偏僻，黑灯瞎火的，司机再拉着我们故意绕道，不是一样多花钱？她的这个问题，还真的难以预测。

而且，飞机到北京要夜里三点多了，你说这时候在中关村下了车，在中关村那地方会有出租车吗？她接着问我的这个问题，我还真的没有想到。这时候了，在首都机车怎么说还趴着黑车，在中关村有没有出租车，还真的是个问题，万一等半天也等不着一辆车，这一家三个女人可真的是叫天不灵呼地不应了。

仿佛她知道我回答不出这个问题，或者说，她在刚才打的那个盹里，已经把乘大巴到中关村这个选择否定了。她便不等我回答，接着问我：你说我就在机场打车，给司机二百元钱，再递给他这张纸，让他拉我们到这个地址，行不行？说着，她从衣袋里掏出写着酒店地址和电话的纸。

我摇了摇头，对她说，这么远的路，两百块钱，黑车恐怕不干。她叹了口气说：那他要是跟我漫天要价，我可怎么办呀？

一时，我们都没有了办法。望望窗外，雨早已经停了，灯光映得停机坪上的积水闪着迷离的光斑，好像是一个另外的世界。飞机场能够把延误了这么长时间的旅客送走就已经气喘吁吁了，怎么还顾得过来一个带着一老一少的女人半夜在北京下了飞机之后的问题呢？但是，这个问题应该由谁来管呢？管不了一个孤独无助的女人，也管不了黑车司机，一时，我和她的心都如夜色一样沉沉。

她又叹了口气，对我说：实在不行，只有在机场等到天亮了。我自己倒是没有什么，就是孩子和老人受罪了。看着她心里万般纠结地无奈回到自己的座位上，我也叹了口气。

快到登机的时候了。人们早耐不住性子，排起了长队，恨不得赶紧登机让飞机起飞。可是，等到十二点已经过了，长队排得更长，却没有一点登机的意思。机场的广播睡意蒙蒙地嗡嗡响了：飞往北京的旅客，我们抱歉地通知你们……飞机继续在延误。

等我们真正地登上这架飞往北京的 747，已经是又过了两个多小时之后。这样的一再延误，飞机达到北京是凌晨了，天都要亮了。想起这位女人，可以不必再为打车或在机场守候天亮的事纠结了。谁都不管或不解决的问题，时间帮助解决了。在通往飞机的甬道上，我看见了这位女人，她咧嘴苦瓜似的对我笑了笑。

2013 年 5 月 5 日广州归来

养老院踩点

聚会一拖再拖，本来想约在春节期间，谁知各家都忙，有的人家还添了第三代，更是忙得掰不开镊子，弄得人马总是锣齐鼓不齐。一直到前两天，才终于凑齐了多年未有的聚会。

都是当年的中学同学，插队时风云流散，转眼四十多年，好几位都是多年未见的老朋友。席间，听见几位女同学在商量着什么事情，仔细一听，才知道她们开春天暖和时要一起去昌平和顺义看看养老院的事情，如果条件不错，价钱合适，准备就先订下。

另几位听说，都凑过来，很惊讶地问：现在就去找养老院踩点，是不是早了点儿？起初，我和大家的想法一致，都才是六十岁刚过，离养老院的生活还远着呢。但是，我马上改变了自己的这个想法，因为我想起了另外的一个曾经在吉林插队的同学，忽然觉得也许并不早。

去年十月，他的妻子因颈椎病做的手术。其实，妻子的病早就有了，退休之后，被单位返聘，工作的辛苦，也加重了病情。而且，起初一直以为是腰椎的问题，怎么治都没有效果，一直就这么咬牙忍着，拖着，最后走路都发生了困难。现在终于找到病根，做了手术，走路一下子轻松多了，只是还需要戴着颈套，需要一段时间的康复。这位朋友对我讲：我忽然想起父亲当年病重时的情景，日子过得可真是快，转眼到了自己和父亲当年老的时候一样大的年龄了，想想父亲病重的期间，我家里八个孩子伺候，现在，咱们都只有一个孩子，以后可怎么办呀？

不得不承认我们都已经老了，尽管心理年龄还年轻幼稚。由于插队时干活不知轻重，这一代人已经始到了很多莫名其妙的病找到头上的时候了。大多数家庭只有一个孩子，却要伺候两个老人，如果结婚，还要伺候对方家里的老人。像我的这位吉林插队的朋友，现在还好，只是爱人一个人病了，而自己身体也还好，可以伺候爱人，用不着动用儿子，如果有一天，自己也病了呢？虽然孩子是个非常懂事的孩子，在妻子住院期间天天下班后做好饭跑到医院里看望他妈妈。但生活的现实就这样沉甸甸地摆在面前，做父母的和做孩子的，都该怎么面对？他都不敢想，那样的一天真的到来了，会是一种什么样的情景？

一代人有一代人的矛盾和苦楚，如果说老三届这一代经历了“文化大革命”和上山下乡运动，蹉跎了青春；那么，下一代所经历的青春岁月，即使再不会出现无论从物质到精神都那样贫瘠和动荡的情况，却将面对一对对垂垂老矣且体弱多病的父母，到了那时候，会比他们父母多了一层难以体会到的心理和精神的压力。

想到这里，便忍不住想曾经看过的获得奥斯卡奖的电影《一次别离》，那个儿子给年老多病而失禁的父亲擦洗的时候，忽然抱着父亲哭泣的情景，让我想起我们自己和我们的孩子，仿佛电影是我们未来的预演。青春，无论是哪一代人的青春，除了美好的一面外，都会有自己独特的痛苦。

生老病死，是任何人都必须经历的，这一代人的特殊性，不仅在于青春的经历与国家相关，而且和国家的独生子女政策命运与共，我们的孩子都是共和国的第一代独生子女，在面对这样人生必须经历的问题时候，无论对于我们还是孩子，都是第一次，都会是陌生的，艰难的，也会是痛苦的。这几位女同学的未雨绸缪，只不过是比一般人提前走了几步。她们对我说想找个合适的地方，以后她们能住在同一个养老院里，彼此有共同语言，让晚年最好的日子过得顺畅一些。此外，是不想给孩子添麻烦，免去他们的后顾之忧。

听完她们的话，我的心里不是滋味。并不是感慨我们这么快就到了要进养老院的时候了，而是觉得她们这样的心态，这样的举动，这样的心意，她们的孩子会懂吗？能理解吗？那是一代人历经了沧桑之后在身体变得逐渐萎缩后的一种多么复杂又委婉又夹杂着些许无奈的心绪。

2013年3月9日改毕于北京

年　灯

去年的大年夜，我家后面老爷子家的那盏年灯，在他家封闭阳台的落地窗前，照往年一样，又亮了起来。

老爷子是位老北京，讲究老理儿。过年的时候，家里如有亲人还没有赶回来，要点亮这样一盏年灯，等候亲人的归来。什么时候亲人回来了，这盏年灯才可以熄灭。如果亲人一直都没有回家过年，这盏年灯每晚都要点亮，一直要等到正月十五，也就是年完全过后，才可以将灯取下。

老爷子家这盏年灯，好几年过年的时候，都在点亮。从我家的后窗一眼就能望见，正对面老爷子家阳台窗前的这盏年灯，就这样一直亮到正月十五满街花灯绽放的时候。如今，满北京城，如老爷子这样坚持守候过年老理儿的人，不多见了。

每年过年期间，望着老爷子家这盏年灯，我都会想起自己年轻的时候，那时候母亲还在世，不管晚上我回家多晚，她老人家都会让家里的灯亮着。每次骑着自行车回家，四周房屋里的灯光都没有了，一片漆黑，老远，老远，一望见家里那盏橘黄色的灯光闪亮着，跳跃着，像跳跃着一颗小小的心脏，我的心里便会充满温暖，知道母亲还没有睡，还在等着我。母亲去世之后，我晚上回家，再也看不见那盏橘黄色的灯光了，好长一段时间都不适应，心里都会有些伤感。对于我，灯，就是家；灯下，就是母亲。无论你回来有多晚，无论你离家有多远，灯只要在家里亮着，母亲就在家里等着。

因为老爷子和我的儿子都在美国，一样读完博士，在美国成家、生子、工作，我们有很多共同的话题，比较熟，也比较说得来。我知道，前些年，老爷子和老伴还常常去美国，看他的儿子，帮助带带孙子。如今，孙子都上中学了，老爷子真的老了。他不止一次对我说：快八十了，十几个小时的飞机坐不了喽，前列腺不争气，总得上厕所。便盼望儿子能够带着媳妇和孙子回来过一回春节。盼了好几年，不是儿子和儿媳妇工作忙，就是孙子春节期间正上学请不了假，都没有能够回来。每年春节，老爷子家阳台的窗前，都亮起了年灯。

今年老爷子家的这盏年灯，变了花样。以往，都只是一盏普通的吊灯，半圆形乳白色的灯罩，垂挂着一支暖色的节能灯。有时候，为了增添一些过年的气氛，老爷子会在灯罩上蒙上一层红纸或红纱。今年，换成了一盏长方形的八角宫灯，下面垂着金黄色的穗子，木制，纱面，上面绘着彩画，因为距离有点儿远，看不清画的是什么，但五颜六色的，显得很漂亮，过年的色彩，一下子浓了。不知道老爷子是从哪儿淘了这么一个玩意儿。

老爷子家的这盏年灯，就这样又像往年一样，在大年夜里亮了一宿。烟花腾空，缤纷辉映在他家窗前的时候，暂时遮挡了年灯，但当烟花落下之后，年灯又明亮地亮了起来。让我觉得特别像是大海里的浪涛，一浪一浪翻滚过后，只有它像礁石一样立在那里不动。那岿然不动的样子，那执着旺盛的心气，颇有点儿像老爷子。

大年初一过去了，大年初二也过去了……老爷子的年灯，就这么一直亮着。在整个小区里，不知道还有没有什么人，会注意到有这样一盏年灯；在偌大的北京城，不知道还有没有什么人，能守着这么一份过年的老理儿，点亮这样一盏守候着亲人回家过年的年灯。

一天半夜里，我起夜，在厕所的后窗前瞥见那盏年灯，无月无星只有重重雾霾的夜色里，它比一颗星星还亮，亮得如同一个旷世久远的童话。心里不禁有些感慨，既为老爷子，也为老爷子的儿子，同时，也为自己。

大年初五的早晨，我起床后，从后窗望去，忽然发现，老爷子家阳台落地窗前的那盏年灯，没有了。这一天的天气难得格外晴朗，太阳斜照在他家阳台的落地窗上，明晃晃地反光，直刺我的眼睛，我以为眼花了，没有看清。定睛再细看，年灯真的没有了。

正有些奇怪，看见一个男人领着一个十几岁的男孩子，走进阳台，他们都穿着一身运动衣，两人做起了体操来。不用说，老爷子的儿子和孙子回家了。虽然，没有赶上年夜饭，毕竟赶上了今天晚上破五的饺子。离正月十五还有十天，年还没有过完呢。

又要过年了。想起老爷子的那盏年灯。

2013 年春节北京

风中的字

我家街对面是潘家园市场，年三十这一天，较往常的人满为患虽然清静了不少，但依然有市声喧嚣，就连便道上都有人摆摊，不过，卖的大都是过年的窗花、对联，也有一些自己书写的书法作品。到黄昏的时候，这些零星的小摊早都收拾好家什回家过年了。只有一个人在寒风中坚持着。

这是一个中年人，听口音是河北沧县人，沧县是我的老家，一听就能听得出来，便感到有些亲切。我在马路这边就看见了他，穿着一件枣红色的羽绒服，在便道隔离的栏杆前，他正在弯腰收拾地上摆着的东西。长长一溜儿的便道上，硕果仅存只剩下他一个人，显得格外醒目。在街这边看，他的身前是一座绿色的报刊零售亭，早已经挂上了门板，但绿色的亭子，和他身后白色的栏杆，街树的枯枝，市场灰色的外墙，颜色艳丽的广告牌，这些静物把他组合在一起，构成了一幅画。如果作为新年画，怪有意思的。

我过了马路，除了地上还摊着两幅书法，他已经收拾好其他东西，正准备要走。我匆匆瞥了一眼地上的两幅字，一幅隶书，一幅行草，尺幅都不小，没来及仔细看，只是客气地和他打过招呼，知道卖的都是自己写的书法作品。问了句今天卖的行情可好？他摇摇头说今儿不行，一幅没卖出去。又问这么晚了回沧县过年吗？他说在北京租有房子，全家今年都在这儿过年了。然后，彼此拜了个早年就分手了。寒风中，看见他的身影，显得有些孤独和凄清，怎么都感觉像是巴金《寒夜》里的人物。

办完事，我原路返回，天已经彻底黑了下来，路灯早亮了，倒悬的莲花一般，盛开在寂静的街道旁。路过报刊零售亭的时候，忽然看见门板上贴着两幅书法，在街灯的映照下，白纸黑字，非常打眼。看出来了，是刚才那个中年男人摊在地上的那两幅字，一幅隶书，一幅行草。仔细一看，隶书是四个横写的大字——龙马精神。行草是四句诗：箫鼓追随春社近，衣冠简朴古风存，从今若许闲乘月，莫笑农家腊酒浑。禁不住莞尔一笑，字虽然写得一般，但觉得有点儿意思。两幅字都和春节相关呢，一幅为马年祝福而写，一幅为春天到来而写。后一幅，是放翁诗的改写，改得风趣有神，有点儿功夫，并非等闲之辈。

这位老兄，一天没有卖出去一幅字，却索性把这两幅字留了下来，贴在报亭上，留给人观赏，也留于风的抚摸，和即将燃放的鞭炮的欢庆。这是他心情的宣泄，也是他拜年的特殊方式，是个不错的创意。既然清风朗月不用一文钱买，那么，白纸黑字也可以无须一文钱卖，和大自然交融，一起过年迎春，是一种别样的境界呢。到潘家园来卖字画的人，多如过江之鲫，如他这样有如此创意的人，我还真的没有见过。

只是担心，不知道这两幅字能否熬过大年夜，明天一早，人们出门到各家拜年的时候还能否看得到？走过马路，禁不住回头又望了望，寒风吹过，邮亭上的那两幅字在猎猎抖动。

2013 年春节北京

花荫凉儿

已经有二十多年没有见到高挥老师了，高老师一把握住我的手，拉我坐在她的身边。今年就是 80 岁的人了，腿脚利索，还显得那么有生气。高老师是我在汇文中学读书时的老师，那是 50 年前的事情了，想想，那时她 30 岁上下，长得漂亮，又会拉一手小提琴，还在学校的舞台上演出过话剧。好长一段时间里，我偷偷地喜欢多才多艺的她，觉得她长得特别像我的姐姐，连说话的声音都像。

后来听说，她是志愿军文工团的团员，从朝鲜战场上回来，部队动员她嫁给首长。她没有同意，只好复员，颠沛流离之后考学，毕业不久，到了我们学校，开始教地理，后来负责图书馆。

我就是在高老师负责图书馆时候，和她逐渐熟悉起来的。那是 1963 年的秋天，我读高一，因为初三的一篇作文在北京市获奖，校长对她说可以破例准许我进入图书馆自己选书。那一天的午饭时间，我刚要进食堂，看见高老师站在食堂旁的树下，向我招招手，我走过去，她对我说起了这件事，说你什么时候去图书馆都行。我的心里涌出一种说不出的感动，口拙，一时又说不出什么。她摆摆手对我说，快吃饭去吧。我走后忍不住回头，才发现高老师站在一片花荫凉儿里，阳光从树叶间筛下，跳跃在高老师的身上，闪动着好多颜色的花一样，是那么漂亮。

图书馆在学校五楼，由于学校有百年历史，藏书很多，有不少新中国成立以前的书籍，由于没有整理，都尘埋网封在最里面的一间大屋子里。高老师帮我打开屋门的锁，让我进去随便挑。那是我有生以来第一次叹为观止见到那么多的书，山一般堆满屋顶，散发着霉味和潮气，让人觉得远离尘世，与世隔绝，像是进入了深山宝窟。我沉浸在那书山里，常常忘记了时间，常常是高老师在我的身后微笑着打开了电灯，我才知道到了该下班的时候了。

久别重逢，逝去的日子，一下子迅速的回流到眼前。我对高老师说：您对我有恩，没有您，也许我不会走上写作的道路。高老师摆摆手说不能这么讲，然后对在座的其他几位老师说：我去过肖复兴家一次，看见地上垫两块砖，上面搭一块木板，他的书都放在那里，心里非常感动，回家就对我女儿说。后来，肖复兴到我家里看见有一个书架，其实是最简单不过的一个矮矮的书架，他对我说，以后有钱我一定买一个您这样的书架。这给我印象很深。

我忽然想起了这样一件事，为了我破例可以进图书馆挑书，高老师曾经和一个同学吵过一架，那个同学非也要进图书馆自己挑书，她不让，同学气哼哼指着我说为什么他就可以进去？为此，“文革”中她被贴了大字报，说是培养修正主义的苗子。我私下猜想，为什么高老师默默忍受了，大概她去我家的那一次，是一个感性而重要的原因。秉承着孔老夫子有教无类的理念，她一直同情我，帮助我。如今，这样的老师太少了；如今，不少老师是向学生索取，通过学生寻找那些有钱有权的家长，明目张胆地增添自己收入或关系网的份额。

我对高老师说，我从北大荒插队回来，第一个月领取了工资，先在前门大街的家具店买了一个您家那样的书架，22 元钱，那时我的工资才 42 元半。高老师对其他老师夸奖我说，爱书的孩子，到什么时候都爱书。

我又对高老师说："文革"中，虽然挨了批判，但图书馆的钥匙还在您的手里，有一次在校园的甬道上，您扬扬手里的钥匙，问我想看什么书，可以偷偷进图书馆帮我找。好长一段时间，我都是把想看的书目写在纸上交给您，您帮我把书找到，包在一张报纸里，放在学校传达室王大爷那里，我取后看完再包上报纸放回传达室。这样像地下工作者传递情报一样借书的日子，一直到我去北大荒。那是我看书看得最多的日子。《罗亭》《偷东西的喜鹊》《三家评注李长吉》……好几本书，都没有还您，让我带到北大荒去了。高老师说，没还就对了，还了也都烧了。在场的几位老师都沉默了下来。

我庆幸中学读书时遇见了高老师。虽然多年未见，但心里一直把她当作自己的一位大姐（她比我姐姐大一岁）。想起她，总会有一种格外亲近的感觉。一个人的一生，萍水相逢中能够碰到这样的人，即使不多，也足够点石成金。分手时，送高老师进了汽车，一直看着汽车跑远，才忽然想到，忘记告诉高老师了，那个从北大荒回来买的和您家一样的书架，一直没舍得丢掉，还跟着我。很多的记忆，都还紧紧地跟着我，就像影子一样，像校园里树叶洒下了花荫凉儿一样。

2013 年 1 月 8 日三稿于北京

动物园的约会

想想日子过得真快，整整 40 年过去了。那一年的春天，我在北大荒大兴农场场部中学里教书。杨老师是和我先后调到学校的，在这之前，我们分别在不同的生产队里干农活，彼此没有见过面。来学校后，他教数学，我教语文，也没有任何的来往，只是见面客气地打个招呼而已。那时候，他不到 40 岁的样子，但显得比实际年龄要大些，特别是早早谢了顶，更显得沧桑。

他参加过抗美援朝，当过志愿军的翻译。1958 年，他是和十万转业官兵一起从部队复员来到北大荒的，资格很老。但我始终不知道，他是由于什么原因被当成右派才下放到北大荒的，我和他关系熟了之后，从来没有问过他，他也从来不提自己走麦城的窝心事。

我记得很清楚，我们两人第一次的谈话，谈的时间并不很长，却谈得很投脾气。和我想象中有些郁闷封闭的性格不一样，他很开朗，还比较健谈。一天下班之后，办公室里其他的老师陆陆续续都走了，只留下了我们两个人，好像特意安排的一样，让我们有一次碰撞交流。杨老师的问话，像是一副药引子似的，引出了许多的话题。其中一个话题，就是问我：听说你挺喜欢文学的是吗？我说：是。在谈论了一通俄罗斯的文学之后，他又问起我关于北京的事情。我发现他比问我那些俄罗斯文学还要感兴趣。而且，我感到他有一些隐隐的激动，像是唤起了以往什么沉睡的记忆，要不就是触动了以往什么难忘的伤疤。他竭力掩藏着这种情绪，但是越想掩藏，越掩藏不住，更让我感到他情绪的波动。

我已经记不清他具体都问了一些关于北京的什么，大概都是一些这样的问题，比如前门大街的一条龙饭馆还在吗？煤市街里的致美斋还在吗？什刹海边上的烤肉季还在吗？鼓楼前的马凯餐厅还在吗？都是关于饭馆的，这一点我记忆很深，心里想，他是南方人，对北京的吃还挺在行，说得比我这个从小在北京长大的人都头头是道。或者是因为在北大荒吃得太艰苦了，特别是到了冬天，除了土豆白菜胡萝卜老三样，而且都是一些冻了的东西，没有别的可吃，他想去北京解解馋吧？

那时，我只是感到他隐隐的激动，不能够理解他内心深处这种激动的真实原因。那毕竟是他被打成右派后从生产队里走出来第一次关于这样话题的交谈，压抑了多少年的心情，随着回忆唤醒了许多青春的感觉。那绝对不仅仅是美好的回忆，还包括他青春境遇的苦涩伤感和青春梦想一去不返的无奈。更何况，自从来到北大荒之后，14 年了，他再也没有回到过北京一次。

那天，他还对我说过一句话，被我当时忽略了，他似乎不经意地告诉我：我原来在黄寺住过几年。在以后很久，我才知道我忽略了他在那里住过的几年，是他人生重要的几年，正是他青春年少的几年。黄寺那个地方，自从新中国成立以后，都是部队的大院。他住在那里的时候，正是他刚刚参军的时候，是他从朝鲜战场上刚刚回来的时候。他所说的那几年，正是分成这样前后两个阶段的，中间隔着一个朝鲜战争。战争结束了，他本来可以前途很美好通达的，他可以从黄寺这里出发走得更远更好的。谁想到了呢，他被打成了右派，一下子发配到了北大荒。北大荒可以是他痛苦命运的集散地，像是潘多拉的魔瓶，专门收进他的苦难，但黄寺不是，黄寺是他青春美好的盛宴，每一道菜肴都能够让他品味和回味。

我和杨老师熟了以后，才渐渐地了解了他，也就明白了那天他为什么问起我那样两个话题。那是他无意识的，也是他多年积淀下来的，那是他的一个疤，也是他的一个痛。以前我只笼统地知道他当过翻译，后来我知道了他曾经是俄文的翻译，也就明白了那天他对我谈起俄罗斯的文学为什么那样熟悉，那样一往情深。而所有关于北京的吃食，都是他青春的无可名状又无法言说的一种象征呀。

那一年寒假，我回家探亲，临走前，我见到杨老师，问他需要我帮他从北京带回点儿什么东西？他说：不用了，我也准备到北京看看。我非常高兴，我知道，自从那年从北京的黄寺走后，他再也没有回北京过。现在，政策落实了，心情和经济都好转了，才想起来回去看看。然后，他告诉我，他和老伴一起回南方老家过年，过完年回来在北京住几天。我说：那太好了，你可以看看黄寺，吃吃你想吃的东西了。他说：咱们在北京见吧。我说：好呀！他随口说道：那咱们就在大年初二在动物园门口见吧。我便也随口答道：好呀。

我以为他只是开玩笑，谁大过年的跑到动物园去约会的？大年初二，年还没有过完，这么多年，好容易才回一趟老家，他怎么可能就来北京呢？

谁想到，那年寒假结束，我回到学校，见到了他，他第一句话就问我：你怎么没有去动物园呀？

开始，我还以为他是在和我开玩笑呢，真是没有想到，大年初二，他自己一个人真的到动物园的门口等我，等了好久。看他说的那样认真，我知道他确实在大年初二那天去了动物园。我非常抱歉，却是无法弥补了。我只好很惭愧地对他说：以后你再到北京，我一定得补上这个过错。

但是，这么多年过去了，他再也没有来过北京。

由于这件事情，我很难忘记杨老师。1982 年，2004 年，我两次回北大荒，见到杨老师时，都曾经对他讲起了这件事情，一再向他解释：我当时真的以为你是开玩笑呢。他笑着说：我真的是去了动物园呀！他越是这样说，就越让我感到惭愧，对不住他。

前些日子，忽然听到了杨老师去世的消息，虽说生老病死是必须面对的，但心里还是非常难过。忍不住又想起了 40 年前动物园的约会。记得见面时或电话里，我一直想问问他：那年的大年初二，你为什么非要选择到动物园约会呢？如果你选择到别的地方，比如王府井、鼓楼、北海什么的，我都不会以为那是玩笑的。可是，话到唇边，又咽了下去。我想，也许并不是一时的心血来潮，确实有着什么他自己一点青春的秘密和记忆吧。心里暗想，如果那次我去了动物园，见到了他，他一定会对我讲起的。但是，我没有去，他以后也再没有讲，便也就错过了这样的机会。如果真的有什么秘密的话，就让秘密保留在他自己的心里吧，就让惭愧伴随着思念像蛇一样永远咬噬在我自己的心底吧。

2012年夏于北京

苍蝇馆子和洗脚泡菜

过去说起成都，都说是茶馆多，有江南十步杨柳，成都步步茶馆，和一街两个茶馆之说。但是，我查阅的资料告诉我，成都的茶馆虽多，但比起餐馆来说，是小巫见大巫。仅以 1935 年的资料为例，成都茶馆共有 599 家，而餐馆却有 2398 家，其比例是 1 比 4。也就是说，如果一条街上有一家茶馆的话，那么，这条街上就会有四家餐馆。根据傅崇矩的《成都通览》所载，清末成都有大小街巷 516 条，恰是这样子的格局。即使如今城市格局发生了巨大的变化，但是，餐馆还是遍布街巷这样一种景观没有变化。在成都街头，无论什么时候想吃饭，都比北京要方便很多，而且无论大小餐馆，味道要好很多，价钱也要便宜很多。可以想象，大街小巷，处处都会有餐馆在时刻等着你，会是一种什么样的情景？如此多的餐馆，自然会烘云托月般托出好的餐馆、好的吃食来的。

如今的成都，由于大餐馆将川菜改良，做得越发注重形象，花团锦簇般精致，连本是热烈的火锅都变得江南丝绣一般针脚细密温文尔雅起来，多少将成都本土的味道用精致的刀剪给剪裁下了许多。不少成都本土人更热衷的是到那些巷子深处闻香寻美味，一般这些地方，因为地方狭窄，卫生条件差，尤其是到了夏天，人没有围上桌，苍蝇已经嗡嗡地团团地围将上来，先睹为快。成都人称这样小餐馆叫苍蝇馆子，常常是成都人的至爱，别看藏在巷子里的陋蓬茅舍，却人满为患。据说，成都人曾经专门网上投票选出成都十大苍蝇馆子，居榜首的是在猛追湾的一家叫“三无餐馆”，之所以叫三无餐馆，是因为它根本没有名字，全靠着饭菜吸引回头客。听说它的凉拌白肉和肥汤牛排骨名气最大。前十名中，还有一家在北顺城街的苍蝇馆子，也是没有名字，因为紧靠着一个公共厕所，人们便叫它“厕所串串”，无疑卖得各种串串最为食客得意。

那天中午，正赶上饭点儿，朋友说请我吃饭，我说别到饭店，就找一家苍蝇馆子吧。他立刻打电话，说找一位苍蝇馆子的专家，这位专家可以说是成都苍蝇馆子的活地图，曾经在报纸上开过专栏。不一会儿，电话打通了，活地图问朋友你们现在在哪儿呢？朋友告诉他我们的地址，他立刻脱口而出：就去吃倒桑树街的黄姐兔丁。然后告诉怎么走，这个苍蝇馆子对面的标志性建筑，老远一眼即可望见。

倒桑树街，很好找，靠近锦江，离武侯祠不远。这是一条老街，街上的居民多以种桑养蚕为生。清末时，街中一株老桑树长疯了，恣肆倾斜弯曲，犹如倒长，人们便给这条街取名为倒桑树街。有活地图导航，黄姐兔丁的馆子一下子就找到了。这是一家二层小楼的苍蝇馆子，楼下楼上各能摆几张桌子，显得很拥挤。楼下已经客满，踩着木板楼梯上楼，感觉摇摇欲坠似的。拣了个临窗的座位坐下，朋友点了店家的招牌菜兔丁，又要了一盘拌折耳根，一盘清炒豌豆苗和一份水煮鱼。很快，一位大姐就把菜端上楼来，我问她可是店主黄姐，她摇头说是给黄姐打工的，然后对我说，这个店马上就要拆了，要吃赶紧来。

都说苍蝇馆子卫生差，这里倒是干干净净，桌椅黑乎乎的，菜却做得绿是汪汪的绿，白是雪雪的白，折耳根的红头红得娇艳，特别是那一锅水煮鱼，味道确实不错，并非北京一些川菜馆里只剩下了死辣死辣的辣味，而没有了香气撩人，就像唱歌的只会用嗓子吼，却没有了一点韵味和余音袅袅。一顿饭才花了几十元，可谓物美价廉，是我此次来成都吃得最可口的一顿饭。

成都人讲究吃，和南方人不同，不是那种精雕细刻或繁文缛节，将味道蕴藏在大家闺秀的云淡风轻或排场之中，而是更注重家长里短，注重平民气息注重大之外的小。我住锦江饭店，吃饭时，不管你点什么菜，在端上饭的同时，必要免费给你端上一小碟泡菜。不是那种腌制多日发酸且咸的泡菜，与韩国泡菜那种重口味也不同，而是像刚泡过不久，非常的鲜嫩滑脆。虽是几粒青笋丁、萝卜丁和胡萝卜丁，却搭配得姹紫嫣红。

那天，朋友来访，我问这种泡菜的做法，很想学学回家如法炮制。我知道，有人曾总结成都有十八怪，其中一怪便是“一日三餐吃泡菜”，想一定都会做这种泡菜的。果然，朋友立刻说：我们管这种泡菜叫作洗脚泡菜，意思说头天晚上睡觉前用洗脚的工夫就把它腌好了，第二天一清早就可以吃了，是最简单的一种泡菜，什么也不要，只放一点盐，点几滴香油就可以了。

我对朋友说，我对这种泡菜感兴趣，还在于它的名字。成都人给菜给菜馆起名字很有意思，往往愿意拣最俗的名字起，你看，管小饭馆叫苍蝇馆子，管泡菜叫洗脚泡菜，在北京，没有这么起名的。朋友笑着说，北京不是皇城吗？起名字当然得气派些了。我说，北京如今起名愿意起洋名字了，你看那楼盘不是叫枫丹白露了，餐馆都得往什么塞纳河上招呼了。我们都笑了起来。起名字，其实是民俗，更是一种文化情不自禁的流露。对自己的文化有自信，才会雅俗一体，大雅即大俗，不怕叫苍蝇馆子就来不了食客，叫洗脚泡菜就没有人吃。

想起前辈作家李劼人解读川菜时将其分为馆派、厨派和家常派三种，馆派即公馆菜，类似我们今天的私房菜或官府菜，食不厌精，脍不厌细，一般认为顶级；厨派即饭馆做出的菜，为第二等级。但李劼人说："馆派是基层，厨派是中层，家常派则其峭拔之巅也。"李劼人是最懂成都的人了，他道出了川菜的奥妙，也替我解开了洗脚泡菜和苍蝇馆子至今依然为成都人所爱之谜。那最最俗的，恰恰是在最最雅的巅峰之上一览众山小呢。

2012 年 5 月 24 日新泽西

明信片

有时想，为什么我国的明信片会比国外的品种要少，而且设计得单薄？我们愿意毕其功于一役，在春节期间发行大量的有奖贺岁明信片，但画面变化很少，几乎都是千篇一律。或许是在平日里，人们已经很少用明信片作为传递信息和心情的一种信件了。在我的印象中，好像只有孙犁先生愿意用明信片替代书简，言简意赅，朴素清淡，宁静而致远。但是，后期孙犁先生基本也不用明信片了。我现在非常后悔，当初先生在世的时候，为什么没有在通信中请教他为什么不再用明信片了。

明信片在我们这里的沦落，我不知道说明了什么，在我的心里却是很有些失落。或许在崇尚奢华之时，素朴典雅的明信片，就像素朴童贞的姑娘，必定会随着这个时代而长大而沦落风尘吧，便也一样无可奈何花落去而难得追寻了。

对于我，明信片却显得很重要，我对它一直情有独钟。如果有朋友出国问我需要帮我带点儿什么东西，我会说帮我寄一张当地的明信片吧。今年春节前夕，我的一个朋友去芬兰的赫尔辛基执教三个月，临行前，我也是这样对他说：帮我到赫尔辛基的西贝柳斯公园买一张印有西贝柳斯雕塑头像的明信片吧。如果是我出国到一个陌生的地方，我总要买一张当地的明信片寄回家。虽然现在电话和"伊妹儿"方便得很，我却总固执地觉得没有明信片可以长期保留着当时的信息和气息。即使和信件相比，明信片上面多出的画面，时过境迁之后看到它，一下子就能够想起当年的情景，一目了然而活色生香起来。特别是国外的明信片印制得非常漂亮，无论是当地的风光风情，还是当地的名胜名人，构图都比较别致，可以当成美术作品来欣赏。当然，更重要的是流年暗换之后，明信片能够唤回我许多回忆，清新如昨而不被尘埋网封。将那些明信片摆出长长的一串，雪泥鸿爪，像是回头看自己曾经走过的足迹。

在国外买明信片，一般比较容易，旅游点都会有卖的，琳琅满目，可劲儿地随你挑。寄明信片，有时就难点儿，因为人生地不熟，有时时间又紧迫，找邮局就显得捉襟见肘。于是，在匆忙之中找邮局，就成了我旅行中有意思的经历。

那年到土耳其和波兰去了一趟。在伊斯坦布尔住郊外，根本找不到邮局，到城里，不是去参观去购物就是去吃饭，完了事立刻上车走人，不容我有片刻时间去找邮局。那一天，到Carusel购物，那是伊斯坦布尔的一家很大的商厦，位于闹市，门前的街道不宽，但商店林立，人流如鲫。我想附近总该有邮局吧，匆匆在Carusel逛了一圈，便走了出来，在四周的大街小巷找了半天，也没有找到邮局，问了好几个人，也都是一问摇头三不知。这时候，同行的大多人已经逛完了商厦出来坐在车上，车子很快就要开了。我不甘心，临上车前又问了一位在街边上好像在等人的老头，听完我的问话，他也是摇头，我正要失望，他却紧接着用英语对我说：“请等等。”说罢，拔腿穿过车水马龙的街道。隔着一条街，我看见他一连问了好几个过往的行人，听不见他说话，只看见他的嘴和胡子以及手一起在动，中间不断有汽车遮挡住了我的视线，那情景就好像在看电影里的默片。我看见他似乎终于问到了，腿迈下马路牙子要往我这边走，我赶紧向他招手，跑了过去。果然，他问清了，邮局离这里并不远，只是藏在一条很窄的小巷里。他怕我找不到，一直送我到了那条小巷的巷口。

在华沙，从肖邦故居回来，直奔到文化宫看演出，演出要在晚上开始，时间很充裕。正好刚在肖邦故居买了几张明信片，便放心去找邮局。文化宫在元帅大街上，那里是华沙的市中心，想找一家邮局该不是难事吧，谁想一直找到了夜幕垂落华灯初放，也没有找到邮局，心想莫非华沙人都不寄信怎么着？天黑路又不熟，那时已经不知自己在哪里，方向都弄不大清了，不敢恋战，正想打道回府，看见一个学生模样的人夹着书走过来，想就再问最后一个人。他扬起年轻的脸听完我的问话，让我跟着他走，便跟着他穿街走巷一路迤逦而去。迷离的夜色和闪烁的灯光洒落在他的肩头，在我们的交谈中，我知道这位华沙大学历史系三年级的学生，对中国了解还真不少，不仅知道我们的孔子，还知道我们去年举办的肖邦音乐会。有了有趣的交谈，路显得短了，面前出现绿色的邮筒，他指指说到了，然后带我走进门，替我从一个机器前取下一张纸片，上面印着号码，他告诉我先在这里等候，等到柜台前的电子荧屏上出现我的号码再去寄我的明信片。

最有意思的是前年春天去法国，在南部阿维尼翁，因为那里是个中世纪的古城，又是世界有名的戏剧之城，所以街巷中商亭前的明信片格外五彩缤纷。乱花迷眼之后，挑了一张明信片，想问人邮局在哪儿，迎面来一位英俊的小伙，匆忙之中将 post office 说成了 police office，小伙子一愣，脸上现出惊愕的表情，我才知道自己说错了，他以为我要找警察局呢。我赶紧扬着手中的明信片告诉他是照邮局寄明信片。他带我走进一条商业街，走进一个不大的杂货铺，向店主人说了几句我听不懂的法语，店主人拿出一张邮票，我付完钱，在明信片上贴好邮票，小伙子和我一起走出店铺，指着旁边的一个邮筒，笑笑对我说了句那里就是 police office，然后和我告别。

我不知道如果有外国人来到中国也想找邮局寄明信片，在时间就是金钱的今天，我们能不能有耐心和诚心为他带路去找附近的一家邮局。但我会的，因为我曾经受惠于人，可以说，在国外的任何一个地方，只要我寻找邮局，都曾经有一个陌生人帮我带过路。

明信片带给我的回忆和回味，远远超过明信片自身。

知道我有积攒明信片的习惯，我的一个学生，大学毕业后到国外留学，然后定居，十多年了，到过许多国家，每到一个新的地方，不管多么匆忙，即使后来她已经是三个孩子的母亲，拖儿带女的，都不忘我给我寄一张当地的明信片。什么事情能够坚持十多年，都不那么简单，水滴石穿，就这样湿润着漫长的岁月和枯燥的日子。每次收到她的明信片，我都很感动。细心的她更不忘找当地几枚纪念邮票贴在明信片上，让明信片更加漂亮。那一年是凡·高逝世一百周年，她正好在荷兰一个叫作 Delft 的小城，特意买来荷兰新发行的纪念凡·高的一套邮票，全部贴在一张明信片上。我可以猜想得到在一个陌生的小城找邮局，一定和我曾经有过的经历一样，虽然有意思，但也不那么容易。

儿子到国外留学之后，自然也不会忘记给我寄来明信片，在短短的一年时间里，寄来了6张。他到达学校的时候，是半夜，第二天起床办的第一件事，就是寄来一张明信片，画面是一头肥壮的牛。一个月后，他又寄来第二张明信片，上面印着的草原上的猪。我和他的妈妈一个属猪一个属牛，他在明信片上写着：亲爱的爸爸妈妈：这几天我们这里的气温突然下降了，中午还好，早晨和晚上已经很冷了，很多人都感冒了。我倒还好，只是有点嗓子疼，再有就是很想你们。

感恩节放假时，他和美国同学驱车近一千公里，到同学家过节吃火鸡，感受美国人的生活。那是一个最早由斯堪的纳维亚移民建设的小城，他没有忘记在那里买一张当地的明信片寄来。那是一张别致的明信片，是用当地的木片做成的，上面印有当地斯堪的纳维亚历史博物馆的黑白图案。匆匆之中，他在旁边写着几个字：爸爸妈妈，我在诺迈特，北达科他州，感恩节。很想你们。

那年的暑假，他去了密尔沃基，那是一个靠着密西根湖的漂亮的城市，他从那里一下子寄来了两张明信片，一张是密尔沃基艺术博物馆现代派的建筑，一张是米罗的画，他在后一张明信片上面写着简单的两行话：这是米罗的画，挂在密西根湖的边上，想起过去我们在北京看的米罗画展。等你们来了，再一起去这里看吧。

最有意思的是，我自己给自己寄了一张明信片。是前年在纽约，孩子陪我和爱人一起去联合国总部参观，那一天正好赶上是

9.11，我买了一张印有联合国大厦前各国国旗飘扬的全景明信片，贴上张纪念联合国成立65周年的纪念邮票，在明信片上写了这样一句：今天正好是9.11纪念日，参观联合国大厦，祈祷世界和平。然后让全家人各自签上自己的名字。因为全家都出来了，家中无人，只好在明信片上我自己的名字收。那是给自己的纪念，也是给自己的祈愿。

明信片就这样在不知不觉中成为我和孩子乃至全家生活的一部分。在分离的时候，它不仅是到此一游的纪念，更是传递我们彼此思念和牵挂的感情方式。在一起的时候，它是我们共同留给岁月的纪念，刻在日子里的脚印，就像放翁的诗："灯下幸能读，梦中时与游。"特别是寄明信片时，都是在行色匆匆之中，明信片上空白的位置有限，有限的字落在方寸之间，地远天长之外，纸短情长，要的是工夫。

曾经读过法国诗人安·沃兹涅先斯基写过的一首诗，名字就叫《明信片》，诗很短，一共八行："从巴黎给你捎点什么？除了衣裳，及其他杂物，一张我们发黄的海报，还有思念你的一丝凄楚。这些礼品价值不高。我看中了白色的凯旋门，脑子里试量着你的身材，它像袒露背的连衣裙。"这是我看到的有关明信片最好的一首诗了，明信片带给诗人的想象，其实也是我们到达一个新地方特别是陌生国度时候，常常会触景生情而涌出的想象；而明信片带给诗人的感情，更是我们所赋予明信片的感情。即使我们不会写诗，那些明信片已经成为我们生活里别致而温馨的诗。

2012年2月改毕于北京

丝瓜的外遇

那天，到菜市场买了几条丝瓜，因为已经买了好多的菜，手里拿着满满的好几个兜子，给小贩交完钱，提着菜兜转身就走了。等到晚上做饭时候找丝瓜，才想起了放在菜摊上忘记拿了。

几条丝瓜，没几个钱，但第二天到菜市场去买菜时，忽然想到那个菜摊前问问，看看菜贩兴许好心地帮我收起了丝瓜，守株待兔等着我回去取。走到那个菜摊前一问，菜贩摇摇头，一脸无辜的茫然。我向他道了谢，转身走了，这事本来怨我而不怨他，不见得就一定是他将几条丝瓜“迷”了起来，也可能是别人顺手牵羊拿走了丝瓜。买菜的人来人往，菜经他的手各种各样，他哪里顾得过来这几条小小的丝瓜？

也是退休后无所事事，那一刻，脑子里忽然冒出这样一个念头，就在这个每天都喧嚣热闹的菜市场，做个小小的试验。便找了三家菜摊，各买了三条丝瓜，然后，交完钱，都放在了菜摊前那一堆有青有绿有红的蔬菜堆儿里，转身就走了。我想明天再去菜市场，看看这三家菜摊，会有哪家能够看到了我忘在菜摊上的丝瓜，替我保存，等着我回去取；或是，哪家都没有了丝瓜，只剩下了今天看到的那个菜贩的一脸无辜的茫然。小小的丝瓜，会是一张 PH 试纸，能够试探出人心薄厚和人情暖凉呢。

第二天，我去了这三家菜摊，两家，没有了丝瓜，只有茫然；一家的菜贩却没等我问话，就从菜摊下面提出了装着那三条丝瓜的塑料兜，笑吟吟地递给我。

应该说，试验的结果，还算不坏，2 比 1，毕竟没有让人完全失望，九条丝瓜没有全部不翼而飞，留下了三条，锚一样，还沉稳地留在了水底，揽住了小船没有被风浪吹走，不知所踪。

不过，有意思的是，这家替我保存住遗忘的丝瓜的菜贩，是我认识的，我常常到他那里买菜，特别是西红柿，我都会到他那里买，因为彼此熟了，他会连问都不用问我，直接从西红柿筐里替我挑最好的给我。有时候，差个几分钱几角钱，他也会抹去了零头，甚至忘记了带钱或者钱不够了，他会让我赊着，明天来买菜时再带给他。

我在想，如果不是我们已经很熟识了，他会为我保存下这三条丝瓜吗？

我又想，以前老北京，几乎每条胡同都会有一家菜摊或菜店，因为都是街里街坊的，无论卖菜的，还是买菜的，每天抬头不见低头见，彼此都熟悉得不能再熟悉了，别说是买了菜忘在菜摊或菜店里了，就是你把别的东西甚至钱包忘在那里了，一般回去都会找得到的，菜摊或菜店里的人都会替你保管好。这原因其实也很简单，因为在一条街上，大家都认识，彼此的信任和信誉，以及常年积累起来的感情，比贪一点儿小便宜要重要得多。所以，那时候，尽管物资匮乏，大家都不富裕，但很少会出现缺斤短两或假冒伪劣之类的欺诈。对比那时农耕时代的商业模式，如今琳琅满目的菜市场，发展了好多，也流失了好多东西。其中流失最多的，就是买卖之间的那种邻里之间的人情味。

我将自己这样的想法，对那位替我保存丝瓜的菜贩说了，他笑笑对我说：人情味，也不是说现在就没了，你们买菜的看得起我们，我们卖菜的自然就会高看你们一眼。这东西，就跟脚上的泡，走得日子多了，自然就长出来了。你说，那几条丝瓜能值几个钱?

他说得有道理，丝瓜不过只是人情味的一种外化，是彼此心情的一次外遇。

2011 年 11 月于北京

一个都不能少

王瑷东老师今年 81 岁，鹤发童颜，还敢骑着自行车，在北京城越发拥挤的大街小巷里游龙戏凤。

在我的印象中，王老师是我们汇文中学里最漂亮的女老师，即使穿着简单朴素的白衬衫，也显得风姿绰约。她教高三毕业班的语文。1966 年，我读高三。想想那时她还不到 36 岁，正是风华绝代的年龄。我永远不会忘记，1966 年所谓的“红八月”。那个炎热的夏天，在下午毒辣辣的太阳底下，王老师站在了学校操场的领操台上，几个红卫兵也是她的学生，让她躬身九十多度弯腰，接受批斗。领操台下是黑压压的人群，其中不少也是他的学生，其中包括我。我挤进人群，想对王老师轻轻地说几句话，但我挤到她的身边时，看见红卫兵手里的武装带和眼睛里的凶光，一下子卡了壳。这时候，红卫兵用武装带打了她一下，让她继续弯腰。那一瞬间，我看见她穿着半袖的白衬衫完全湿透，一副胸罩的带子从袖口里掉了出来，如同一条蚯蚓，显得格外突兀刺目。

那个镜头像定格一样，一直在我的眼前突兀着。当时，我赶紧扭转身，泥鳅钻沙一样挤出人群。很久的一段时间里，我都在想，一个不到36岁的漂亮女教师，受到这样的屈辱。当时，以及后来，她会是什么样心情？尤其是面对她的那些向她挥舞武装带的学生，包括我这样想安慰她又胆怯得那么不争气的学生？

1971年的冬天，我从北大荒探亲回京，到学校看老师，看见了王老师。她还是那样的漂亮，似乎以往的批斗和劳改都不曾在她的身上留下什么痕迹。她把我拉到一边悄悄地说到她家借我书看，说到什么时候都还要读书。我到东单的新开路她家，她借给我《约翰·克里斯多夫》《红楼梦》《人间词话》。特别是《约翰·克里斯多夫》，几乎成为我走上写作道路的启蒙书。

那个寒冷的冬天，因有了王老师的书，让我感到温暖。只是有一次我到她家还书，看见屋子里坐着好几个同学，其中有一个当年站在领操台上挥舞武装带批斗过她的红卫兵。我像是吞进一只苍蝇那样恶心，我实在不理解，为什么王老师对他和其他同学一样的谈笑风生。我甚至认为，王老师变得一锅糊涂没有了豆儿一样没有了立场。记得那一天，把书还给王老师，我就匆匆离开了。

这件事，和领操台上弯腰九十多度胸罩带掉了出来的情景，常常如同对比醒目的两个镜头，悬挂在我的记忆里。一直到今年的春天，我才明白了，这前后两个镜头是属于王老师人生的两个明喻，以德报怨，让她的心清澈透明，她一直以为面对的都是自己的学生，不能让学生背负本该属于历史的那么沉重的责任。她不止一次对我说：你们那时候才多大呀，还都是孩子。

今年，是我们汇文中学建校140周年的日子。从两年前开始，王老师就打算把原来高三 4 班的同学都汇聚齐整。这是王老师“文革”前教过的最后一届学生，由于和她一起经历了那场“文化大革命”，她和我们学生弥笃情深。

过了春节，王老师非常高兴，因为高三 4 班 45 名同学，她已经找到其中 44 名。这 44 名同学，有出息了的，有落魄的，有在外地的，有在国外的……在王老师的眼里，都没有了身份的焦虑，都是她的学生；依然是有教无类。说实在的，这 44 名同学，如今都和我一样早过了退休的年龄，王老师年过 80，还要跑远路，一部电话，一台电脑，一辆自行车，她要付出多少心血和代价。但是，她渴望这次全班同学的聚齐，就像当年她走进教室进行早点名一样，她不愿意看见一名同学缺席。

这最后一名没有找到的学生，叫刘泓，初中和我就是同学，他哥哥当年是中央乐团的小提琴手，他的小提琴在我们学校里拉得也很出名。1981 年，他是我们班最早出国的先行者，因为他的姑姑在美国，怀揣着梦想，骚动着盲目，他开始了洋插队，却一下子泥牛入海一般，和大家都没有了联系。王老师最大的愿望，就是找到她最后的一名学生刘泓。她以为在汇文中学建校 140 周年的日子里，这件事最有意义。她就像一个鸡婆婆一样，要把她所有的学生像鸡雏一样，都揽在她的翅膀下。对于校庆，每个人都有自己的庆祝方法，作为王老师，她认为这是最好的庆祝了，胜过什么隆重的大会或觥筹交错的晚宴。

五一节前夕，我和王老师一起到长安大戏院看京戏。说起王老师这一努力了两年的心愿，我笑着说王老师这符合传统老戏里的大团圆的结尾。王老师却兴奋地告诉我：刘泓终于找到了！前两天，他给我打来电话，我一耳朵就听出来了，还是30年前的他那憨厚的声音。

戏也没好好看，听王老师说，知道了刘泓在美国的经历不简单，至今独身，一直做维修工，64岁了还在干活。不过，他很乐观，有一个美国的女朋友，日子过得挺好。我问王老师：您多大的本事，是怎么找到刘泓的？王老师笑着说，该找的地方都去了，该问的人都问了，她说起在美国我的一个同学的名字，他的爱人的朋友知道刘泓，你说这不是踏破铁鞋无觅处吗，怎么那么巧？我说，这不是巧，是您心诚则灵。

如今，高三4班45名同学终于都聚齐了，可以让王老师点名了，45声嘹亮的回声：到！

那应该是王老师最幸福的时刻。

2011年5月12日于北京

上一碗米饭的时间

入冬后北京最冷的那天晚上，我在一家小饭馆里。家里的人都出了远门，没有饭辙儿，要不我是不会在这么冷的天跑出来到这里吃晚饭。正是饭点儿，小饭馆里顾客盈门，只剩下靠门口的一张桌子空着，虽然只要一开门，冷风就会乘机呼呼而入，别无选择，我只好坐在了那儿。

服务员是位模样儿俊俏的小个子姑娘，拿着个小本子，笑吟吟地站在我的面前，一口外地口音问我：您吃点儿什么？我要了三两茴香馅的饺子和一盆西红柿牛腩锅仔。很快，饺子和锅仔都上了来，热气腾腾的扑面撩人，呼啸寒风，便都挡在了窗外了。

埋头吃得热乎乎的，觉得忽然有一股冷风吹来，抬头一看，一位老头已经走到我的桌前，也是别无选择地坐了下来。在我的对面坐下来之后，大概看见我正在望着他，老头冲我笑了笑，那笑有些僵硬，不大自然。也许，是为自己一身油渍麻花的破棉袄感到有些羞涩，和这一饭馆衣着光鲜的男男女女不大协调。我看不出他有多大年纪，或许还没有我大，只是胡子拉碴的显得有些苍老。我猜想他可能是位农民工，或者刚刚来到北京找活儿的外乡人。

他坐在那里，半天也没见服务员过来，便没话找话地和我搭话，指指饺子，问我饺子怎么卖？我告诉他一两 3 块钱吧。他立刻应了声：这么贵！这时候，那个小个子姑娘拿着小本子走了过来，走到老头的身边，问道：你吃什么？老头望了望她，多少有点儿犹豫，最后说：我要一碗米饭。姑娘弯下头在小本子上记下来，又抬起头问：还要什么？老头说：就一碗米饭！姑娘有些奇怪：不再要点儿什么菜？老头这回毫不犹豫地说：一碗米饭就够了。然后补充句，要不麻烦你再给我倒碗开水！姑娘不耐烦了，一转身冲我眉毛一挑，撇了撇嘴，风摆柳枝般走了。

过了好长时间，也没见姑娘把一碗米饭上来，更不要说那一碗开水了。不少饭馆都会这样，不会把只要一碗米饭的顾客放在心上，更何况是一个衣衫褴褛的老头，在他们眼里几乎是乞丐一样呢。姑娘来回走了几次，大概早忘了这一碗米饭。

我悄悄望了一眼对面的老头，看得出来，老头有些心急，也有些尴尬，又不知道如何是好，如坐针毡。如果有钱，谁会只要一碗白米饭呢？但如果不是真的饿了，谁又会非得进来忍受白眼和冷漠而只要一碗白米饭呢？

我很想把盘子里的饺子让给老头先垫补一下，但把剩下小半盘的饺子给人家吃，总显得不那么礼貌，有些居高临下，就像电影《青春之歌》里的余永泽打发要饭的似的。那锅仔我还没有动，可以先让他喝几口，但一想饭还没吃，先让人家喝汤，恐怕也不合适，而且也容易被老头拒绝。

因此，当姑娘又向这边走来的时候，我远远地冲她招招手，她走了过来，老头看见了她，张着嘴动了动，一定是想问她：我那一碗米饭呢？但如今的小姑娘哪一个好惹？看人下菜碟，已是常态。为了避免尴尬，我先把话抢了过来，对她说：姑娘，你给我上碗米饭！话音刚落，怕她同样嫌弃我也只要一碗米饭，便又加了句：再来三两饺子。姑娘在小本子上记了下来，转身走了。我冲着她的背影喊了句：快点儿呀！她头没有回，扬扬手中的小本说道：行哩！

老头望了望姑娘走去的背影，又望了望我，什么话没有说，似乎是想看看，同样一碗米饭，到底谁的先上来。一下子，让我忽然感觉偌大的饭馆里，仿佛主角只剩下了老头、姑娘和我三个人，三个人彼此的心思颠簸着，纠结着，一时无语却有着不少的潜台词。

我望了望老头，也没有说话。我是想等这一碗米饭和三两饺子上来，一起给老头，谁家都有老人，谁都有老的时候，谁都有饿的时候，谁都有钱紧甚至是一分钱让尿憋死的时候。

老头垂下头，不再看我。我埋下头来，吃那小半盘的剩饺子，也不敢再望他，我不知道此刻他在想什么，但生怕我的目光总落在他的身上会让他觉得尴尬。这会儿，只能感慨生活现实的冷漠，比窗外的寒风还要厉害，人与人之间的隔膜，如今是越来越深了，并不是一碗米饭几两饺子就能够化解的。

很快，也就是那小半盘剩饺子快要吃完的工夫，只听姑娘一声喊，您的米饭和饺子来了，便把一碗米饭和三两热腾腾的饺子端在我的桌子上，同时也把老头的那一碗米饭放在了桌上。可是，抬头的时候，我和姑娘都发现，对面的老头已经不在了。

其实，只是上一碗米饭的时间。

2010年岁末写于北京

费城浪漫曲

费城市中心有座公园，颇有点像巴黎的卢森堡公园，特别是一方水池很像卢森堡公园里的美第奇喷泉。只是没有那么大，小巧袖珍，紧邻费城寸土寸金的商业街，能有这样一块闹中取静的公园，要归功于当初城市的规划者。

夏天的公园里，绿荫如盖，一下子凉快了许多。是个周末的黄昏，我走进公园的时候，发现人比往日多，今年夏季费城奇热无比，人们都到这里来乘凉了。沿着甬道走进去，一路看见好几位街头艺人，在演奏萨克斯和吉他，或自吟自唱，他们的身边放着一个小纸盒，或自己的帽子，供游人往里面放钱。这算是这座公园的一景吧。附近居住的人，逛商业街逛累的人，都愿意到这里来，顺便听听他们的卖唱，他们的技艺正经不错呢。

走到公园深处的这座水池前的时候，看见两个华人小伙子正在那里演奏小提琴，听不出是什么乐曲，但旋律如怨如诉，格外幽婉抒情，二重奏的效果非常好听，起伏的鸽子一样，在身边翩飞萦绕。忍不住坐在水池边倾听，才发现四周已经坐着不少人。好听的音乐总能如磁铁一样吸引人。

起初，我以为和刚才看到的卖艺者一样，也是两个街头艺人，但我很快否认了自己的这个猜测。两人小伙子都穿着笔挺的西装，白衬衫配黑裤子、黑皮鞋，非常正规的演出服，根本不像刚才看见的卖艺者穿戴随便，有的简直就像嬉皮士。而且，他们的身边也没有纸盒或帽子，如果是卖艺者，人们往哪里给他们放钱呢？

那么，他们为什么要到这里演奏？便猜想或许是音乐学院的学生，利用周末的时间到这里来练练手，为将来的成功先奏响一支序曲？

就在这时候，忽然看见一男一女两个白人走到演奏者前面小小的空场里。小提琴声如此缠绵悱恻，谁都想跳进乐曲旋律的漩涡里，就像这样炎热的天气里跳进身后的水池中清凉一番，所有的观赏者没有任何反应，仍然关注于小提琴。我仔细打量了他们一下，两人都很年轻，男的长相英俊，女的身材秀丽，只是和两个演奏者相比，他们的穿戴实在太随意了，男的穿着短裤和人字凉鞋，女的穿着豆青色抹胸连衣裙，他们每人的手里还各牵着一条小狗。心里想，一定和我一样，也是来逛公园的，听到这样迷人的音乐，忍不住跳进去。

小提琴声还在轻柔地飘荡着，仿佛因为有人走到他们面前捧场而拉得格外来情绪，声音显得越发柔肠绕指，拉得人心里都跟着一起绵软得要融化了。只看那一对男女手牵着手，来回转着圈，轻轻随着乐曲舞动了起来。由于节奏很舒缓，他们的步子移动得如同踩在云朵里一样，轻柔得几乎看不出来。然后，女的把自己的牵狗绳交给了男的，本来一边一只的小狗，聚拢在一块，和他们的主人一样欢快地亲热起来。女的则腾出了两只手，伸了出来，奥菲丽娅的花环一样，轻轻地环绕在男的脖子上，一双天蓝色的眼睛，那么近地望着男的。

人群里有人叫了一声：吻一个！

男的很矜持，微微地笑了，弯下了头，吻了一下女的。人群里响起了掌声。女的忍不住紧紧拥抱着男的，头靠在他肩上，一头金色的长发如金色的瀑布一样流泻下肩头。

如果是一般人，这时候是恰到好处的高潮，有音乐，有掌声，有热辣辣的夕阳，该退场了。谁想到他们两个人却有些恋恋不舍，就像两只戏水的鸳鸯，舍不得离开这样清澈的水池。当女的从男的肩头上起来，男的扶着她纤纤细腰，轻轻地兜了一圈，长摆的连衣裙兜起一个漂亮的弧。然后，他们紧紧地拥抱，又密密地接吻。掌声再一次响起。那一刻，我以为周围的观众在起哄，我甚至以为是不是在拍摄电影。但我看了一下，人们很真诚地望着他们，不像我们这里爱起哄架秧子，树丛中也没有摄影或摄像机。而两位小提琴手似乎没有受到任何干扰，一如既往地拉着小提琴，琴声没有中断，如同两泓长长的泉水潺潺流淌。

这一对男女如此往复了好多次旋转拥抱和接吻之后，男的把自己手指上的一枚铂金戒指戴在女的手指上时候，最后一次掌声响起来。我和在场的所有人此刻都明白了，一切是他们的安排，地点是他们选定的，琴手是他们请来的，效果是他们设想的，只有夕阳和我们是不请自来的，他们把自己的求婚仪式别出心裁地放在了这里，放在了小提琴幽幽的旋律里，一定让他们自己感动了。我都有些感动，对比我们这里豪华宴席、高档名车，乃至九百九十九朵玫瑰式的奢靡却千篇一律的示爱求婚或结婚的仪式，他们的朴素和新颖，需要智慧，更需要对爱的理解。

我看到，他们手挽着向两位小提琴手走去，琴手收弓了，他们笑着向琴手握手致谢。夕阳的余晖，正打在他们的脸上，还有那枚戒指和两把小提琴上，跳跃着金子般的光亮。

2010 年 7 月 22 日于费城

自行车咏叹调

自行车是外国人的发明，却更像是中国人的专用，论普及率，除了筷子，大概就得数自行车了。走在中国的任何地方，无论是再大的城市，还是再偏僻的乡村，哪怕只是一条羊肠小道，都可以看得见自行车。如果赶上北京或上海这样大城市的上下班的高峰期，大街上自行车的车轮滚滚所汇成的汹涌洪流，赛得过钱塘江涨潮涌起的一浪高过一浪的潮水，是极富有中国特色的一大壮观，在世界其他地方难得见到。

即使车轮不滚动，那么多的自行车安静地放在一旁，黑压压一片，也会是一种壮观。那些由圆和线组成的图案，像画家蒙德里安用几何图形所画成的画面，在不动声色中吐露着威严，显示着富有中国特色的美学。

小孩子稍稍大了一点，要学的第一件事情就是学骑自行车。对于孩子，自行车不是玩具，孩子的小腿还够不着脚蹬子，大人就开始让孩子学骑自行车了。大人在车前扶着车把，在后面扶着车座，一边使劲地呼喊着孩子眼睛往前看，一边使劲地跟着车跑，再怎样辛苦，也要帮助孩子从小学会自行车，几乎是所有孩子逃脱不了的人生第一课。道理很简单，自行车将要开始伴随他们的终身，从他们上学到工作，甚至到终老。有的老人就是死在用自行车推往医院的路上，有的老人就是从自行车上跌下来，在闭上了眼睛的那一瞬间，看见自己自行车的车轮子还在身边不停地转。

有一段时间，自行车、手表和收音机，是人们向往的三大件，自行车点名要“飞鸽”“永久”“凤凰”牌的，就像现在人们买汽车要本田、别克或奥迪的劲头一样。结婚的时候，自行车往往是娘家的陪嫁，扎上了大红绸，气派地摆在醒目的地方。自行车便和现在的汽车一样，成为全家最珍贵的物件，和家庭琐碎的日子关系最为密切，充满辛酸，也充满温馨。成了家之后，自行车往往会在前面加一个车筐，下班后到菜市场买菜买鱼买肉，都要靠它拖回家。有了孩子之后，自行车往往要在后面加一个小座儿，或在大梁上安放一个下靠背椅，为的是把孩子从幼儿园里接回家；即使孩子上了学，自行车依然是大家接送孩子最便捷的交通工具。丈夫骑着自行车，前面带着孩子，后面驮着老婆，永远是清晨出门或黄昏归家最动人的画面，自行车就如同一只大鸟，用有力的翅膀载着一家人早出晚归，品味着人生百味，游走在生活的角角落落。

那时候，不止一处房子越盖越挤的院子里，两墙之间的夹缝窄得犹如韭菜叶，只能容一个人推一辆自行车勉强过去。我会常常看到下班的人推着自行车艰难挤过夹缝的情景，车后座上往往驮着孩子，车把前的车筐里放着下班路上顺手买来的一把油绿的青菜。这样的一幅幅归家图，融化在各家小蜂窝煤炉渐渐冒出的袅袅炊烟里，那一抹绿色，像是奔波了一天的自行车身上冒出的缕缕汗气，更是从自行车身上摇曳出来的精神气，有了它，再疲惫的一家人和自行车，都显得有了生气。

都说人与人之间相濡以沫，其实，自行车和人之间也是相濡以沫的，彼此慰藉，相互走过了人生。真的，还有什么别的物件赶得上自行车对普通人日复一日持之以恒的扶助吗？人们对自行车的感情，就像古代壮士对于自己心爱的坐骑一样。不兴养宠物的时候，自行车就是大家的宠物，要给它拾掇得干干净净，利利索索，它才能够追风马一样，为你风入四蹄轻，轻快地在四九城驰骋。我们大院里，有一位年轻的单身工程师，下班后，首先要干的两件事，一是脱掉上衣为自己洗身，一是把自行车翻个个儿，为车洗身。他把一身健壮的肌肉洗得油光水滑，把一辆自行车擦得锃光瓦亮。然后，他和自行车相看两不厌，像一对马上要登台演出的角儿，有精彩的对手戏等着呢。那时候，他家的窗帘永远不会拉上，他好像就是有意要让全院人看看他的肌肉和他的爱车，他觉得自己这一身腱子肉和永远崭新的自行车是绝配，就像英雄配美人，宝马配雕鞍，葡萄美酒配夜光杯。

如今，私家车越来越多，在马路上，自行车被挤得只能黄花鱼溜边儿，还不停地听汽车的喇叭和司机的训斥，属于自行车的地盘越来越小，自行车的地位也一落千丈，再难找回我们大院里年轻工程师的感觉。但是，自行车依然顽强地存在着，和私家车做着虽力不胜负却颇有些悲壮的抗衡，就像遥远时代里的民谣，依然有着打动人心的力量。更何况，更多的普通人依靠的是自行车，低碳生活更需要自行车，自行车就像传统节日里的鞭炮，缺少了它的声音，还叫火爆的日子吗?

如今，常会在黄昏的街头看见半大小伙子，是中学生在玩车，他们以马路牙子为障碍，让自行车的前轱辘翘起，旱地拔葱似的拔到马路牙子上面，再拔出萝卜带出泥似的把后车轱辘连带拔上来，往返循环，乐此不疲。自行车白天用来上学，笔管条直，像是他们自己见到老师一副乖仔的模样；到了黄昏就变了脸，一下子活跃起来，成了他们锻炼身体的工具、消遣时光的玩具，也成了他们发挥想象创造想象的平台。一身几用，恨不得把压抑了一白天的心气都释放出来。他们是不到天黑不会收车回家的，当然，他们在这里会赢得围观者尤其是女孩子的阵阵喝彩，他们臭汗淋淋回家后，是少不了挨一顿家长的臭骂的。

在城里，除了丢车（几乎没有人没丢过自行车），最怕的是骑车回到家找不到放车的地方。楼外面如今被越来越多的私家汽车气宇轩昂神气十足地占领着，楼道里已经被捷足先登的自行车挤得横七竖八，走道连个下脚的地方都没有了。实在不行，只好把车顺在楼梯上，四仰八叉地和楼梯把手绑在一起。也有把车吊在房顶上的，像是吊腊肉似的，吊得人眼晕。

如果你仅仅把自行车当作交通工具，可就错了。在中国，自行车的用途大了去啦。无论是在城里还是在乡下，自行车首先是家庭最常用运输工具。在城里，小到买个米买个面，大到买个椅子买个电视机，一直到换个煤气罐，什么地方都得用得着自行车的。自行车就像个任劳任怨的仆人，无论什么活儿都得伸出自己的肩膀头来。

在乡下，用自行车的地方比老牛的地方还要多。运菜运粮运筐运一切要到城里去卖的东西，都用得着自行车，自行车比骡马要好使唤，而且要不惜力气得多。好不容易进一次城，车前车后要装得满满的。光装那些东西，就是艺术，就跟编鸟笼或盖房子一样，不用一钉一锤，却装得密密实实，结结实实，得要一双巧手妙心。我见过这样一幅摄影作品：自行车运草帽，从前看草帽成了鸟一样呼扇扇的羽翼，从后看草帽成了一座会移动的小山，骑车人只露出头顶的草帽，和山一样的草帽连成一体，童话似的长出脚来在动在跑在飞。

在城里，骑车带人，和“打的”的人差不多一样多。这是因为骑车带人上下方便，到哪儿去也方便，自行车就是自家的“的”。而且，也比“打的”省钱，更重要的一点，是情人坐在身后，搂着情人的后腰，奔驰在大街小巷，有“打的”无法体会的味道，彼此的心跳都听得清清爽爽，身上的香水味儿和汗味儿混合在一起呛鼻子却无比地好闻，自行车让他们成了连体人，在大街上人群的众目睽睽之下敞亮地展示着他们爱情的雕塑。

有一次，我见到一对年轻人骑着一辆自行车，是个风天，又是顶风，男的在前面骑，弓身若虾，女的身穿旗袍，足蹬凉鞋，十个脚趾涂抹着豆蔻鲜艳地亮在外面，香艳四溢。女的偏偏跷着二郎腿，双手扶也不扶那男的，画着曲线，穿梭在车水马龙之间，游龙戏凤一般，潇洒得劲头十足，惹得众人侧目相看，好不得意。一看就知道若不是多日的配合，哪能如此艺高人胆大，默契得你呼我应，融为一体。

大多数的大人骑车带人还是为了带孩子，为了接送孩子到学校和幼儿园。所以在中国的任何一座城市里，都可以看到许多这样骑车带孩子的大人，风雨无阻。不过，骑车带孩子带的法子不尽相同。在南方，大人是把孩子绑在自己的后背上，孩子竖立在身后，成了大人的守护神；在北方，则是让孩子坐在前面的横梁上，大人用胸膛保护着孩子。竖着或横着的孩子，常常歪着小脑袋睡着了，而大人却全然不知，依然骑着车奋然前行，便常常有过路的行人冲着大人高喊："留神呀，孩子可睡着了！"

记得32年前，我刚刚考入中央戏剧学院上学，一天出门骑车带着一个同学，刚拐出胡同，便和迎面而来的一个警察叔叔狭路相逢。因为那时候北京不许骑车带人，警察叔叔把我们拦了下来，要罚款，严厉地问我们："你们是哪儿的呀？"我赶紧回答："我们是戏剧学院的学生。"这位警察叔叔把戏剧学院听成戏曲学院了，就问："哦，学哪派的呀？"我一听，满拧，忙说："我们，没派……"他又听差了，脸色却明显好了起来，说道："梅派呀？梅派，梅兰芳，好……"没罚款，放了我们一马，敢情这位警察叔叔是个戏迷。

对于自行车，我从心里充满感情。很难设想有一天没有了自行车的北京城会是什么样子，会不会和没有了四合院全部都是高楼大厦一样，让人无法想象，无法辨别，无法找到回自己家的路？自行车不仅是北京而且是全国的一种最带有中国特色的生活乃至文化的符号，它几乎和我们每个人的生命休戚相关，和我们国家的发展密切相连。非常遗憾的是，这样一种从抽象上说是醒目非常的符号，从具象上说是个性十足的物件，却没有见到有什么艺术专门去为它描摹为它张目为它张扬。除了看过一部电影《十七岁的单车》，我没有听到过一首歌曲是专门唱它的，没有看到过一幅画是专门画它的，也没有一部小说，就像意大利的作家皮蓝德娄充满情感专门用他故乡的《西西里柠檬》为他的小说命名。我们对它有些熟视无睹。越是熟悉的，越是亲近的，越是须臾不可或缺的，越是我们相濡以沫的，越是陪伴我们走过艰辛岁月的，我们往往越容易视而不见，熟视无睹。

记得路德维希在他的《尼罗河传》里说：“朝代来了，使用了它，又过去了，但是，它，尼罗河——那土地之父却留了下来。”自行车，也曾经在年代的更迭中，在时代的变迁中被我们使用，它是我们的生活之子，也应该留下来，留下来作为我们青春与岁月、成长和发展的见证。我们也应该为它作传。

2010 年 2 月 18 日大年初五改毕于北京

亲笔信

如今伊妹儿和手机短信盛行便捷，传统的信，早已经没什么人写了。据统计，现在邮局里只有不到百分之十是私人信函，这些信封和信瓤，不知又有多少是打印机里打印出来的。

所谓传统的信，是需要自己用笔来手写。过去写信时常用的一句话，是“见字如面”，那是要看见信上亲笔写的字才是，每个人的字体都不一样，即便写的字再歪歪扭扭，也是自己写的，沾着心情和体温，像是听到乡音一样，让收信人亲切，一望便知，而为自己独有。所以，过去古人接到书信，才有“长跪读素书，书中竟何如”那样的虔诚，才有鱼雁传书的美丽传说，才有“家书抵万金”的动人诗句。

在最近一期的《万象》中，看到前辈学者陈乐民先生的遗作《给没有收信人的信》，全部毛笔书写，信中拳拳心意是随蝇头小楷字字花开的，和电脑键盘里机械打出的信件无法同日而语。陈先生这样的信，大概是一襟晚照，属于最后的古典了。

一个一辈子没有亲手写过一封信的人，或一辈子没有收到过别人亲笔写给自己一封信的人，都是不完整的人生。如今电脑非常发达，点击几下键盘就可以轻松地发出一封信。最可怕的是手机短信，它是“伊妹儿”的缩写版，那里早已储藏着无数条短信，按你所需，任你所取，就像是一副扑克牌，可以来回地洗牌，组合成不同的条目，供你在任何节日里发给任何人。据说，编纂手机短信已经成为现如今的一种职业，和过去替人代写书信的职业相似。不过，也不像，过去代写书信，总还带有代写者手上的一缕墨香，带有属于你自己的一份真实，手机短信却如烟花女子一样，很可能在刚刚发给你之后，又马不停蹄地发给了另外一个人，在几乎同一时刻，大家不约而同地接收到同一条一字不差的短信。有时候，真觉得科技是人类情感的杀手，用貌似最迅速的速度和最新颖的手段，扼杀人类心底最原始的也是最朴素的诉说。

我要说，还是珍惜手写的家信，节假日里，特别是在春节的大年夜前，起码该给自己的亲人亲手写一封平安的信、祝福的信。家书抵万金，家书抵万金呀，仅仅从电脑或手机里发出的信，还能够抵得上万金吗?

记得二十多年前，刘心武曾经写过一篇《到远处去发信》的小说，写的是当了一辈子的老邮递员退休了，给别人送过那么多的信，还没有接过别人给他自己写来的一封信，就自己写了一封，跑到老远的地方，把信投到邮筒里，让自己这辈子也收到一封亲笔信。

即使如契诃夫写的小说《万卡》里学徒小万卡寄给爷爷那一封永远无法寄达的信，只在信封上写着“寄乡下爷爷收”，而没有写上收信人的地址，但那也是万卡用笔蘸着墨水一字字写成的呀！

好多年前看过英国剧作家品特的电影《传信人》，那个少年心仪并暗恋同学漂亮的姐姐，为这位比自己大好多岁的女人和她的情郎偷偷地传信，当好奇心让他忍不住拆开其中的一封信的时候，心目中的女神写给别人热辣辣的亲笔信，让这位少年惊慌和震撼的情景，逼真地道出了亲笔信的力量。

三十多年前，我突然收到母亲请邻居帮忙拍来的电报，得知父亲病逝，忙从北大荒赶回北京奔丧。一路上心里都奇怪，母亲不识字，家中只剩下她独自一人，慌乱之中怎么会找到我的地址并能够一眼认出来？回到家，看见母亲的床垫底下，压着的都是我写给家里的信。母亲不认字，但熟悉的字迹让她知道那就是我，枕在那些信上睡觉，让她心里踏实。她就是拿着床垫下其中的一封信，请邻居打的电报。

可能正是看到了亲笔信的力量和意义所在，有人想竭力挽住已经渐行渐远的亲笔信。看最新的一期《Time Out》杂志上介绍，有一个网站，举办这样一个活动，叫作“陌生人，让我手写一封信给你”。它这样说：“你多久没收到过信了？你多久没给人手写过信了？让我手写一封信给你，让我的心情化成字迹、装进信封、贴上邮票、扔进信筒，让邮差交到你的手里。现在开始，留下地址，让我写一封信给你。”我不知道会有多少人能够给他们留下自己的地址，换取一封久违的亲笔信。因为我不知道有多少人还在乎一封亲笔信。

还是契诃夫，他写过一篇《统计》的短篇小说。在这篇小说里，他借用果戈理《钦差大臣》里的邮政局局长希彼金的口吻，统计出这样的一个数据：邮局收寄的100封信件里，其中5封是情书，4封是贺信，2封是稿件，72封则是没有什么内容的无聊的信。我对契诃夫这样讽刺夸张的统计数据，心生不满。即使72封都是没有什么内容的信，也并非无聊。平常人的书信往来，可不都是些家长里短吗？要什么深刻而超尘拔俗的内容？更何况，都是亲笔写的信呢。

不管怎么说，还得是自己亲笔写的信才好。亲笔写的信，无论对于看的人，还是写的人，感觉都不一样，滋味都不一样。就像清风和电扇或空调吹来的风不一样，就像鲜花和纸花或塑料花不一样，就像肌肤之亲和隔着手套握手或戴着口罩亲吻不一样。

"独下千行泪，开君万里书。"亲笔信，只有亲笔信，才能让你有这样的心情，又能让你如此地动情。

2009年11月26日于北京

面包房

那时，我的孩子小，还没有上小学。晚上，我有时会带着他到长安街玩，顺便去买面包或蛋糕。长安街靠近大北窑路北，有家面包房，不大，做的法式面包和黑森林蛋糕非常好吃。关键是，一到晚上七点之后，所有的面包和蛋糕，包括苹果派、核桃排，品种很多的甜点，一律打五折出售，价钱便宜了整整一半。当我和孩子发现了这个秘密后，这家面包房便成为我们常常光顾之地，对于馋嘴的孩子，这里如同游戏厅一样更充满诱惑。

那时，售货员常常只剩下了一个人值班，坚守到把面包和蛋糕都卖出去。这是一个年轻姑娘，顶多二十三四岁的样子，有点儿胖，但圆圆脸，大眼睛，还是挺漂亮的。每次去，几乎都能够碰见她，孩子总要冲她阿姨阿姨叫个不停：我要买这个！我要买那个！静静的面包房，因为我们的闯入，一下子热闹起来。她站在柜台里，听孩子小鸟闹林一般地叫唤不停，静静望着孩子，目光随着孩子一起在跳跃。

渐渐，彼此都熟了。我们进门后，她会笑盈盈地对我们说：今天来得巧了，你们爱吃的黑森林还有一个没卖出去，等着你们呢！或者，她会惋惜地对我们说：黑森林卖没了，这个巧克力慕斯也不错，要不，你们可以尝尝这个绿茶蛋糕，是新品种。一般，我们都会听从她的建议，总能尝新，味道确实很不错。花一半的钱，买双倍的蛋糕或面包，物超所值，还有这样一个和蔼可亲又年轻漂亮的阿姨，孩子更愿意到那里去。

有时候，我们来得早了点儿，她会用漂亮的兰花指指指墙上的挂钟，对我们说：时间还没到呢！屋子不大，这时候客人很少，有时根本没有，她就让我们在仅有的一对咖啡座上坐一会儿，严守时间。等到挂钟的时针指向七点的时候，她会冲我们叫一声：时间到了！孩子会像听到发号令一样，先一步蹿上去，跑到柜台前，指着他早就瞄准好的蛋糕和面包，对她说要这个！她总是笑吟吟地看着孩子，听着孩子麻雀一样叽叽喳喳叫个不停，然后用夹子把蛋糕和面包夹进精美的盒子里，用红丝带系好，在最上面打一个蝴蝶结，递在我们的手里，道声再见后，望着我们走出面包房。有一次，她有些羡慕地对我说：这孩子多可爱呀，有个孩子真好！

面包房伴孩子度过了童年，在孩子小学三年级的时候，那一年的暑假，我们去面包房几次，都没有见到她。新的售货员一样很热情，买好蛋糕和面包，走出面包房，孩子悄悄问我：怎么那个阿姨不在了呢？会不会下岗了呀？那时，他们班上好几个同学的家长下岗，阴影覆盖在同学之间，孩子不无担心。面包房里这个好心漂亮的阿姨，是看着他长大的呀。

下一次来买面包的时候，我问新的售货员原来总值晚班的那个胖乎乎的售货员哪儿去了，怎么好长时间没见了？新售货员告诉我：她呀，生孩子，在家休产假呢！不是下岗。孩子放心了，那天，多买了一个全麦的面包，里面夹着好多核桃仁，嚼起来，很香。

等我再见到她，大半年过去了，孩子已经升入四年级，一个学期都快要结束了。我对她说听说你生小孩了，祝贺你呀！她指着我的孩子说：这才多长时间没见，您看您这孩子长这么高了！什么时候，我那孩子也能长这么大呀！我开玩笑对她说：你可千万别惦记着孩子长大，孩子真的长大，你就老喽！她嘿嘿笑了起来说：那也希望孩子早点儿长大！

时光如流，一转眼，我的孩子到了高考的时候，功课忙，很少有时间再和我一起去面包房，偶尔去一趟，仿佛是特意陪我一样。特别是考入大学，交了女朋友之后，晚上要去的地方很多，比如，图书馆、咖啡馆、电影院、旱冰场、大卖场等等，面包房已经如飞快的列车驰过后掠在后面的一棵树，属于过去的风景了。只有我常常晚上不由自主地转到长安街，拐进面包房。

这期间，面包房搬了一次家，从东边往西移了一下，不远，也就几百米的样子，门口装潢一新，还有霓虹灯闪耀。里面稍微大了一些，但还是很局促，不变的是，值晚班的还常常是那个胖乎乎的姑娘。不过，我是总这样叫她姑娘，其实，她已经变成了一位中年妇女了。没变的，是蛋糕和面包的味道，还保持的原有的水平，只是价钱悄悄涨了几次。

有一天，我去面包房，见我又只是一个人，她替我装好蛋糕和面包，问我：您的孩子怎么好长时间没跟您一起来了？我告诉她孩子上大学了。她点点头，然后笑着对我说：等再娶了媳妇就忘了爹娘，更不会跟您一起来了呢！我也跟着一起笑了起来。回家见到孩子后，我把她的话告诉给孩子听，孩子一下子很感动，对我说：您说咱们不过只是到她那里买打折的面包和蛋糕，这么长时间了，她还能记得我，这阿姨真的不错！我也这样认为，世上人来来往往，多如过江之鲫，莫说是萍水相逢了，就是相交很长时间的老朋友，有的都已经淡忘，如烟散去，何况一个面包房和你毫无关系的姑娘！

星期天，孩子专门陪我一起去了一趟面包房，一进门叫声阿姨，她抬头一望，禁不住说道：都长这么高了！又说你要的黑森林今天没有了。孩子说没关系，买别的。然后，两个人一个挑蛋糕和面包，一个往盒子里装蛋糕和面包，谁都没再说什么，但他们彼此望着，很熟悉，很亲近，那一瞬间，仿佛一家人。那种感觉，是我来面包房那么多次，从来没有过的。

有时候，我会奇怪地问自己：一个人，一辈子要走的地方很多，去的场所很多，一个小小的面包房，不过是你生活中偶然的邂逅，为什么会让你涌出了这样亲近、亲切又温馨的感觉？其实，哪怕是一棵树，和你相识熟了，也会有这样的感觉的，何况是人，因为熟悉了，又是彼此看着长大，在岁月的年轮里，融入了成长的感情，所买和所卖的面包和蛋糕里便也就融入了感情，比巧克力奶油慕斯或起司的味道更浓郁。

孩子大学毕业就去了美国留学，孩子走后，我很少去面包房。倒不是家里缺少了一只馋嘴的猫，少了去面包房的冲动，更主要的是自己也懒了，老猫一样猫在家里，不愿意走动，其实就是老了的征兆。那天，如果不是老妻要过本命年的生日，我还想不起面包房。生日的前一天，我对老妻说：我去面包房买个蛋糕吧！才想起来，孩子去美国几年，就已经有几年没有去过面包房了，日子过得这么快，一晃，七年竟然如水而逝。

那天的晚上，北京城难得下起了雪，雪花纷纷扬扬的，把长安街装点得分外妖娆。老远就能看见面包房门前的霓虹灯在雪花中闪闪烁烁眨着眼睛，走近一看，才发现门脸新装修了一番，门东侧的一面墙打开，成了一面宽敞明亮的落地窗。走进去一看，今天难得地热闹，竟然有三个漂亮年轻的女售货员挤在柜台前，蒜瓣一样紧紧地围着一个二十来岁的姑娘，叽叽喳喳地说得正欢。扫了一眼，没有找到我熟悉的那个胖乎乎的售货员。因为去的时间早，还有十来分钟到七点，我坐在一旁，边等边听她们说话。听明白了，这个姑娘和我一样，也是等七点钟买打折蛋糕的。还听明白了，是给她的妈妈买生日蛋糕的。又听明白了，她的妈妈就是面包房里那三位女售货员的同事，她们其中的两位是从面包房后面的车间特意跑出来，聚在一起，正在帮姑娘参谋，让她买蛋糕之后再买几个面包，并对小姑娘说：你妈妈在这里工作了这么多年，都是值晚班卖打折的面包和蛋糕，自己还从来没买过一回呢！你得多买点儿！

七点钟到了，我走到柜台前，玻璃柜里只有一个黑森林蛋糕，一位售货员对我说：对不起，这个蛋糕已经有主儿！她指指身边的姑娘。我说那当然！然后，我对姑娘说：你妈妈我认识！姑娘睁大一双大眼睛，奇怪地问我：您认识我妈？我肯定地说：当然！小姑娘更加奇怪地问：您怎么认识的？我笑着对她说：回家问问你妈妈就知道了！就说一个常常带着一个孩子来这里买蛋糕和面包的叔叔，祝她生日快乐！她还是有些疑惑，也是，几十年的岁月是一点点流淌成的一条河，怎么可以一下子聚集在一杯水里，让她看得清爽呢？我再次肯定地对她说：你回家和你妈妈一说，你妈妈就会知道的！

姑娘买好蛋糕和面包，走出面包房，身影消失在风雪之中，我转身问那三个售货员：她的妈妈是不是你们面包房里那个胖乎乎的售货员？她们都惊讶地点头，问我：您是她以前的老师吧？我笑而不答。她们告诉我她今年刚刚退休。这回轮到我惊讶了：这么早？她才多大呀！她们接着说：我们这里 50 岁退休。竟然 50 岁了！就像她看着我的孩子长大一样，我看着她的青春在面包房里老去，生命的轮回在我们彼此的身上，面包房就是见证。

2009 年 5 月 1 日于北京

佛手之香

那个星期天，我在潘家园旧货市场外面的街上，买了一个佛手。那时，这条街和市场里面一样热闹，摆满了小摊，其中一个小摊卖的就是佛手。卖货的是个山东妇女，十几个大小不一有青有黄的佛手，浑身疙疙瘩瘩的，躺在她脚前的一个竹篮里，百无聊赖的样子，像伸出来长短不一粗细不均的枝杈来勾引人们的注意。很多人不认识这玩意儿，路过这里都问问这是什么呀，这么难看？扭头就走了，没有人买。我买了一个黄中带绿的大佛手，她很高兴，便宜了我两块钱，说她是大老远从山东带来的，谁知道你们北京人不认！

这东西好长时间没有在北京见到它了，上一次见到它，起码是四十多年前了。那时，我还在读中学，是春节前，在街上买回一个，个头儿没有这个大，但小巧玲珑，长得比这个秀气。那时，父母都还健在，把它放在柜子上，像供奉小小的一尊佛，满屋飘香。

我不知道佛手能不能称之为水果？它可以吃，记得那时我偷偷掐下它的一小角，皮的味道像橘子皮，肉没有橘子好吃，发酸发苦，很涩。那时，我查过词典，说它是枸橼的变种，初夏时开上白下紫两种颜色的小花，冬天结果，但果实变形，像是过于饱满炸开了，裂成如今这般模样。它的用途很多，可以入药，可以泡酒，也可以做成蜜饯。那时我买的那个佛手没有摆到过年，就被父亲泡酒了，母亲一再埋怨父亲，说是摆到过年，多喜兴呀。

以后，我在唐花坞和植物园里看到过佛手，但都是盆栽的，很袖珍，只是看花一样赏景的。插队北大荒时，每次回北京探亲结束都要去六必居买咸菜带走，好度过北大荒没有青菜的漫长冬春两季，在六必居我见过腌制的佛手，不过，已经切成片，变成了酱黄色，看不出一点儿佛指如仙的样子了。

我们中国人很会给水果起名字，我以为起得最好的便是佛手了，它不仅最象形，而且最具有超尘拔俗的境界。它伸出的杈杈，确实像佛手，只有佛的手指才会这样如兰花瓣宛转修长，曲折中有这样的韵致。这在敦煌壁画中看那些端坐于莲花座上和飞天于彩云间的各式佛的手指，确实和它几分相似。前不久看到了残疾人艺术团表演的千手观音，那伸展自如风姿绰约的金色手指，确实能够让人把它们和佛手联系一起。我买的这个佛手，回家后我细细数了数，一共二十四支手指。我不知道一般佛手长多少佛指，我猜想，二十四支，除了和千手观音比，它应该不算少了。

我把它放在卧室里，没有想到它会如此地香。特别是它身上的绿色完全变黄的时候，香味扑满了整个卧室，甚至长上了翅膀似的，飞出我的卧室，每当我从外面回来，刚刚打开房间的门，香味就像家里有条宠物狗一样扑了过来，毛茸茸的感觉，萦绕在身旁。我相信世界上所有的水果都没有它这种独特的香味。在水果里，只有菲律宾的菠萝才可以和它相比，但那种菠萝香味清新倒是清新，没有它的浓郁；有的水果，倒是很浓郁，比如榴梿，却有些浓郁得刺鼻。它的香味，真的是少一分则欠缺，多一分则过了界，拿捏得那样恰到好处，仿佛妙手天成，是上天的赐予，称它为佛手，确为得天独厚，别无二致，只有天国境界，才会有如此如梵乐清音一般的香味。西方是将亨德尔宗教色彩浓郁的清唱剧《弥赛亚》中那段清澈透明、高蹈如云的《哈利路亚》，视为天国的国歌的，我想我们东方可以把佛手之香，称之为天国之香。这样说，也许并非没有道理，过去文字中常见珠玉成诗，兰露滋香，我想，香与花的供奉是佛教的一种虔诚的仪式，那种仪式中所供奉的香所散发的香味，大概就是这样的吧？《金刚经》里所说的处处花香散处的香味大概也就是这样的吧？

它的香味那样持久，也是我所料未及。一个多月过去了，房间里还是香飘不断，可以说没有一朵花的香味能够存留得如此长久，越是花香浓郁的花，凋零得越快，香味便也随之玉殒色残了。它却还像当初一样，依旧香如故。但看看它的皮，已经从青绿到鹅黄到柠檬黄到芥末黄到土黄，到如今黄中带黑地斑斑点点了，而且，它的皮已经发干发皱，萎缩了，瘦筋筋的，只剩下了皮包骨。想想刚买回它时那丰满妖娆的样子，但让我感到的却不是美人迟暮的感觉，而是和日子一起变老的沧桑。

它已经老了，却还是把香味散发给我，虽然没有最初那样浓郁了，依然那样清新沁人。那一刻，我忽然觉得它老得像母亲。是的，我想起了母亲，四十多年前，我第一次见到佛手的时候，母亲还不老。

2009年元旦试笔于北京

太阳味道的西红柿

日子过去得非常快，一旦成了历史，事情便很容易褪色。鲜亮的颜色总是漆在眼前或即将发生的事情上，而不在如烟的往事上。

在北大荒插队，秋天是最美的，瓜园里有吃不够的西瓜和香瓜，让我们解开裤带敞开地吃。但过了秋天，漫长的冬季和春季别说水果，就是蔬菜都很难见到了。我们要一直熬到夏天的到来，才能终于尝到鲜，第一个鲜亮亮跑到我们面前的就是西红柿。在北大荒，我们是把西红柿当成宝贵水果吃的。想想一冬一春没有见过水果，突然见到这样鲜红鲜红的西红柿，当然会有一种和阔别多日的朋友（尤其是女朋友）见面的感觉。蠢蠢欲动是难免的，往往会等不到西红柿完全熟透，我们就会在夜里溜进菜园，趁着月光，从架上拣个大的西红柿摘，跑回宿舍偷偷地吃（如果能蘸白糖吃，比任何水果都要美味无比了）。

那时候，我最爱到食堂去帮伙，原因之一就是可以去菜园摘菜。北大荒的菜园很大，品种很多，最好看的还得属西红柿，其余的菜都是趴在地上的，比如南瓜、白菜、萝卜，长在架子上的菜总有一种高人一等的昂昂乎的劲头。但是，架上的扁豆还没有熟，北大荒的黄瓜五短身材难看死了，只有西红柿红扑扑的、圆乎乎的，样子就耐看。没有熟的，青青的，没吃嘴里先酸了；半熟不熟的，粉嘟嘟的，含羞带笑般像刚来的女知青似的羞涩；熟透的，红透了从里到外，坠得架子直弯直晃，像是村里那些小娘们般的妖冶……

离开北大荒好久了，还是总能想起那里的西红柿，尤其是那种皮是红的，切开来里面的肉是粉的，我们管它叫作面瓤的西红柿，有种难得的味道，不仅仅是甜是酸，也不仅仅是清新是汁水丰厚，真的是其他水果没有的味道。吃着这种西红柿，躺在一望无边的麦地里，或是躺在场院高高的囤尖上吃，是最美不过的了。我们会吃完一个扔一个，直至吃得肚子鼓鼓的再也吃不下去为止。那西红柿被晒得热乎乎的，总有一种太阳的味道。

回北京这么长时间了，总觉得北京的西红柿不好吃，酸、汁水少，没有北大荒面瓤的那种。特别是冬天在大棚里靠人造温度和催熟剂长大的西红柿，味道就更差了。而在国外有一种转基因的西红柿，样子很好看，价钱也便宜，但一点儿营养没有，更是无法吃。

想起我母亲还在世的时候，有一年的春天，在院子里种了一株丝瓜、一株苦瓜，还种了一株西红柿。从小在农村长大的母亲，对于种菜很在行，夏天，这几种玩意全活了，长势不错，只是西红柿长不大，就那样青青的愣在架上萎缩了，最后只剩下一个终于长大了，渐渐地变红了。我告诉母亲别摘它。就那么让它长着，看个鲜儿吧。夏天快要过去了，整天晒在那里，它快要蔫了，母亲舍不得看着它蔫下去烂掉，从困苦中熬出来，一辈子总是心疼粮食蔬菜，最后还是把它摘了下来，在母亲的手里，西红柿虽然蔫了，却依然红红的格外闪亮。那一天，母亲用它做了一碗西红柿鸡蛋汤。说老实话，我没吃出什么味儿来。

唯一一次西红柿鸡蛋汤吃出味道的，是三十多年前，弟弟的一位从青海来的朋友，请我到王府井的萃华楼吃饭。那时他们在青海三线工厂工作，比我们插队的有钱。那时候，我已经离开北大荒回到北京好几年了。我是第一次到这样的饭店来吃饭，是冬天，是在北大荒没有水果没有蔬菜的季节，这位朋友点菜时说要碗汤吧，要了这个西红柿鸡蛋汤。那是一碗只有几片西红柿的鸡蛋汤，但那汤做得确实好喝，西红柿有一种难得的清新。蛋花打得极好，奶黄色的云一样漂在汤中，薄薄的西红柿片，几乎透明，像是几抹淡淡的胭脂，显得那样高雅。

我真的再也没有喝过那样好喝的西红柿鸡蛋汤了。也许，是离开北大荒太久了。也许，仅仅是回忆中的味道。

2008 年 10 月 3 日于北京

超　重

那天上午在机场送人，飞往法兰克福、伦敦、罗马和巴黎的航班，密集的雨点似的挤在一起。大概正赶上暑假结束，大学开学在即，到处可以看到推着装有大行李箱的推车的学生们，送行的父母特别多。候机厅里，家庭的气息一下子很浓，像是客厅，相似的面孔不停在眼前晃动。

不时有孩子进了里面去办理登机手续，家长只能够站在候机厅里等，儿行千里母担忧，他们都伸长了脖子，把望眼欲穿的心情付与人头攒动的前方。不时便又看见有孩子匆匆地从里面走了出来，给家长一个渴望中的喜悦。不过，我发现，匆匆出来的孩子大多并不是为了和送行的父母再一次告别，也很少见到有依依不舍的场面，那样的场面，似乎只留给了情人之间的拥抱和牵手。

站在我身边的是一位面容姣好的中年妇女，凉鞋露出的脚趾涂着鲜艳的豆蔻，这样风韵犹存的女人，在我们的电视剧里一般还要在男人怀里撒娇呢。现在，她像是只温顺的猫，眼神有些茫然。不一会儿，我看见一个大小伙子推着行李车，气冲冲地向她走来，没好气地对她嚷嚷道：“都是你，让我带，带！都超重啦！”只听见她问：“超了多少？”语气小心，好像过错都在自己的小媳妇。“10 公斤！”只有儿子对母亲才会这样肆无忌惮。听口音，是南方人。

于是，我看见母亲开始弯腰蹲了下来，把捆箱子的行李带解开，打开箱子。那是一大一小赭黄色的两个名牌箱。儿子也蹲下来，和母亲一起翻箱里面东西，首先翻出的是两袋洗衣粉，儿子气哼哼地嘟囔着：“这也带！”然后又翻出一袋糖，儿子又气哼哼地嘟囔一句：“这也带！”接着把好几铁盒的茶叶都翻了出来：“什么都带！”母亲什么话都没说，看儿子天女散花似的把好多东西都翻了出来，面前像是摆起了地摊。最后，儿子把许多衣服和一个枕头也扔了出来，紧接着下手往箱底伸了，只听见母亲叫了声：“被子呀，你也不带了！”

我有些看不过去，走了两步，冲那个一直气哼哼嘴噘得能挂个瓶子的儿子说：“10 公斤差不多了，你东西都不带，到了那儿怎么办？”儿子不再扔东西了，母亲站了起来，一脸忧郁，本来化得很好的妆，因出汗而坍塌显出些许的斑纹。“先去试试再说。”我接着对那个儿子说，他开始收拾箱子，母亲则把茶叶都从铁盒里掏出来，又塞进箱里。儿子推着行李车走了，我问那位母亲孩子去那里，她告诉我去英国读书。她脚下的那些东西都散落着，稀泥似的摊了一地。

这时，我身旁另一则，又有一个女孩推着车走到她的父母身边，几乎和那个男孩一样气哼哼的表情，把车使劲一推，推倒她父亲的脚前，说了句："严重超重!"父亲和刚才这位母亲一样，立刻蹲下身子，替女儿打开行李箱，我一看，箱子里几乎全是吃的东西，而且全是麻辣的食品，不用说，来自四川。左翻翻，右翻翻，父亲权衡着取出什么好，女儿站在那里，用手扇着风，抹着脸上的汗，说着："这都是我想带的呀!"这让父亲为难了，倒是母亲在旁边发话了："把那些腊肠都拿出来吧，那玩意占分量。"父亲拿出了好几袋腊肠，又拿出好几管牙膏、一大罐营养品和几件棉衣，再盖箱子的时候，鼓囊囊的箱子撒了气的气球似的，瘪了下去一大块。女儿风摆柳枝推着车走了，我悄悄地问母亲这是去哪儿，是去法国读书。

独生子女的一代，理所当然地觉得可以把一切不满和埋怨都发泄给父母。养儿方知父母恩，他们还没到明白父母心的年龄。他们可以埋怨父母的娇惯和期待超重，却永远不该埋怨父母对自己的情感超重。

2006 年 9 月 19 日于北京

你还能感动得流泪吗

有一天，俄罗斯著名的油画家列维坦独自一人到森林里去写生，当他沿着森林走到一座山崖的边上，正是清晨时分，他忽然看到山崖的那一边被初升的太阳照耀出他从来没有见到过的一种美丽景色的时候，他站在山崖上感动得失声而泪如雨下。

同样，德国的著名诗人歌德，有一次听到了贝多芬的交响乐，被音乐所感动，以至泪如雨下。另一位俄罗斯的文学家托尔斯泰，听到柴可夫斯基的第一弦乐四重奏第二乐章如歌的行板的时候，一样被音乐感动而热泪盈眶。

无论是列维坦为美丽的景色而感动，还是歌德和托尔斯泰为动人的音乐而感动，他们都能够真诚地流下自己的眼泪。如今，我们还能够如他们一样会感动，会流泪吗?

提出这样的问题，是因为我们现在面对世界的一切值得感动的事情，已经变得麻木，变得容易和感动擦肩而过，或根本掉头而去，或司空见惯得熟视无睹而铁石心肠。我们不是不会流泪，而是那眼泪更多是为一己的失去或伤心而流，不是为他人而流。

回答这样的问题，首先要问列维坦、歌德和托尔斯泰，为什么会被仅仅是一种客观的景色、一种偶然的音乐而感动？那是因为他们的心中存有善良而敏感的一隅。感动的本质和核心是善，失去或缺少了内心深处哪怕尚存的一点点善，感动就无从谈起，感动就会如同风中的蒲公英离我们远去。

所以，我说：善是感动深埋在内心的根系，只有内心里有善，才能够长出感动的枝干，而因感动而流下的眼泪，只是那枝头上迸发开放出的花朵。

内心里拥有善，才会看见弱小而感动得自觉前去扶助，才会看见贫穷而情不自禁地产生同情，才会看见寒冷而愿意去雪中送炭。善是我们内心最可宝贵的财富，是我们民族历史中最可珍惜的传统，是我们彼此赖以生存和心灵相通的链环。悲欢离合一杯酒，南北东西万里程，沉淀在我们血液里的和融化在我们脚步中的，都是这样一点一滴播撒和积累下的善，让我们在感动别人的同时，也被别人所感动着，从而形成一泓循环的水流，滋润着我们哪怕苦涩而艰难的日子，帮助我们度过了相濡以沫的人生。

在一个商业时代里，有的人迅速发财致富，富得只剩下钱了，可以去花天酒地，一掷千金，却唯独缺少了善，感动自然就无从谈起。欲望在膨胀，善已经被钱蛀空，爱便也就容易移花接木蜕变成了寻花问柳的肉欲，感动自然就容易被感受和性感所替代，虽然，感受和感动只是一字之差，感受去可以包括享受在内一切物质的向往和欲望，感动却是纯粹属于精神范畴的活动。因此，感受是属于感官的，感动是属于心灵的。感受是属于现实主义的，感动是属于浪漫主义的。就不要再拿性感和感动相比了，虽然那也只是一字之差，却早已经是差之千里。

所以，有的人可能自己依旧不富裕，但内心里依然保存着祖传下来的那一份善，将如今已经变得越发珍贵的感动保留在自己的内心，他的内心便是富有的，如一棵大树盛开出满枝的花朵，结出满枝的果实。

在一个商业社会里，貌似花团锦簇的爱很容易被制作成色彩缤纷的各种商品，比如情人节里用金纸包裹的玫瑰或圣诞节时以滚烫语言印制的贺卡，以及电视中将爱夸张成为卿卿我我不离嘴的肥皂剧，有时也会让你感动，那样的感动是虚假的，如同果树上开的谎花，是不结果的。而在这样的商业社会里，善是极其容易被忽略和遗忘它存在的重要性和必要性。因为善不那么张扬，不像被涂抹上猩红的嘴唇，抒发出抒情的表白。善总是愿意默默却如同空气一样，看不见却无时不在你的身旁才对。因此，感动，从来都是朴素的，是默默的，是属于一个人的，你悄悄地流泪，悄悄地擦干。

有时候，善比爱更重要，或者说没有了善便也就没有了爱。设想一下，如果心里稍稍有一点点的善，哪会有那些能够致人死亡的假药假酒以及地下窝点的鞭炮和小煤窑的瓦斯爆炸吗？还不要说那些假冒伪劣其他产品，为了多赚几个钱，连炸油条都要用恶心的地沟油，卖螃蟹也要塞进几只死的。这样的事情越来越多地包围着我们，我们的感动当然就一点点被蚕食了。善没有了，感动也就成为无本之木，那样的荒芜，该是一个多么可怕是事情。

再说一句，善，一般是和“慈”字连在一起的。慈善，慈善，是一种值得敬重的美德。慈善事业，是一种积德的美好事业。慈者，就是爱的意思，古书中说："亲爱利子谓之慈，恻隐怜人谓之慈。"在家者，为之慈母、慈父、慈子；在外者，则为之慈善。我们不可能只待在窄小的家里，我们都需要推开家门走到外面去，我们便都需要为别人播撒爱和善的同时，也需要别人为我们播撒爱和善。爱和善，就是这样紧密地联系在一起，繁衍着人类的生存，绵延着爱的滋润。而真正的感动就是在它们的根系下繁衍不绝的。世界上爱和善越来越多，被我们感动的事情就越来越多。

伟大的音乐家贝多芬曾经说过："没有一颗善良的灵魂，就没有美德可言。"没错，善是我们不可或缺的美德，感动就是我们应该具有的天然品质。或许，感动而泪如雨下，显示了我们人类脆弱的一面，却也是我们敏感善感而不可缺少的品质。我们还能够不能够被哪怕一丝微小的事物而感动得流泪，是检验我们心灵品质的一张 PH 试纸。

2004 年底于北京

喝得很慢的土豆汤

那天下午两点多，我和妻子路过北大，因为还没有吃午饭，忽然想起儿子曾经特意带我们去过的一家朝鲜小馆，就在附近，离北大的西门不远，一拐弯儿就到，便进了这家朝鲜族开的小馆。

大概由于早过了饭点儿，小馆里没有一个客人，空荡荡的，只有风扇寂寞呼呼地吹着。一个服务员，是个胖乎乎的小姑娘走了过来，把我们领到靠窗的风扇前让座坐下，说这里凉快，然后递过菜谱问我们吃点儿什么。我想起上次儿子带我们来，点了一个土豆汤，非常好吃，很浓的汤，却很润滑细腻，微辣中有一种特殊的清香味儿，湿润的艾草似的撩人胃口。不过已经过去了两个多月的时间，我忘记是用鸡块炖的了，还是用牛肉炖的，便对妻子嘀咕："你还记得吗?"妻子也忘记了。儿子在北大读书的时候，常常和同学到这家小馆里吃饭。由于是 24 小时营业，价格和朝鲜风味又都特别对他们的口味，非常受他们的欢迎，对这里的菜当然比我们要熟悉。大学毕业，儿子去美国读研，放假回来，和同学聚会，总还要跑到这里，点他们最爱吃的菜。可惜，儿子假期已满，又回美国接着读书去了，天远地远，没法子问他了。

没有想到，小姑娘这时对我们说道：“上次你们是不是和你们的儿子一起来的，就坐在里面那个位子？”她说着一口浓郁的东北话，用胖乎乎的小手指了指里面靠墙的位子。

我和妻子都惊住了。她居然记得这样清楚，那时，我们和儿子确实就坐在那里。

我更没有想到的是，她接着用一种很肯定的口味对我们说：“那次你们要的是鸡块炖土豆汤。”

这样的肯定，让我心里相信了她，不过，开玩笑地对她说：“你就这么肯定？”

她笑了：“没错，你们要的就是鸡块炖土豆汤。”

我也笑了：“那就要鸡块炖土豆汤。”

她望望我和妻子，像考试成绩不错得到了赞扬似的，高声向后厨报着菜名：“鸡块炖土豆汤！”高兴地风摆柳枝走去。

刚才和小姑娘的对话，让我和妻子在那一瞬间都想起了儿子。思念，变得一下子那么近，近得可触可摸，就在只隔几排座位的那个位子上，走过去，一伸手，就能够抓到。两个多月前，儿子要离开我们回美国读书的时候，特意带我们到这家小馆，让我们尝尝他和他的同学的青春滋味。那一次，他特别向我们推荐了这个鸡块炖土豆汤，他说他和他们同学都特别爱喝，每次来都点这个土豆汤，让我们一定要尝尝。因为儿子临行前的时间安排得很满，我和妻子知道，那一次，也是他和我们的告别宴。所以，那一次的土豆汤，我们喝得格外慢，边聊边喝，临行密密缝一般，彼此嘱咐着，诉说着没完没了的话，一直从中午喝到了黄昏，一锅汤让服务员续了几次汤，又热了几次。许多的味道，浓浓的，都搅拌在那土豆汤里了。

不过，事情已经过去了两个多月，我都忘记了到底喝的什么土豆汤了，这个胖乎乎的小姑娘居然还能够如此清楚地记得我们喝的是鸡块炖土豆汤，而且记得我们坐的具体位置，真让我有些奇怪。小馆 24 小时营业，一直热闹非常，来来往往那么多的客人，点的那么多不同品种的菜和汤，她怎么就能够一下子记住了我们，而且准确无误地判断出那就是我们的儿子，同时记住了我们要的是什么样的土豆汤？这确实让我好奇，百思不解。

汤上来了，鸡块炖土豆汤，浓浓的，热气缭绕，清香味扑鼻，抿了一小口，两个多月前的味道和情景立刻又回到了眼前，熟悉而亲切，仿佛儿子就坐在面前。

“是吧，是这个土豆汤吧？”小姑娘望着我，笑着问我。

“是，就是这个汤。”

然后，我问小姑娘：“你怎么记得我们当初要的是这个汤？”

她笑笑望望我和妻子，没有说话，转身走去。

那一天下午的土豆汤，我们喝得很慢。

结完账，临走的时候，小姑娘早早地等候在门口，为我们撩起珠子串起的门帘，向我们道了声再见。我心里的谜团没有解开，刚才一边喝着汤一边还在琢磨，小姑娘怎么就能够那么清楚地记得我们和儿子那次到这里来吃饭坐的位置和要的土豆汤？总觉得一定是有原因的。那么，是什么原因呢？是因为那一次我们的土豆汤喝得太慢，麻烦让她来回热了好几次的缘故，让她记住了？还是因为来这家小馆的大多是附近年轻的大学生，一下子出现我们这样大年纪的客人，显得格外扎眼？我不大甘心，出门前再一次问她：“小姑娘，你是怎么就能记住我们要的是鸡块炖土豆汤的呢？”

她还是那样抿着嘴微微地笑着，没有回答。

我只好夸奖她：“你真是好记性！”

一路上，我和妻子都一直嘀咕着这个小姑娘和对于我们有些奇怪的土豆汤。星期天，和儿子通电话时，我对他讲起了这件事，他也非常好奇，一个劲儿直问我：“这太有意思了，你没问问她到底是怎么回事吗？”我告诉他：“我问了，小姑娘光是笑，不回答我为什么呀。”

被人记住，总是一件让人高兴的事，不过，对于我们一家三口，这确实是一个谜。也许，人生本来就有许多解不开的谜，让生活充满着迷离的想象，让人和人之间有着神奇的交流，让庸常的日子有了温馨的念想和悬念。

又过去了好几个月，树叶都渐渐地黄了，天都渐渐地冷了。那天下午，还是两点多钟，我去中关村办事，那家小馆，那个小姑娘，和那锅鸡块炖土豆汤，立刻又从沉睡中苏醒过来似的，闯进我的心头。离着不远，干吗不去那里再喝一喝鸡块炖土豆汤？便一拐弯儿，又进了那家小馆。

因为不是饭点儿，小馆里依然很清静，不过，里面已经有了客人，一男一女正面对面坐着吃饭，蒸腾的热气弥漫在他们的头顶。见我进门，一个小伙子迎上前来，让我坐下，递给我菜谱。我正奇怪，服务员怎么换成男的，那个小姑娘哪里去了？扭头看见了那一对面对面坐在那里吃饭的人中的那个女的，就是那个胖乎乎的小姑娘，对面坐着的是一个年龄大约四五十岁的男人，看那模样长得和小姑娘很像，不用说，一定是她的父亲。她也看见了我，向我笑笑，算是打了招呼。

我要的还是鸡块炖土豆汤。因为炖汤要有一些时间，我走过去和小姑娘聊天，看见他们父女俩要的也是鸡块炖土豆汤。我笑了，她也笑了，那笑中含有的意思，只有我们两人明白，她的父亲看着有些蹊跷。

我问："这位是你父亲？"

她点点头，有些兴奋地说："刚刚从我老家来。我都和我爸爸好几年没有见了。"

"想你爸爸了！"

她笑了，她的父亲也很憨厚地笑着，望望我，又望望女儿。

难得的父女相见，我能想象得出，一定是女儿跑到北京打工好几年了，终于有了父女见面的机会，是难得的。我不想打搅他们，走回自己的座位，要了一瓶啤酒，静静地等我的土豆汤。我的心里充满着感动，我忽然明白了，这个小姑娘当初为什么一下子就记住了我们和儿子，记住了我们要的土豆汤。人同此情，情同此理，没有比亲人之间分别的思念和相逢的欢欣，更能够让人感动和难忘的了。亲情，在那一刻流淌着，洇湿了所有的时间和空间的距离。

土豆汤上来了，抬头一看，我没有想到，是小姑娘为我端上来的。我还没有责怪她怎么不陪父亲，她已经看出了我的意思，先对我说："我们店里的人手少，老板让我和我爸爸一起吃饭，已经是很不错了。"和上次她像个扎嘴的葫芦大不一样，小姑娘的话明显多了起来。说罢，她转身走去，走到他父亲的旁边，从袅娜的背影，也能看出她的快乐。

那一个下午，我的土豆汤喝得很慢。我看见，小姑娘和她的爸爸那一锅土豆汤喝得也很慢。

2004年9月15日于北京雨中

青木瓜之味

大约是四年前初春的一个星期天下午，我去邮局发信。邮局离我家不远，过了马路，走两三分钟就到。就在要到邮局的时候，一个年轻的女子和我擦肩而过。忽然，她停住脚步，回头看了我一眼。那一眼的眼神很亲切，也有些意外的惊奇，仿佛认出了一个熟人而与之邂逅相逢。那眼神闹得我以为真的碰见了什么认识的人，便也禁不住停住脚步，看了她一眼：年龄不大，也就二十出头，模样清爽，中等身材，瘦削削的。看她的装扮，初春时节还穿着一件臃肿的棉衣，就猜得出是一个外地人，大概是打工妹。我仔细地想了想，从来没有见过这么个人，她肯定是认错了人。于是，我笑笑自己的自作多情，向邮局走去。

我走了没几步，她从后面跑了过来，跑到我的面前，这让我很吃惊，不知碰见了什么人。只听见她用南方那种绵软的声音仔细而小心翼翼地问我："你是不是肖复兴老师？"我越发惊讶，她居然叫出了我的名字，木讷在那里，近乎机械地点了点头。

她一下子显得很兴奋，接着说："刚才你迎面向我走来，我看着你就像。我读中学的时候就看过你写的书，你和书上的照片很像。真没有想到怎么这么的巧，今天在这里遇见了你！"

原来是一位读者，大概她这番热情的话，很能够满足我的虚荣心，尤其是听她说她喜欢我写的一些东西，特别是说她读中学的时候读我写的东西对有她帮助，一直忘不了……我就像小学生爱听表扬似的，立刻有些发晕，找不着了北，站在街头和她聊了起来，一任身边车水马龙喧嚣。

从她那话语中，我渐渐地听明白了，从小在南方农村长大，中学毕业，她没有考上大学，家里生活困难，就跟着乡亲来到了北京打工，住的地方离我家不算太远，要走半个小时左右，今天星期天休息，她是刚刚到邮局给家里寄钱，并发了一封平安家信。虽是萍水相逢，只是些家常话，却让我感到她像是在掏心窝子，一下子竟有些感动，没有想到只是写了一些平常的东西，能够让心拉近，距离缩短，心里想也应该说是如今没什么用处的文学的一点特殊功能吧。于是，我进一步犯晕，沿着斜坡继续顺溜地下滑，不知对她的热情如何回报似的，竟然指着马路对面我家住的楼对她说："我家就住在那里，你有空，欢迎你到我家做客。"说着把地址写给了她。她高兴地说："太好了，我一定去！"

回到家后，我就把这件意外相逢的事情当作喜帖子，向家里的人讲了，不想立刻遭到全家一盆冷水浇头，纷纷说我："你以为你遇到了知遇知心呢？别是个骗子吧？""可不是，现在骗子可多着呢，你可别忘了狐狸说几句赞扬的话，是为了骗乌鸦嘴里的肉。""什么？你还把咱家的地址告诉了人家？你傻不傻呀？你就等着人家上门找到你头上来骗你吧!”“要真是找上门来，骗几个钱倒没什么，可别出别的事!”……

一下子，说得我发懵。一再回忆街头和那个年轻女子的相遇和交谈，不像是个狐狸似的骗子呀，再说，她肯定是读过我写的书，要不也说不出书名，并且能够对照着书上的照片认出我来呀。但家里的人说得也没有错，谁也不会把骗子两字写在脑门上，高明的骗子现在越来越多，防不胜防。这么一想，心里连连后悔，而且不禁有些发虚，嘲笑自己如此可笑，禁不住两碗迷魂汤一灌，就如此容易轻信上当，真是百无一用是书生。一连多天，都有些提心吊胆，怕房门真的被敲响，开门一看，是这个年轻的女子登门拜访，后果不可收拾，不堪设想。

好在一连好多天过去了，都平安无事。

时间一长，这件事情渐渐淡忘了。偶尔提起，被家人当作笑话嘲笑我一番。我心里想，即使不是骗子，也只是街头的一次巧遇或萍水相逢，别再犯傻了，被人家两句过年话一说就信以为真。即使人家不骗你，没准还怕你骗人家呢。

将近一年过去了，春节过后，我们全家从天津孩子的姥姥家过完年回家，刚上电梯，开电梯的老太太对我说：“你先等我一会儿，前两天有人来找你，你没在家，把带来的东西放在我这里了。”开电梯的老太太是个热心人，住在楼里的人要是不在家，来人送的信件报纸或其他的东西，都放在她这里。她家就住在楼下，不一会儿，就拿来一包用废报纸包着的东西。回家打开包一看，是两个青青的木瓜。木瓜的旁边有一张小纸条，上面写着两行小字，大概意思是你还记得吗，我就是那天在邮局前和你相遇的人，我一直想来看你，工作太忙了，一直没有时间。我过年回家带给你两个木瓜，是我家自己种的，只是一点心意。祝你写出更多更好的作品！下面没有写下她的名字，只是写着：一个你的读者。

全家都愣在那里，谁都说不出一句话来。

我永远也不会忘记这个年轻而真诚的女子，不会忘记这件事情，不会忘记这两个木瓜。总记得切开木瓜时候的样子，别看皮那样的青，里面却是红红的，格外鲜艳，特别是那独有的清香味道，在房间里飘曳着，好多天没有散去。

2004 年元旦试笔于北京